师幼互动质量提升的路径

张爱花 著

中国纺织出版社有限公司

图书在版编目 (CIP) 数据

帅邻互动萌趣最升的猫咪 / 张鎏花萋. -- 北京：
中国纺织出版社有限公司, 2023.6
ISBN 978-7-5229-0712-3

Ⅰ.①帅… Ⅱ.①张… Ⅲ.①宠物猫-饲养-繁宛研究
Ⅳ.①C612

中国国家版本馆 CIP 数据核字 (2023) 第 120649 号

责任编辑：张 责任校对：高 涵 责任印制：储志伟

中国纺织出版社有限公司出版发行
地址：北京市朝阳区百子湾东里 A407 号楼 邮政编码：100124
销售电话：010—67004422 传真：010—87155801
http://www.c-textilep.com
中国纺织出版社天猫旗舰店
官方微博 http://weibo.com/2119887771
天津千鹤文化传播有限公司印刷 各地新华书店经销
2023 年 6 月第 1 版第 1 次印刷
开本：710×1000 1/16 印张：15.75
字数：228 千字 定价：98.00 元

凡购本书，如有缺页、倒页、脱页，由本社图书营销中心调换

前　言

师幼互动是一种人际交往，包括如何说、如何听、如何看、如何行。一句简单的问候、一种倾听的态度、一个不经意的眼神、一个不经心的动作，传递出来的都是不一样的感受和信息，直接影响互动双方的心情，决定了互动的质量。因此，如何说孩子才肯听？如何听孩子才肯说？如何看孩子才心神领会？如何做孩子才心有触动？这些是源于教师的沟通技巧和教育智慧。互动，既可以是有声有色、慷慨陈词，也可以是此时无声胜有声。不同时间、不同空间、不同对象、不同的事件，要采用不同的互动方式。因此，师幼互动看上去是不经意的动作，实际上却很专业。

良好的师幼互动是教师专业能力的一种，也是提高教育质量的重要途径。正确的教育观是良好师幼互动的前提，合适的沟通方式是良好师幼互动的关键。良好的师幼互动体现在幼儿教育一日生活中，也渗透在环境创设里。师幼互动的根本目的就是增进师幼的情感，促进幼儿身心的健康发展。师幼互动的质量直接影响保教工作质量，师幼互动的情况在很大程度上决定了幼儿的发展状况。优良的师幼互动对幼儿身心发展具有积极作用，不良的师幼互动则对幼儿身心发展产生消极影响。本书即以师幼互动质量提升为核心，对师幼互动质量提升的路径进行一定的分析。

全书共分为七章。第一章是师幼互动概述，包括师幼互动的内涵、师幼互动的目的和意义、影响师幼互动的因素以及师幼互动的原则等内容。第二章是高质量师幼互动下的幼儿学习特征，从学习内容的理解与掌握上的特征、学习动机上的特征两方面进行阐述。第三章是师幼互动质量提升的关键，包括倾听艺术、说话艺术、肢体语言。第四章是师幼互动质量提升的策略，主要是教师言语行为的改进、精心预设与动态生成、适当肯定与个性理答。第五章是不同环境中师幼互动质量具体提升方式，包括常规教育环境中、集体活动环境中、餐点活动环境中、小组活动环境中师幼互动质量的具体提升方式等。第六章是师幼互动评价，包括师幼互动评价信息的收集、师幼互动评价的常用模式。第七章是师幼互动案例与解读，本章通过一定的实践案例对师幼互动进行分析与阐述。

  本书思路清晰、内容详细，理论阐述深入浅出，使读者易读易懂，是一本较为全面、有条理、有重点的师幼互动理论研究专著。本书在编写过程中，借鉴了很多相关权威资料以及国内外专家、学者的研究成果，在此真诚地表示感谢！由于作者能力有限，加之时间比较仓促，本书中难免会出现些许不妥或疏漏之处，敬请广大读者朋友给予批评与指正。

张爱花
2022 年 8 月

目 录

第一章　师幼互动概述 ··· 1
 第一节　师幼互动的内涵 ·· 3
 第二节　师幼互动的目的和意义 ·· 4
 第三节　影响师幼互动的因素 ··· 5
 第四节　师幼互动的原则 ··· 11

第二章　高质量师幼互动下的幼儿学习特征 ··························· 23
 第一节　学习内容的理解与掌握上的特征 ··························· 25
 第二节　学习动机上的特征 ·· 37

第三章　师幼互动质量提升的关键 ······································· 49
 第一节　倾听艺术 ··· 51
 第二节　说话艺术 ··· 59
 第三节　肢体语言 ··· 67

第四章　师幼互动质量提升的策略 ······································· 79
 第一节　教师言语行为的改进 ··· 81
 第二节　精心预设与动态生成 ··· 82
 第三节　适当肯定与个性理答 ··· 95

第五章　不同环境中师幼互动质量具体提升方式 ····················· 115
 第一节　常规教育环境中师幼互动质量的具体提升方式 ········· 117
 第二节　集体活动环境中师幼互动质量的具体提升方式 ········· 146
 第三节　餐点活动环境中师幼互动质量的具体提升方式 ········· 172
 第四节　小组活动环境中师幼互动质量的具体提升方式 ········· 181

第六章　师幼互动评价 ·· 199
第一节　师幼互动评价信息的收集 ························ 201
第二节　师幼互动评价的常用模式 ························ 205

第七章　师幼互动案例与解读 ···································· 229
第一节　教师发起的师幼互动案例分析 ················ 231
第二节　幼儿发起的师幼互动案例分析 ················ 237

参考文献 ·· 245

第一章

师幼互动概述

师幼互动的根本目的就是增进师幼的情感，促进幼儿身心的健康发展。本章即针对师幼互动的内涵、目的和意义，影响师幼互动的因素以及师幼互动的原则等方面进行一定的研究与分析。

第一节　师幼互动的内涵

师幼互动是指在幼儿园一日活动各环节中，教师和幼儿之间发生的各种形式、性质、程度的心理交互作用或行为相互影响的过程。根据师幼互动的定义我们可以演绎出如下命题。

（1）师幼互动是贯穿在幼儿园一日活动各个环节（包括游戏活动、教学活动、生活活动等）中的一种活动，而不是独立于一日活动外的特殊活动。

（2）师幼互动是建立在师幼身心接触与相互交流的基础之上的，如果师幼间没有身心接触与相互交流，那么也就没有师幼互动。

（3）师幼互动实质上是一种双向的交流，体现发起与反馈之间的关系，如果仅有发起而没有反馈，那么这种单向信息输出不能算作真正意义上的师幼互动。

（4）师幼互动的发起者，可以是教师，也可以是幼儿；可以是一对一的互动，也可以是一位教师发起与一群幼儿的师幼互动，还可以是一群幼儿发起与一位教师的师幼互动；师幼互动可以以传授知识和技能为目的，也可以以情感交流为目的。

（5）师幼互动是一个连续的动态过程。师幼互动是一个动态的交流过程，而非一个静态的结构在这一过程中，教师与幼儿的互动时时、处处都在进行，并且互动的发起者是不断变化的，有时教师是互动的发起者，有时幼儿是互动的发起者，互动的内容、活动的形式也是不断变化的。

按不同的标准，可以将师幼互动划分为不同类型。本书探讨的师幼互动类型主要从师幼互动的发起者来划分，这样可将师幼互动分为：由教师发起的师幼互动和由幼儿发起的师幼互动。

由教师开启的师幼互动主要有：提问幼儿中的互动、约束幼儿纪律中的互动、抚慰幼儿情绪中的互动、让幼儿帮助教师做事中的互动、问候活动中的互动、向幼儿表达情感中的互动、询问幼儿中的互动、指导幼儿活动中的互动、共同游戏中的互动、照顾幼儿生活中的互动十种。

由幼儿开启的师幼互动主要包括：提问中的互动、告状中的互动、求助中的互动、寻求关注中的互动、帮助教师做事中的互动、陈述中的互动、发表见解中的互动、请求中的互动、询问中的互动、展示中的互动、问候中的互动、求慰中的互动、等待中的互动、共同游戏中的互动十四种。

幼儿教师正确开启师幼间的互动和正确应对幼儿开启的师幼互动具有同等重要的意义。我们应该认真研究这两种类型的师幼互动，努力让它们成为有效地促进幼儿身心健康发展的活动。

第二节　师幼互动的目的和意义

师幼互动的质量直接影响到保教工作质量，师幼互动的情况在很大程度上决定着幼儿的发展状况。好的师幼互动对幼儿发展具有积极作用，不好的师幼互动则对幼儿发展产生消极影响。

一、好的师幼互动的基本特征

好的师幼互动应该具有如下七个特征。

（1）每个幼儿的身心能力在原有的基础上得到了适当的发展。

（2）每个幼儿的各种需要都得到了适当的关照。

（3）每个幼儿都有同等的机会。

（4）幼儿的主体性都得到了充分发展和发挥。

（5）每个幼儿都能感受到教师的温暖。

（6）师幼开启互动和应对互动的时机合适，有利于师幼互动往积极方向发展。

（7）教师和幼儿开启的互动都受到同样的重视。

二、好的师幼互动对幼儿发展的意义

优良的师幼互动对幼儿的身心发展具有如下三种意义。

（一）调动幼儿探索周围世界的积极性

教师的有效提问有利于调动幼儿对周围世界的探索欲望；教师积极而有效地回应幼儿的提问有利于激发和满足幼儿对周围世界的探索欲望，同时，还可培养幼儿良好的思维品质。

（二）促进幼儿社会性的发展

师幼互动中约束纪律有利于幼儿形成良好的学习、生活及与人相处的良好习惯；师幼互动中的问候式互动、求助式互动、询问式互动、请求式互动等有利于幼儿学会交往中的文明礼貌行为及其技能；师幼互动中幼儿帮助教师做事，有利于幼儿养成乐于助人、有责任感等良好品质。

（三）满足幼儿的情感需要

所有的师幼互动都可以增进师幼之间的情感，都可以成为满足幼儿情感需要的方法。例如，师幼互动中的抚慰情绪、共同游戏等，可以帮助幼儿宣泄内心压力、走出不良情绪等；提问式互动、帮助或求助式互动等都可以成为增进师幼感情的方法。在师幼互动中教师对幼儿的尊重、关爱、支持与鼓励，有助于幼儿形成积极、愉快的情绪，获得安全感，形成良好的人际关系，对幼儿自信心和自尊感的发展有着积极影响。

第三节 影响师幼互动的因素

了解影响师幼互动的因素及其对师幼互动的影响，对运用师幼互动来促进幼儿更好地发展有着重要的指导意义。师幼互动的内容、形式、频率、性质等往往容易受到客观环境、幼儿个人及教师个人等因素的影响而发生变化。

一、客观环境

（一）幼儿座位排列方式

幼儿座位的排列方式主要有秧田式、马蹄形、圆形三种，它对师幼互动的频率和心理氛围都有一定影响。

1. 秧田式

秧田式排列座位：教师站在前面，给幼儿一种居高临下的感觉，不利于师幼互动。另外，教师在组织教育活动的过程中，目光习惯落在前排，教师与前排幼儿的互动比较频繁，因此前排区又叫作"行动区"。在"行动区"外的区域则是教师视觉上的"盲区"，处在教师视野"盲区"的幼儿很难参与师幼互动。因此，处在前排的幼儿有更多机会参与师幼互动，能得到教师更多的关注；而处于"盲区"的幼儿便没有这种位置的优越性，他们与教师的交往比较正式，除非教师刻意关注他们，否则他们在教育活动过程中常常处于教师的视线之外（见图1-1）。

图1-1　秧田式排列座位

"秧田式"的座位安排，不但会对幼儿的心理健康造成负面影响，而且很难保证每个幼儿都能参与到积极的师幼互动之中。

2. 马蹄形

马蹄形的座位排列就是把座位排成"师幼互动"式。这种排列既有利于教师控制整个教育活动，又方便教师在每个幼儿身边走动，观察他们的学习情况并在必要时给予帮助，这样能很好地体现师幼互动过程的均等性。当教学活动内容需要教师做必要的讲解时就可以采用此种模式。同时,由于以马蹄形排列座位时,中间有足够的场地,所以教学活动内容中需要角色扮演时,也可采用此种模式(见图1-2)。

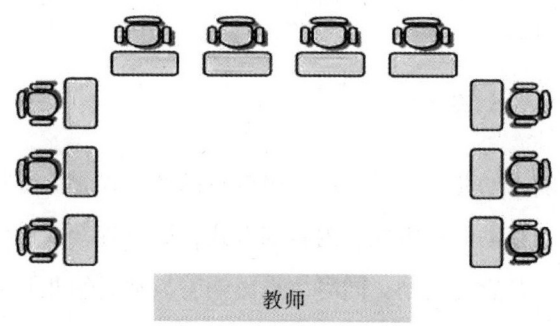

图1-2 马蹄形座位排列

3. 圆形

圆形的座位排列就是让全班幼儿围成一个圆形,从空间特性上看,它消除了座位的主次之分,使每个幼儿都能够平等地参与到教学活动过程中。教师处在圆的中心,即幼儿的中间,不再是知识的化身,也不再是教学活动的权威控制者,有利于轻松的教学活动氛围的形成以及幼儿交往范围的扩大和友好师幼关系的培养,从而激发幼儿参与教学活动的积极性,使他们敢于在教学活动中表现自我,发表不同的意见。它还有利于幼儿批判精神和创造力的培养。当教学活动内容需要集体讨论或者角色扮演时,就可以采用此种模式(见图1-3)。

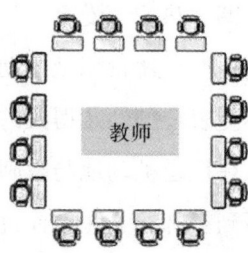

图1-3 圆形座位排列

(二)生活环境

幼儿园生活环境的创设,多是从教师、保育员方便工作和管理的角度出

师幼互动质量提升的路径

发,较少考虑幼儿的年龄特点和对生活活动规则的理解能力,没有采用幼儿易于理解掌握的形象表征(如楼梯及过道没有走向图标,洗手间没有洗手规则图示、没有便前便后图示等),幼儿难以主动适应,只好依赖教师发出指令式互动约束幼儿的行为。

二、幼儿的个人因素

师幼互动影响着幼儿的成长,幼儿也以自己的方式影响着师幼互动——影响着他们参与师幼互动的积极性、内容和形式,影响着教师对他们的看法,进而影响教师向他们开启的互动,同时,也影响着教师对幼儿开启师幼互动的应对策略。

(一)独生子女的个性弱点

当今我国的幼儿多是独生子女,他们在家里是全家人关注的中心,备受长辈宠爱。他们长期生活在长辈无微不至的关爱与照顾之中,依赖心理比较强,吃饭时要人喂、入睡前要人哄、要人陪,独立生活能力和意识都比较差,并且比较任性,偏食、挑食的情况比较普遍,他们中的许多人还不会独立上厕所。这就使他们在幼儿园生活活动中多倾向于向教师发起求助式、求慰式互动,并期盼教师多向其发起帮助式、抚慰式、赞赏式等互动。

(二)幼儿的性格、能力

幼儿的个性会在不知不觉中引发与他们个性相符的特定师幼互动模式。已有研究表明,能力强、性格开朗、热情、爱笑、外向且行为积极的幼儿受到教师关注与反馈的机会最多,而他们也比较积极主动地向教师开启师幼互动;而能力弱、比较内向、冷漠、不爱表现的幼儿得到的关注、反馈最少,他们较少主动地向教师开启师幼互动,往往是被动地与教师互动。班级中行为被动、不愿多接触教师的幼儿往往得不到教师的关注;而过度活跃、出现纪律问题的幼儿多处于被拒绝的消极状态。

案例1:能干的孩子有更多机会

在中班的折纸活动中,祁老师先通过播放多媒体课件让幼儿欣赏各种鱼并说出它们的特征,然后给小朋友们示范用纸折鱼。在示范讲解完之后,祁老师要请一位小朋友给其他小朋友示范一下，祁老师请了吉小咪小朋友，她顺利地完成了折纸任务。接下来，祁老师请小朋友们自己折折看，吉小咪很快又折完了，祁老师就对她说："请你当小老师，看看其他小朋友折得怎么样了。"吉小咪高兴地问祁老师："祁老师，你为什么每次都请我啊？"祁老师说："因为你很能干啊！"确实是这样，"能干"的幼儿时常被老师请去当助手，他们有更多与教师互动的机会。

研究还表明，穿戴干净、整洁，长得漂亮、可爱的幼儿更容易得到教师的青睐，而相貌平平、长得不怎么可爱的幼儿则容易受到教师的冷落；讨人喜欢的幼儿做错了事，教师会认为那是偶然现象，相反，如果是不讨人喜欢的幼儿犯错了，教师就会认为那是必然的，于是训斥责备："你为什么总是……"

女孩要比男孩更听话、更乖巧，其行为表现更符合传统教师的要求，而多数男孩调皮捣蛋。因此，在师幼互动的过程中，女孩更容易得到教师的表扬，男孩则多是被教师约束的对象。

另外，幼儿偏好与自己具有相同个性特征的教师进行互动。比如，好动的幼儿往往比较喜欢与好动的教师进行互动；害羞、安静的幼儿则会偏好选择与那些文静的教师互动，从而加强他们原有的个性特征。所有的幼儿都希望生活在与他们志向、兴趣和人格特征相和谐的人际环境中。[1]

三、教师的个人因素

教师的教育观念、人格特征、教育教学技能水平、职业道德和良心都会影响教师开启师幼互动和应对幼儿开启的师幼互动的频率、性质、内容、方式等。

（一）教师的教育观念

教育观念是幼儿教师从事保教工作的心理背景与依据，任何教育行为都不可能离开教育观念，无论我们是否意识到，它都实实在在地存在着，并顽强地、无孔不入地渗透到我们的教育行为中。教育观念直接决定着幼儿教师的教育态度、策略、方法和行为等，进而影响幼儿的发展。比如，在师幼互动中认

---

[1] 莫源秋，唐翊宣，刘利红. 幼儿教师与幼儿有效互动策略 [M]. 北京：中国轻工业出版社，2015.

为"幼儿是自己学习和发展的主体"的教师比认为"幼儿是被动接受知识的容器"的教师更加尊重幼儿的需要、情感、经验,他们会更多地"观察"和"倾听"幼儿的心声,对幼儿的行为更为敏感、反馈更为及时,他们与幼儿形成的师幼关系也相对亲密;而那些抱有"幼儿年龄小,不懂事,需要教师管教"这种观念的教师,则习惯于单向地向幼儿发出"指令式""约束式""训斥式"等强制性互动要求,并习惯于让幼儿被动地接受回应,以致影响了积极有效的师幼互动关系的建立。

（二）教师的人格特征

研究表明,幼儿总是喜欢和那些富有热心、同情心、耐心、爱心、责任心、童心,温和、亲切、善于支持和鼓励幼儿、对幼儿能给予充分尊重的教师互动,而不愿意与那些冷漠、态度粗暴、经常讽刺幼儿、没有爱心和耐心的教师互动。

（三）教师的职业道德和良心

在师幼互动中,教师的职业道德、职业良知对教师在师幼互动中的影响是决定性的。如果一个教师具有良好的职业道德和职业良知,他不会因为幼儿的相貌及家庭背景而对幼儿产生偏见;相反,一些职业道德欠缺的教师在互动的过程中就会根据幼儿的家庭背景来考虑自己行为的有利性,发起互动或是进行表扬鼓励,以期通过幼儿传达给家长某种信息,进而获得某些利益。

（四）教师的教育教学技能水平

幼儿教师的教育教学技能是幼儿教师有效利用各种资源促进幼儿发展的技能。幼儿教师的教育教学技能水平越高,就越善于利用各种互动机会促使幼儿有效地发展;反之,幼儿教师的教育教学技能水平越低,就越不善于利用各种互动机会促使幼儿有效的发展,甚至会在师幼互动中阻碍幼儿的发展。

案例2:老师,他们又打我了

屈小超向卓老师诉苦道:"老师,他们又打我了!"

当一个幼儿如此向教师诉说时,教师可以从中听出些什么呢?

作为幼儿教师,如果有深厚的专业理论做基础,那么我们可以得到如下的信息:

(1) 屈小超的欲望和需求：需要教师的帮助和保护。

(2) 屈小超的情感：焦虑、愤怒、不满和失望（上次他们就打我了，老师为什么不管呢?）。

(3) 屈小超的思想：打人不好，打人者应受惩罚（最简单的公平、正义的思想）。

(4) 屈小超的心理疾病：孤独、恐惧，是肉体和精神上的弱者。

(5) 屈小超的个性：懦弱、温和、不合群、依赖心强。

(6) 屈小超与小伙伴的关系：紧张、对立。

(7) 班级内出现了非正式群体，造成了幼儿与幼儿之间的不和谐。

如果没有深厚的专业理论做基础，那么面对屈小超的告状，教师最多是简单地将"打"屈小超的"他们"臭骂一顿，然后警告"他们"如果再"打"屈小超的话，或者不让他们玩了，或者不让他们吃饭，或者告诉他们的爸爸妈妈……如此非专业地处理，屈小超并没有从"被打事件"中获得成长，而其他孩子也没有得到成长。

第四节　师幼互动的原则

师幼互动的原则是指教师在开启师幼互动或应对幼儿开启的师幼互动中应该遵守的基本要求：在师幼互动中，如果我们能按照师幼互动的原则去做，师幼互动的质量就会得到基本的保障，否则，师幼互动的质量会降低，甚至出现师幼互动损害幼儿健康发展的情况。

一、发展性原则

师幼互动中的发展性原则就是指无论是教师开启师幼互动时还是教师在应对幼儿开启的师幼互动时，都要以促进幼儿的发展为出发点和归宿。

在师幼互动中遵循发展性原则，教师应该注意如下三点要求。

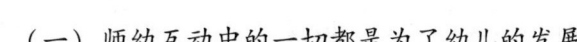

(一) 师幼互动中的一切都是为了幼儿的发展

在师幼互动中,为了更好地促进幼儿的发展,教师应该具备如下观点。

"帮助"是为了"不帮助";"表扬"是为了"不表扬";"批评"是为了"不批评";"管理"是为了"不管理";"照顾"是为了"不照顾";"教"是为了"不教";"指导"是为了"不指导"。

在师幼互动中,教师要以支持者、辅助者、引导者、促进者的角色出现,而不应作为"替代者""代劳者"出现,从而让幼儿在面临各种问题时,逐渐学会独立思考与处理问题,逐渐摆脱对教师的依赖,成为充满自信、具有独立性的个体。

(二) 厘清师幼互动中的发展思路

在实践中应对师幼互动时,我们应该根据"面对的互动事件有何发展价值"和"如何应对当前的互动事件更有利于幼儿的发展"这两个问题来理清自己应对师幼互动的思路,努力利用每一个互动事件促使幼儿更好地发展。

案例3:小勇不让我玩羊角球

户外活动时,小勇先抢到班上唯一的一个羊角球,高兴地玩起来,这时,浩然走过来,让小勇把球给他玩一下,小勇坚决不给。于是,浩然就到老师那里告状:"老师,小勇不让我玩羊角球。"

A老师:"来,浩然你看看,老师这儿有一个漂亮的气球,我们俩一起玩吧!"老师教给浩然很多玩法,使他觉得气球也很好玩,不再想去玩羊角球了……户外活动结束时,浩然还跟老师说:"老师,明天我还跟你玩气球。"

B老师:"小勇,浩然也想玩羊角球,你不要只顾自己玩,好孩子要学会轮流分享。"在老师的指导下,小勇和浩然分享着玩羊角球的快乐。

C老师:"小勇,如果你能让浩然玩一下的话,明天老师让你当助手给小朋友们分饭。"(幼儿特别愿意为老师做事,他们觉得能为老师做事是件很荣耀的事)一听到明天可以当老师的助手,小勇马上爽快地让浩然和他一起玩羊角球。

D老师:"小勇,你都是大班的孩子了,却一点都不懂事,太让老师失望

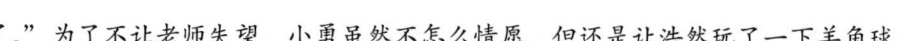

了。"为了不让老师失望，小勇虽然不怎么情愿，但还是让浩然玩了一下羊角球。

上述案例中，四位老师在应对浩然的告状行为时，采用的都是灭火器式的做法，很容易就把幼儿同伴间的冲突消除了，但是这样对幼儿的发展几乎没有任何意义。

应对浩然求助型告状的理想程序如下。

（1）确认该事件的教育价值：促进幼儿社交技能（包括轮流、协商、互惠等）和同情心、助人、分享等品质的发展。

（2）通过适宜的行动实现教育价值："我们一起来想想，有什么好办法能让小勇给你玩一下？"和浩然一起讨论得出："当小勇玩累了的时候，对他说，你玩了那么久，累了吧？让我也玩一下。""拿一些更好玩的玩具去和小勇交换着玩"……鼓励浩然自己想办法解决问题。如果小勇真的不愿意给浩然玩，也让浩然想想应该怎么办——遭到别人拒绝时应该如何应对：自己在某一方面的需要得不到满足时，如何通过其他方式来满足自己需要，让浩然认识到"玩羊角球"并不是满足自己需要的唯一选项，等等。

教师在处理类似的问题时要注意：不能包办代替，也不能简单地平息事件，而是要通过相应的指导或帮助使幼儿学会思考，能够有效应对所面临的问题，逐渐摆脱对教师的依赖。

（三）对师幼互动中的幼儿发展要有一个全局的视角

利用师幼互动促进幼儿的发展，这里的发展应该是身心全面和谐的发展，而不应顾此失彼，不能促进了某方面的发展而忽略了其他方面的发展，更不能以牺牲其他方面的正常发展为代价去促进某一方面的发展。

案例 4：家长的回信

班上有一个幼儿每次吃饭都是最后一名，老师没有认识到这是幼儿的个体差异，而是要去"矫正"他的行为——让他吃得快一点。老师在家园联系册上写出要求，请家长予以配合。几天后，家长给老师回信：

"每天都盼望着阅读家园联系册，但今天看了老师的来信，心情十分沉重……从另一角度来看，吃饭不好似乎也受先天不足的限制，孩子确实给各位老师增添了很多麻烦。除表示歉意之外，请各位老师能给予更多的帮助。

同时，我诚挚地请求各位老师在吃饭的问题上少批评孩子。或许我的观点并不正确，但我认为：对孩子将来一生的成长来说，足够的自信、健康的心态才是最重要的。如果从小因先天的因素，如吃饭慢之类，而习惯于做'最后一名'，习惯于被批评，或许有些不值。是否可以多给孩子一些鼓励，多创造一些机会让他不至于每一次吃饭都是最后一名？"（陈悒眉，姜勇，2007）

我完全同意案例中家长的观点。现实中，许多教师往往只关注矫正幼儿吃饭慢的问题，而忽视了更为重要的是对其自信心、健康心态的培养，"为了幼儿吃饭快"而牺牲了幼儿的自信心和健康的心态。

这是一个很值得幼儿教师深思的问题，幼儿教育不能顾此失彼，更不能因小失大，矫正了幼儿发展过程中的"小问题"却导致了"大问题"，这些问题甚至会成为孩子今后发展中一个难以逾越的障碍，这样的教育得不偿失。

（四）调动幼儿参与互动的积极性

在师幼互动过程中，教师与幼儿之间的关系就像教师和幼儿一起打乒乓球一样，一方把球打过去，一方把球挡回来，然后再把球打过去……如此循环往复。可是，最让教师困惑的是："球在哪里""怎样打回去""打多远"……

因此，在组织教学活动时，教师应该认真思考教学活动过程中的互动状况，并深入思考以下三个方面的问题。

（1）我看到幼儿了吗？我了解幼儿真正的发展需要吗？——关注幼儿的实际发展需求。

（2）幼儿是怎样学习的？他们的思考方式是怎样的？——支持幼儿的学习过程。

（3）我是否和每个幼儿都有积极的互动？——注重全体，关注个体。

师幼互动必须调动幼儿参与的积极性，没有幼儿积极参与的师幼互动对幼儿的发展几乎是没有意义的。因此，教师必须随时发现幼儿抛过来的"球"，而且要考虑如何以幼儿喜欢的方式将"球"抛回去，让幼儿觉得与教师在一起很有"玩头"。

二、平等性原则

在师幼互动中，教师要以平等的身份与幼儿互动，让幼儿感受自己的话语、意见、主张、情感在师幼互动中都受到同样的尊重。幼儿只有体会到与教师是平等的,在师幼互动中才会以真实的自我出现,他们的心灵才不致被扭曲,师幼互动才有可能成为一种相互需要、令人愉快的活动。

在师幼互动中遵循平等性原则,教师应该注意以下五点要求。

(一) 做个耐心的倾听者

听听幼儿怎么说,听听幼儿怎么想,听听幼儿的需要,听听幼儿的心声……这是理解幼儿的基础,也是师幼有效互动的基础。

案例5:粉笔末是蝴蝶喜欢的食物吗

有一次,大(2)班举行"有趣昆虫"主题活动,需要幼儿收集各种各样的昆虫。这天,明耀小朋友带来了蝴蝶。蝴蝶很美丽,引来了许多小朋友观赏。忽然,有几个小朋友叫起来,我连忙走过去,只见明耀正在全神贯注地把粉笔末装进蝴蝶瓶子里。这可是他心爱的蝴蝶呀!他为什么要这样做?于是,我蹲下身子问他,他解释说:"叶老师,你不是说蝴蝶喜欢采花粉吗?我想,它一定喜欢吃花粉了。可是,我现在没有花粉,但是蝴蝶没东西吃会死的,粉笔末也是粉,蝴蝶一定喜欢吃!"

多有爱心的孩子呀!试想一下,如果叶老师没有倾听明耀的解释,把他的行为当作恶作剧而严厉责备他,将会造成怎样的教育后果?

因此,当教师对幼儿的某些言行不理解时,不要凭主观臆测给其下结论,此时不妨问一问幼儿:"你为什么这么说?""你怎么想到这样做的?"这样往往可以听到幼儿的真实想法,听完后,教师就不会误解幼儿,可以更好地与他们进行沟通交流了。

(二) 尊重幼儿

幼儿是独立的个体,他们有自己的思想、有自己的经验、有自己的情感和需要,教师应平等地与他们相处。那些经常以训斥、命令、不容置疑的口吻与幼儿说话的教师往往不受幼儿的欢迎,幼儿不愿意与他们互动,而那些经常用商量、探讨的口吻与幼儿说话的平易近人的教师往往受到幼儿的欢迎,幼儿乐于与他们互动。

因此,师幼平等不是仅仅"蹲下来""保持视线平行"地和幼儿说话的形

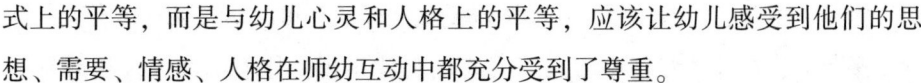

式上的平等，而是与幼儿心灵和人格上的平等，应该让幼儿感受到他们的思想、需要、情感、人格在师幼互动中都充分受到了尊重。

教师在幼儿面前不要以"至高无上""不容挑战和质疑"的权威者身份出现，而应该以平等的"同伴""玩伴"的身份出现，让幼儿觉得教师"没架子"、平易近人，这样有利于建立和谐的师幼关系，更有利于幼儿的健康成长。

（三）富有童心

富有童心，才能站在幼儿的立场与角度观察、研究、理解他们，也只有这样才能融入他们的生活和活动，才能真正成为他们中的一员，并与他们产生积极互动。

（四）虚心向幼儿学习

教师与幼儿交往，不仅要以"教育者"的身份出现，更要以"学习者"的身份出现。在师幼互动中，幼儿要向教师学习，教师也要向幼儿学习让幼儿也有当"教师"的机会，这样，更易于让幼儿感受到与教师的平等关系，他们也会更乐于与教师交往。如一名幼儿很会跳舞，老师经常向她"请教"，该幼儿每次都很高兴地教老师跳舞——老师"放下架子"乐于做幼儿的学生，幼儿就会觉得老师是和大家平等的好朋友。于是，师幼互动中的障碍越来越少，关系就会越来越密切。

经常发现幼儿比教师"棒"的一面，经常表扬幼儿比教师还"棒"，经常向幼儿"讨教"，有利于促进积极的师幼互动，有利于幼儿的发展。

（五）积极有效地回应幼儿开启的师幼互动

有关研究表明，在一日活动各环节中，有75%以上的师幼互动是由教师主动发起的，只有不足25%的师幼互动是由幼儿主动发起的。而在实际的互动过程中，即便是幼儿主动发起了互动，其主导者也往往是教师。

在研究中还发现，教师对幼儿发起的各种互动信号相当迟钝——要么注意不到（如没有听见），要么没有反应（如听见幼儿叫自己，假装没听见），甚至一些教师尽管注意到了幼儿发出的互动信号，但故意不做出反应（如教师听见幼儿在叫自己，但自己手中有事或正在进行集体的教育活动或者教师对该幼儿有偏见，所以不理会或冷淡幼儿）。

第一章 师幼互动概述

因此，为了促进师幼互动的有效开展，教师不仅要重视开启师幼互动的策略，还要重视对有效应对幼儿开启的师幼互动的策略的研究，准确而敏感地把握幼儿开启师幼互动的信号，积极有效地应对幼儿开启的师幼互动，进而不断激发幼儿开启并参与师幼互动的积极性，促进师幼互动的良性发展。

三、公平性原则

在师幼互动中，教师要公平地对待每个幼儿，给每个幼儿互动的机会。教师能否做到公平，不仅影响幼儿参与师幼互动的积极性，而且会影响幼儿心理的健康发展。

在师幼互动中遵循公平性原则，教师应该注意如下两点要求：

（一）机会均等原则

在师幼互动中要保证每个幼儿（不分性别、能力如何、家庭经济条件好坏、性格内向或外向等）都有均等的机会，这些机会包括参与教师开启师幼互动的机会（如被提问的机会、被抚慰的机会、得到帮助的机会、一起游戏的机会、得到指导的机会等）和幼儿自己开启师幼互动得到教师积极回应的机会（如提问得到回答、告状得到公平处理、有帮助教师做事的均等机会、得到教师平等的关爱等）。

我们在对某幼儿园某班进行的一项调查中发现，5 天的 10 次教学活动中，5 名教师心目中的"好孩子"被提问发言 53 次，人均 5.6 次；而 5 名教师心目中的所谓"差生"被提问发言 3 次，人均 0.6 次；5 天中被教师指定为自己助手的幼儿几乎都是那几个"好孩子"。因此，可以说，实现师幼互动中的平等还有许多事情要做。

师幼之间的互动是幼儿认识社会的一个窗口，对幼儿而言，公平与不公平可能只是教师一个鼓励的眼神、一句表扬的话。在师幼互动中，如果他们得到公平的对待，虽不能保证他们必定会很公平地对待他人，但是他们一定会比在一个缺乏公平的环境中成长要好得多，其心灵也会更健康。

（二）补偿原则

这一原则的基本含义是：有些孩子由于先天或后天因素造成能力较弱，又

师幼互动质量提升的路径

特别内向，甚至有性格缺陷，他们特别不喜欢与教师互动，这就要求教师在互动机会、互动时间上对他们给予更多的特别关照，使他们逐渐喜欢与教师进行互动，从而缩小他们与其他幼儿间的差距，促进共同发展。

四、差异性原则

在师幼互动中，教师要根据不同的互动内容、不同的互动目标、不同的互动个体采取不同的互动策略和措施，进而有效地促进幼儿的发展。

在师幼互动中遵循差异性原则，教师应该注意以下五点。

（一）根据幼儿的不同个性在师幼互动中采取不同措施

在师幼互动的过程中，教师应该根据幼儿不同个性采取不同的措施。比如：对于比较内向、胆子比较小的幼儿，教师应该多创造机会，让他们有机会与教师互动，可有意识地将一些回答问题的机会、当教师助手的机会分配给他们。如果问题都是幼儿一起回答的，请幼儿做教师助手时都是采取自愿或择优选择的话，这些孩子就没有什么机会表现自己了；而对那些能力强的孩子，则应该适当限制他们快速回答教师的提问，以便能给其他幼儿足够的思考时间，进而促进全体幼儿发展。

（二）根据不同幼儿的个体能力水平给予不同的师幼互动任务

在"提问"和"帮助教师做事"等师幼互动中，教师应该根据幼儿能力的不同，给予不同的任务，这样，幼儿才能体验到师幼互动的快乐，才能激发幼儿参与师幼互动的积极性。

案例6：强行给机会

在一次幼儿园中班的家长开放日活动中，教师讲完故事《耷拉着耳朵的小兔子》后，提了一些与故事有关的问题，很多幼儿举起手，这时教师说话了："在我们班平时谁最不喜欢说话？"幼儿们异口同声地说："微微，黄雨诗，倪小鲁。"然后教师就说："那今天我们就请他们三个来回答问题，爸爸妈妈都看着你们哦。"结果三个孩子的脸憋得通红，什么问题都没有回答，只是不停地转过头去看父母。

教师不顾幼儿的能力点名提问，不仅不能让幼儿得到师幼互动成功的快乐，还会给幼儿的自信心以严重的打击，使他们以后对类似的师幼互动更加畏惧。

（三）根据幼儿的不同经验背景选择不同的师幼互动内容

要想有效地与幼儿开展积极的互动，教师就要了解和研究幼儿的生活和经验，特别是他们在幼儿园外所获得的经验，了解他们的兴趣点，在此基础上所选择的互动话题会更容易引起幼儿的共鸣，对幼儿开启的互动话题才能更好地参与；反之亦然。

（四）根据幼儿年龄的不同选择不同的师幼互动内容和形式

由于小班幼儿缺乏经验，对事物的认识有限，需要教师主动开启互动，借助色彩鲜艳、新颖的材料、玩教具，直接引发幼儿参与互动的兴趣，进而促进他们的发展。中、大班的幼儿具有一定的活动经验，对参与师幼互动有了一定的主动性和积极性，教师可以以玩伴的身份参与幼儿开启的师幼互动，也可以借助开放性的问题与幼儿进行有效互动，并注意观察幼儿的一言一行，理解他们的需要，根据幼儿的思维能力和经验，与他们建立积极有效的互动。

随着幼儿年龄的增长，在师幼互动中，帮助、照顾的成分越来越少，而让幼儿独立处理事情的机会越来越多。

（五）根据不同的师幼互动目标采取不同措施

师幼互动追求的目标不一样，其形式也不一样，如师幼互动追求的是知识经验的形成，则往往采取共同探索、言语交流的方式来达成互动；如果师幼互动追求的是某种情感的形成，则只能通过熏陶、感染的方式来达成互动；如果师幼互动追求的是某种技能的形成，那么只能通过示范—模仿的方式来达成互动。

五、温暖性原则

在师幼互动中，要让幼儿体验到教师的温暖，而这些温暖包括教师对幼儿的温暖、养育、接纳、尊重、热情、同情、支持、鼓励、保护和回应等。

幼儿，特别是小班的幼儿需要教师给予温暖和照顾。他们需要一个"母鸡妈妈"而不是只懂得灌输知识和技能的"教官"。想象一下：夜幕降临的时候,小鸡们急切地回到母鸡妈妈身边,依偎在它的怀里,它的羽毛为小鸡们提供了温暖而舒适的庇护。它们不只是在夜晚的时候才会回到母鸡妈妈身边,一旦有危险逼近,它们也会急切地寻求母鸡妈妈的保护。它们从母鸡妈妈那里得到了温暖、保护和回应等。

实际上幼儿园里的小朋友也许并不需要母鸡妈妈,但是他们确实需要在生活的环境中有像母鸡妈妈那样的温暖、养育、接纳、尊重、热情、同情、支持、鼓励、保护和回应等。当因为某些真实的或者想象中的危险而感到害怕时,他们希望能够从教师那里得到温暖,至于是男老师还是女老师提供了这种保护和关怀并不重要,重要的是教师要以一种温暖和理解的方式回应幼儿。

案例7:没有温暖的甘老师

4岁的晏小琪很想念妈妈,她站在最后一次看见妈妈的窗户旁边哭泣。甘老师在一旁布置活动室,招呼其他刚刚来到班级的孩子,对她却视而不见。当甘老师经过晏小琪身边时,晏小琪抓住了甘老师的围裙。甘老师用力甩掉晏小琪的手,并告诉她:"你最好停止哭泣,小姑娘!哭泣对你没有任何好处!哭泣,你妈妈也不会回来的!"

在甘老师身上,晏小琪感受不到妈妈的特质,没有温暖,没有理解,没有安慰,没有被保护的感觉,因此,她感到无助、无奈和孤独,她只能不断地哭泣,祈祷妈妈早点来接她离开这个没有温暖的地方。

案例8:说一不二的翁老师

巩宏云为了得到红色的球已经等了很长时间,现在他终于得到了。他很开心地在篮圈下拍球,当他正准备投球的时候,哨子响了,翁老师大声地宣布:"时间到了!"

巩宏云跑到另一边,紧紧地抓住球。翁老师抓住他的夹克说:"不可以这样,巩宏云!难道你没有听到哨子声吗?时间到了!"巩宏云松开手,用力地将球扔到院子的另一端,跌坐在地上,挥着拳头哭闹。

翁老师很严厉地对巩宏云说:"够了!时间到了!"说完,就把巩宏云带到靠近窗户的椅子旁。巩宏云消沉地坐在那里,他很渴望地看着窗外滚到庭院角落里的球。

巩宏云没有从翁老师那里感受到一丝的温暖,没有温暖和依偎,他的生气和不快乐得不到理解,他也得不到将来还有机会玩球的安慰,所以非常沮丧。

在师幼互动中,无论何时,无论在何种情况下,幼儿都渴望从老师那里得到温暖的感觉,他们不喜欢性急而且只懂得灌输知识和技能的冷冰冰的"教官",他们渴望得到母鸡妈妈般的温暖和保护。❶

在师幼互动中,为了让幼儿感受到来自教师的温暖,教师应注意如下两点。

(一)温暖是无条件的

温暖是师幼互动中的一项基本原则。温暖不仅是手段,更是目的:让幼儿感受到幼儿园的温暖,让幼儿学会温暖自己和他人。因此,无论幼儿的情况如何、听话与否,他们都有从教师那里获得温暖回应的权利。

案例9:借"自然后果"惩罚调皮的孩子

上英语课时,调皮的靳小成把自己的衣服从背后扯到头上,盖住了头。当他想把衣服放下来时,却怎么也扯不下来了,于是他向费老师求助:"费老师,我的衣服盖住头了。"费老师见状,不仅不帮他把衣服弄下来,相反,还对靳小成说:"这下扯不下来了吧?其他小朋友都认真听我讲课,就你那么调皮,活该!就让它这样吧,我不想帮助你!"靳小成听后,边哭边反复地哀求说:"我再也不这样了,费老师帮我扯下来吧。"

上述案例中,教师因为靳小成平时调皮而在他向自己发起求助互动时冷漠地拒绝,这种冷漠对增进师幼感情、建立良好的师幼关系不仅没有帮助,反而会激化师幼间的矛盾,让幼儿更加"恨"老师,甚至对老师感到绝望,进而坚决地"调皮到底"。

另外,在冷漠中成长的孩子只能学会冷漠,绝对不可能学会温暖。

(二)掌握温暖的技能,随时让幼儿感受到教师的温暖

教师可以通过温暖的口头语言让幼儿感受到来自教师的温暖,如热情的问候、关切的语言、亲切的安慰等,还可通过温暖的肢体语言让幼儿感受到来自

---

❶ 莫源秋,唐翊宣,刘利红. 幼儿教师与幼儿有效互动策略[M]. 北京:中国轻工业出版社,2015.

教师的温暖，如热烈的拥抱，温柔地摸摸他的小脸，轻轻地亲一下他的小脸，拉拉他的小手，拍拍他的肩膀，兴奋地相互击掌，对他竖起大拇指，微笑，等等。

为了让幼儿感受到教师的温暖，在师幼互动中，教师应该放弃使用如下三种冷漠的肢体语言：

（1）背手。在师幼互动中，教师把双手放在背后会使幼儿感觉教师是权威的、严肃的，从而在心理上对教师产生距离感，不利于良好师幼关系的建立。

（2）交臂。教师双臂交叉站在幼儿面前讲话，看上去趾高气扬、威风凛凛，则会使幼儿感到压力和畏惧，不利于师幼之间产生积极的互动。

（3）食指点动。教师批评、训斥幼儿时用食指指指点点会让幼儿倍感压力。

请看如下案例：

案例10：过于严厉的凌老师

霍小伟恶作剧地将前面阳琳小朋友的椅子挪开，阳琳一屁股坐在了地上。凌老师见状，一把将霍小伟拉到讲台前，用食指点着霍小伟的脑袋，大声训斥："霍小伟，你太可恶了，她摔倒了，你开心了吧？你总是做坏事……"霍小伟惊恐地看着凌老师。

教师这种极不尊重幼儿的行为可能使幼儿产生逆反和愤恨心理，不利于良好师幼互动关系的建立。教师经常以缺乏温暖的方式对待幼儿，幼儿也会从中学会以缺乏温暖的方式对待同伴。

不管幼儿犯了多大的错误，教师都应该以温暖的方式来教育他们，让他们在温暖中体悟到自己的错误，然后学会温暖地对待别人。

教师要让温暖成为自己在师幼互动中的一种习惯，让幼儿在师幼互动中体会到温暖，进而温暖地对待他人。

第二章

高质量师幼互动下的幼儿学习特征

第一节　学习内容的理解与掌握上的特征

学习的内容维度注重学习"什么"。丹麦学者克努兹·伊列雷斯指出，传统认知往往认为学习内容就是知识和技能等。但学习内容应该在一些更深远的种类中进行理解，他认为学习是关于我们了解与认识自身等，学习内容还应包括文化的获得。

一、批判性思维

批判性思维是指不盲目相信事件或观念，在多方面观察、了解信息并深入分析后，寻找根据以支持自己的主张，并且有根据地表达自己观点的思维。幼儿具有批判性思维往往表现出能够独立思考，不会盲目地自信，发现细节并善于提出问题，在表达中也做到有理由和依据，批判性思维是将所接受的语言和经历事物进行客观分析、评价的思维。与之相反，不能称为批判性思维的思维往往具有感情用事，自相矛盾，盲目的表现。

朱顺理在其研究中指出，幼儿批判性思维主要指幼儿学会质疑、分辨和表达。在集体教学活动中，善于思考与提问是幼儿进行批判性学习的表现之一，幼儿在听到某观点或看到某一事物时，会追问为什么、是什么等问题，而且在与同伴以及成人的交谈中，幼儿能够清晰地表达自己，能够将自己的思路清楚地展示，幼儿喜欢动手、动脑去思考，不墨守成规等也是幼儿批判性思维的表现。

（一）高质量的师幼互动具体案例

案例1：

教师展示"独角仙"的图片。

教师：请小朋友们看一下，这是什么？

儿童：独角仙。

教师：请小朋友说一说，你在哪里见过独角仙？

儿童：我在商店那里，看到有个玩具是关于这个的，有些拼插玩具是独角仙；在姥姥家附近的草丛里见过；我在小区见过，看到它有两个翅膀，第一层是硬甲壳，第二层是翅膀，都能飞，而且它看起来有点滑稽。

教师：独角仙有两层翅膀，外层是？

儿童：鞘翅。

教师：外层的翅膀是什么感觉的？

儿童：鞘翅是很硬的，里面是薄薄的翅膀；翅膀是在后面的而不是在前面。

教师：外层的翅膀叫鞘翅，里面的翅膀是内翅。那关于它的身体特征，你还能够说出那些？比如说它的颜色、它的身体的结构，请小朋友来说一说。

儿童：它的小腿部分像麻花一样；它的身体是椭圆形的；我发现他头上有个角，但是我不知道它是大的还是小的。

教师：你不知道它是虫妈妈还是虫爸爸还是虫宝宝，对吗？其他小朋友能分辨出来吗？

儿童：它是公的。

教师：为什么呢？

儿童：他头上有个角；头上有角的是雄性的，头上没有角的雌性的。

教师呈现雌性独角仙、雌性独角仙、独角仙幼虫的图片。

教师：请下朋友来分辨一下，哪个是雄性的、哪个是雌性的？

儿童：大的是雄性的，小的是雌性的。

教师：区分雌性和雄性的特征是什么呢？

儿童：看头上的角。

教师：是的，通过头上的角能够判断独角仙是公的还是母的，有角的是雄性独角仙，这是为什么呢？

儿童：不知道。

教师播放视频。

教师：谁能来说一说，为什么公的独角仙有特角？

儿童：犄角是他们争抢用的武器。

教师：对，公的独角仙使用头上的角进行争斗，所以雄性独角仙往往头上有角。

教师：那虫宝宝是什么样子呢？

儿童：它是一条白色的肉肉的虫子，像毛毛虫一样，长长的。

教师：嗯，你发现它是白色的，而且身子长长的。

儿童：老师，这个红色的独角仙是什么呀？

教师：你发现了有红色的独角仙！

儿童：红色的独角仙是不是有毒？我觉得有毒。

教师：请你说一说你的想法。

儿童：因为蘑菇和虫子都是这样，颜色越鲜艳有时候越有毒。就像蘑菇，蘑菇颜色越鲜艳，它就越可能有毒，它的毒性就更大，所以红色的独角仙可能有毒。

教师：有小朋友认为鲜艳的颜色是有毒的，所以红色的独角仙是有毒的，是这样吗？我们一起来看一段关于独角仙的视频。

教师：视频结束了，独角仙有毒吗？请小朋友说一说。

儿童：独角仙是没有毒的，而且它可以作为一种药。

教师：为什么独角仙是红色的呢？

儿童：它们是不同的品种。

教师：是的，有鲜艳颜色的动物不一定是有毒的，独角仙没有毒，不同品种的独角仙颜色不同，独角仙有黑色的、红色的和红棕色的。

提问是培养幼儿的批判性思维的一种重要策略。因此，活动中教师的提问对于幼儿批判性思维的引导和启发至关重要。在较高质量的师幼互动中，教师能够通过提问一步步引导幼儿表达自己的观点，提出自己的问题。教师在前半部分询问幼儿在哪里见过独角仙，这是一种会回忆式提问，该问题是较低层次的，但是这类问题是幼儿进行更加深度思考的跳板。通过回忆式提问，幼儿的积极性得以调动，幼儿观察图片中独角仙的样子，进而提出自己的问题。

问题意识是幼儿进行学习的内在动力，能够发现细节，主动提出问题也是幼儿批判性思维的表现。在该案例中，幼儿首先提出问题："怎样区分图片中的独角仙？"，教师将问题反问幼儿，大家围绕此问题开始讨论，有的幼儿给出答案，教师通过"为什么呢？""区分独角仙公母的特征是什么？"等问题，引导幼儿对答案加以解释，明晰自己的思想，接下来教师提出了关键性的问题，"为什么会通过这个特征区分呢？"这种问题引导幼儿更加深入的思考，旨在帮助幼儿建立独角仙性别与独角仙长相之间的逻辑关系。最后教师播放关于独角仙的视频，幼儿通过对视频内容的理解和总结，回答教师提问。在此师幼互动过程中，幼儿清晰表达自己的想法，并能够积极思考，寻找事物之间的逻辑关系，从而加深对知识的理解。教师在幼儿对于独角仙颜色上的疑问也通过此类方法引导幼儿不断通过思考对问题进行分析、判断，最后得出问题答案。

除此之外，批判性思维的发展离不开环境的支持。在高质量的师幼互动中，教师与幼儿之间的情感氛围得分普遍较高，教师通过眼神、表情等营造氛围形成有效互动，幼儿的积极性加强，进一步推动幼儿进行更深层次的学习。

（二）一般质量的师幼互动具体案例

案例2：

教师：今天我们就来认识一下，我们吃的糖是哪里来的。糖是大自然给人们的甜蜜礼物，它是从大自然的植物身上的来的，首先我们一起来看看，这是什么？

儿童：树。

教师：这棵树叫糖枫树，树流的汁是甜甜的，在树的身上开一个小口，拿一个容器把糖枫树流出来的汁液放在一个容器里，像这样（老师播放图片），就是糖汁，把糖汁再加热，加热之后就成了糖浆，糖浆里边有一个成分，成分中就有糖，大家回家之后可以找一些糖纸看看。

教师：平时我们吃的食物里面什么是甜的？

儿童：蜂蜜，玉米。

教师：属于植物的是哪个？

儿童：玉米。

教师：玉米可以制成玉米糖浆，大家吃过玉米糖吗？

儿童：吃过。

教师：还有什么呢？这是什么？（呈现甘蔗的图片）

儿童：竹子。

教师：竹子吗？有人吃过吗？这个东西是这样吃的（教师模仿吃甘蔗的动作），它挺长的。

儿童：我吃过，是甘蔗。

儿童：山药。

教师：山药是一节一节的吗？

儿童：不是，是甘蔗。

教师：甘蔗也是制糖的原料。

儿童：甘蔗上有水，嚼嚼就要吐了。

教师：对，甘蔗吃起来是什么味道的？

儿童：甜的。

教师：嗯，甘蔗也是制糖的原料。

研究表明个体能否独立思考、解决问题并且自信地做出判断受到个体的知识经验和任务难度的影响。在个体知识经验方面，个体的已有的知识经验与幼儿独立进行思考是正向的关系，当幼儿的知识经验丰富时，幼儿更偏向于进行独立思考，反之，幼儿会选择服从大多数人。任务难度与幼儿能否进行独立思考成反向关系，任务难度越大，个体的知识经验无法完成艰巨的任务，倾向于听从他人建议；反之则倾向于独立思考和判断。

在该案例中，教师首先呈现糖枫树的图片，幼儿进行简单回答后，教师开始介绍图片并通过讲解引出活动的重点内容，在此过程中，教师以讲解为主，而且教师并未给幼儿过多的思考时间，也意味着在此过程中教师并未了解幼儿是否已经明晰"糖浆"这一活动内容。之后教师通过简单提问将内容之间相互联系，幼儿进行回答，但只有少数幼儿进行回应，这反映出此时幼儿对活动的积极性不高或是幼儿对活动内容的理解力不强，也意味着幼儿的批判性思维倾向较弱，无法对活动内容进一步深化思考。

教师在教学活动中倾向于直接告诉幼儿答案，并未注重引导幼儿充分表达的观点，在遇到问题时，教师引导幼儿学会分析与判断的能力不足。活动中，教师引导幼儿从生活经验入手，知晓糖是怎么来的，但教师呈现展示的图片并不能被大多数幼儿识别。当教师指着甘蔗的图片问"这是什么？"的时候，有一个幼儿说竹子，其他幼儿纷纷附和，而教师又提供了更多的信息，还是只有个别幼儿能够说出答案，当个别幼儿说出预设答案时，教师忽视其他幼儿的状态，继续推进教学活动。因此，在幼儿的知识经验不足时，教师引导不够，大多数幼儿并未真正进行清晰思考，从而回答问题。而教师在整个活动中更加注重内容的推进，教师的提问重在给幼儿传输知识，教师对幼儿在活动中能力的发展不够重视，并且在信息难度与幼儿知识经验不匹配的情况下，幼儿很难做到独立思考，也难以进行批判性的学习。

（三）高质量师幼互动下的教师引导行为与幼儿批判性思维的学习特征

批判性思维是幼儿经独立思考，发现学习内容的细节并提出问题，并进行有理有据地表达自身对知识的理解和感受，对学习内容进行客观分析和评价的思维过程。根据中国学者朱顺理的研究发现，幼儿的批判性思维方式主要是质疑、分辨和表达。本研究采用这一批判思维的结构来分析高质量师幼互动下的幼儿学习特征，具体分析结果如表2-1所示。

表2-1 高质量师幼互动下的幼儿学习中的批判性思维特征

批判性思维维度	高质量师幼互动情景	
	教师的互动行为	幼儿的学习行为
质疑	1. 采用回忆式提问，激活幼儿的先前经验，吸引幼儿的注意力。 2. 重复幼儿的问题，提醒幼儿思考关注的重点问题或是特征。 【实例】教师提问"你在哪里见过独角仙呢？""你还能说出哪些关于它的身体特征？""区分独角仙公母的特征是什么？"	1. 幼儿积极回忆先前经验，并将注意力聚焦于教师呈现的活动内容。 2. 关注学习的焦点，能够提出自己的疑问。 【实例】"我发现他头上有个角，但是我不知道它是大的还是小的？""红色的独角仙是不是有毒？"

续表

批判性思维维度	高质量师幼互动情景	
	教师的互动行为	幼儿的学习行为
表达	给予幼儿充分地表达机会，通过追问帮助幼儿完善自己的思考过程。 【实例】教师追问"请你说说你的想法。"	幼儿在被追问的过程中，梳理自己的思想，进一步表达自己的观点，寻找事物之间关系与事物的前因后果。 【实例】"因为蘑菇颜色越鲜艳，它就越可能有毒，所以红色的独角仙可能有毒。"
分辨	1. 帮助幼儿理解相关知识。 2. 引导幼儿进行思考，提高分辨能力，区别事实和观点。 【实例】教师提问"有小朋友认为鲜艳的颜色就是有毒的，是这样吗？"	幼儿带着问题观看视频，通过对视频内容理解，丰富知识经验，进一步思考问题，并得到答案。 【实例】"红色的独角仙没有毒，不同品种的独角仙颜色不同。"

二、建构性

建构主义强调学习的过程涉及两个方面的建构：一方面，个体理解新的信息是在已有经验基础上，超越新的信息而建构成的；另一方面，从记忆系统中所提取的信息本身，也要按具体情况进行建构，而不单是提取。建构不仅是建构新信息的意义，也包含着重组和改造原有的经验。建构性强调个体先前的经验体系是新的知识学习的基础，强调学生作为学习的主体对意义进行主动建构，并不是被动地接受和被灌输。

在集体教学活动中，学习的建构性表现在幼儿能够将其原有经验与新的知识进行联系，通过对新知识的吸收和适应，对新知识的理解有所加深，通过知识与现有的认知结构进行整合，改善认知结构。

(一) 高质量的师幼互动具体案例

案例3：

教师：那你们尝试一下，用硬币能不能让你们的小丑倒立在吸管上。

教师：操作完的小朋友请坐好，老师就知道你操作完了，都倒立成功了吗？你们把硬币贴到了小丑的什么部位？

儿童：手上。

教师：你们在手上贴了几个硬币呢？

儿童：两个。

教师：为什么要贴两个硬币，我们贴一个可不可以？

儿童：不可以。

教师：为什么？

儿童：它两边不一样重。

教师：两边不一样重会发生什么情况？

儿童：会倒。

教师：两边一样重说明他能够保持？

儿童：平衡。

教师：对，两边一样重说明他要保持平衡，现在请小朋友把你的小丑平放在桌面上，刚刚大家把硬币贴在了小丑的手上，小丑倒立成功了，那小朋友们如果把硬币贴到其他部位，你们认为能够倒立成功吗？

儿童：能，放在腿上；放在脚上能倒立；放在肚子上。

教师：好，根据你们的猜想，你们来试试，看看能不能成功，好吗？

教师：都倒立成功了吗？

儿童：没有。

教师：你把硬币贴在小丑的脚部，或者是腰部，我们的头作为支撑点，立在吸管上能成功吗？

儿童：不能。

教师：为什么呢？老师来试试，我把两个硬币同时贴在了小丑的脚上，用他的头部立在吸管上，能倒立吗？

儿童：不能。

教师：为什么呢？

儿童：因为它的头是圆的，它的脚是尖的。

教师：因为这是他的平衡支撑点，那么两个硬币呢，要贴在头下面的部位，就是他的手部，才能让小丑倒立成功保持平衡。除了硬币外，还有什么材料能够放在小丑身上使其倒立呢？老师还准备了三样东西，分别是夹子、回形针还有纽扣，你们觉得在这三个材料中哪个能让小丑成功倒立呢？

儿童：纽扣；夹子。

教师：老师这里有个记录的表格，刚刚小朋友说了自己的猜想，一会呢我们把你们猜想的记录到相应的表格里，现在老师给你们每个人发一个表格，一个小朋友取一支笔，把你的猜想记录下来。如果你觉得回形针能让小丑倒立成功，你就画一个对勾；如果你觉得不能，那就画一个叉。

教师：我发现好多小朋友已经记录成功了，你觉得纽扣能够让小丑倒立成功的请举手，你觉得纽扣不能让小丑倒立成功的请举手。有的小朋友觉得能，有的小朋友觉得不能，那我们应该怎么解决呢？

儿童：试一试。

教师：好，那我们现在来试一试。

教师：好啦，如果三种材料你都操作完成了就请小朋友坐好，不要忘记填写你的表格。小朋友使用完操作材料，请你把使用完的操作材料放到盘子里，操作完成的小朋友请你把你的小板凳转过来面向老师，我现在请一个小朋友说一说她的操作结果。你使用了什么成功了？

儿童：我使用了夹子让小丑倒立成功，其他的没有成功。

教师：还有其他小朋友要说一说吗？

儿童：夹子可以成功，纽扣和回形针都不可以。

教师：你们的结果和它一样吗？

儿童：一样。

教师：嗯，老师刚才也都看到了你们的观察结果，小朋友说回形针不能让小丑倒立成功是吗？那么现在老师要用回形针让它倒立成功，看看我使用回形针能不能让小丑倒立，倒立成功了吗？倒立成功了，那我的和你们的有什么不一样呀？

儿童：很多回形针。

教师：哦，小丑的手部，我用了很多的回形针，那么我的很多和你的一个相比，数量更多，从重量上来说呢？你们一个的回形针和我很多的回形针哪个重？

儿童：很多回形针重。

教师：是的，越重的东西越能使小丑倒立成功，在这三个物品中，夹子是不是最重的。一会儿呢，老师这里还有多余的纽扣，我们再来尝试一下使用纽扣来让小丑倒立成功。

在科学领域学习中，新经验的获得与已有的经验获得的方式是相同的，都是通过观察、操作、交往与反思。而这些方式为幼儿的经验搭建提供了可能性，但是特点的不同使得幼儿新经验的生成需要教师的参与。在本次活动中，教师通过创设一定的问题情境，激发和保持幼儿的探究欲望。在活动前期，幼儿自己尝试将硬币放在小丑手的两侧，此时小丑能够倒立成功。而教师提出放一个硬币可以吗，引导幼儿清楚小丑的倒立要保持平衡。而教师紧接着又提问"我们将硬币贴在小丑的其他部位可以使小丑倒立成功吗？"，幼儿对该问题有自己的猜想，教师引导幼儿操作已验证自己的猜想，最后幼儿没有倒立成功，教师在与幼儿的交流谈论下，帮助幼儿理解小丑不能倒立的原因，这是一个从猜想到验证到交流的过程。而在问题"以下哪些材料能够将小丑倒立呢？"下，幼儿又在围绕怎样保持小丑平衡进行探究，引导幼儿猜想并记录，这种形式有助于幼儿思考问题，亲身参与到知识的获得过程中。在关于回形针是否能够使小丑倒立的问题上，幼儿通过将自己的实验结果与教师的实验结果相比较，从而发现问题，在这种原有经验与新的知识经验的冲突中，建构新信息的意义，进行认知结构的重组。幼儿有极大的思考潜力，在科学领域的学习中，应该给幼儿更多的尝试、操作的机会，只有幼儿充分发挥主观能动性将自身经验与新知识结合，才能发现更多知识和有趣的秘密，才能建构自己的知识经验。

(二) 一般质量的师幼互动具体案例

案例4：

教师：我们今天就用透明的水杯代替茶杯，水杯有了，我们还需要什么？

儿童：水。

教师：需要水吗，先放茶叶先放水？

儿童：茶叶。

教师：那我们放点茶叶，（茶叶打开）好香啊，你们闻闻，味道是怎样的？

儿童：香香的；茉莉花味的。

儿童：我姐姐对花过敏。

教师：嗯，那你的姐姐不能喝这个茶。我接下来放茶叶啊，我们的容器有了，茶叶也有了，接下来该干吗了？

儿童：加水。

教师：加水，我们泡茶叶要用开水，记住这个茶叶是什么样子的，我们泡开之后再来看一下。小朋友们现在看大屏幕，我们一起来看看怎样泡茶。（播放泡茶的视频）

教师：第一步干什么？

儿童：放茶叶。

教师：准备的茶具是什么？一个大碗，三个茶杯。茶叶放多少呀？三分之二谁知道是多少？

儿童：一碗多。

教师：半碗多，比方说，老师要冲这个一瓶水，老师要放多少？

教师：一半多。

教师：我们用什么水？

儿童：开水。

教师：第一步叫什么名字？

儿童：是洗茶。

教师：洗出来有什么？

儿童：不知道。

教师：泡沫，泡沫怎么办？

儿童：涮一涮。

教师：刮下来，再把茶水倒掉，然后泡第二遍就可以喝了。泡多少秒？三秒钟的时间就可以了，往后再泡的话，时间就延长了，五到八秒。

教师：我们再来看一遍。

教师：刚才我们看到的是茶的泡法，现在我们来看看有关茶艺的视频。

教师：我们刚才只是泡茶，加上这些动作之后，这个人泡茶像在跳舞一样，特别的优美。

建构性的学习表现出探究定向的特征。教学中学生是积极探索的，而教师应该帮助学生形成一个探索的情境，使得学生对问题进行思考，参与到探究知识的活动过程中。教师在活动初期进行简单提问，引导幼儿说一说泡茶需要哪些工具，充分调动幼儿的已有经验，帮助幼儿知晓泡茶所需的材料，当教师拿出茶叶给幼儿们闻一闻，幼儿们很感兴趣，都凑近了茶叶仔细看和闻。活动中接下来教师又给幼儿示范怎样泡茶以及讲述泡茶的步骤，在这一环节幼儿进行自主探究的机会很少，幼儿的学习方式主要以听和看为主，然而幼儿对于视频的播放并没有表现出强烈的兴趣，反而出现交头接耳等消极情绪。并且活动中，教师提问的问题以低认知问题为主，教师提问偏重于泡茶需要什么，泡茶的步骤有哪些等问题，这些问题偏重知识传递，忽视了幼儿的真正学习需要。低认知水平问题能够调动幼儿已有经验，感知事物，了解事物特征；高认知水平问题则帮助幼儿对知识进行深层加工，从而将新知识进行内化。在这种形式下，幼儿大部分时间是在配合教师的行动，幼儿教师始终掌握着话语权，幼儿难以成为知识的主动探究者，也无法在互动中真正理解新的知识，将新旧知识产生联系，从而达到良好的学习效果。

(三) 高质量师幼互动下的教师引导行为与幼儿学习建构性的特征

幼儿学习的过程是幼儿对于客观世界主动地建构并理解的过程，幼儿学习的建构性强调幼儿围绕所面对的问题进行思考，基于已有经验，以自己的方式对问题做出分析概括以获取新信息，同时幼儿又需要依据新经验对原有经验结构本身也做出某种调整和改造，形成新的认知结构。高质量师幼互动下的幼儿学习的建构性特征，具体分析结果如表 2-2 所示。

表 2-2　高质量师幼互动下的幼儿学习中的建构性特征

建构性维度	高质量师幼互动情景	
	教师的互动行为	幼儿的学习行为
同化	在已有经验基础上理解新信息。 【实例】幼儿有将两枚硬币放在小丑手上使小丑成功的经验后，教师提出问题"放一个硬币可以吗？""硬币放在小丑的其他部位可以吗？"，引导幼儿进一步操作。	幼儿在不同操作中进行思考，通过不同操作之间进行比较、分析以理解新信息。 【实例】幼儿操作发现硬币放在两边才能够保持平衡，硬币要贴头下方才能倒立成功。
顺应	1. 重组和改造原有的经验。 2. 教师及时给予幼儿反馈，提供新信息。 【实例】教师进一步提出问题"以下那几种材料能够使小丑倒立？"，幼儿失败操作与教师成功操作对比，教师提问"我的和你们的有什么不一样呢？"，引导幼儿发现越重的东西越能够使小丑倒立成功，帮助幼儿梳理经验，支持幼儿学习。	1. 幼儿首先对问题进行设想，随后进行操作和记录，幼儿在亲身体验中认识事物及其关系，从而更容易接受所学的知识。 2. 幼儿产生认知冲突，围绕所面对的问题进行思考，将自己的行为与教师的行为进行比较，并对自己看法和做法做出反思与评价，调节自己的活动。

第二节　学习动机上的特征

克努兹·伊列雷斯提出在学习中有两个方面不能缺少，学习动机是其中之一，动机决定学习的动力，对于幼儿的学习有着重要作用。学习动机作为幼儿进行学习的重要心理条件，它与学习效果之间联系密切，幼儿能否主动学习并坚持下去，很大程度上是由学习动机决定的。动机强的幼儿能够更多地投入努力，从而学习效果更加显著。

笔者通过对高质量的师幼互动视频进行反复观摩，深入分析，发现在高质量的师幼互动中，幼儿在学习动机方面有以下表现：

一、主动性

"主动"是个体内部动力的外在表现，在主体与客体之间的作用下表现出积极、自主、进取等方面的发展。主动与被动是相反的，被动的幼儿是在他人的推动下进行活动，而主动性强的幼儿充分投入活动中，对周围事物积极反应，其自身强烈的能动性替代了他人的推动，使其在活动中进行探索、发现与获取新的知识和经验，并从中获得乐趣和喜悦。

学者霍力岩认为幼儿主动学习主要通过"对物操作"与"与人交往"两个方面体现，通过这两个方面可以确定主动学习的基本维度。"对物操作"主要包括主动参与、主动发现、主动探索与主动创造四个维度；"与人交往"主要包括主动交往、主动模仿、主动合作三个维度。在集体教学活动中，首先，幼儿的主动性反映在幼儿参与活动的意愿以及对活动的兴趣程度中，主动性强的幼儿能够自发地投入到活动中，在活动中能够保持高涨的情绪。其次，主动性强的幼儿对于事物存在好奇心，能够发现事物的变化并提出问题。提问是幼儿好奇的一种表现形式，幼儿通过提问"是什么""为什么""怎么办""怎么样"等问题来认识和了解世界。托尔曼认为个体的原有"认知地图"与周围环境冲突时，孩子会主动调整自己的行为以适应环境的变化。幼儿年龄尚小，自己经验也不足，当原有知识与现有状况发生冲突时，他们往往会通过调整自身行为以解决冲突，也就表现为幼儿对于周围的事物有好奇心，喜欢提问题。最后，主动性表现在幼儿能够主动接受任务，并尝试多种办法解决困难。幼儿敢于尝试与参与到新任务中，并且能够具有目标意识，能够自觉坚持一段时间以完成任务。

(一) 高质量的师幼互动具体案例

案例5：

教师：小猪离电视的距离太近了，如果你长时间地看电视，那么你的眼睛会怎样？

儿童：会瞎掉；会疲劳，视力模糊看不清东西；要是不戴眼镜的话，它就会眼瞎。

教师：嗯，长时间近距离看电视会让眼睛疲惫。

儿童：哎，小猪为什么不骑木马了。（教师翻页）

教师：谁能来说一说？

儿童：我知道，因为它在木马上待了很长时间了，感觉脚麻了，它就下来活动活动。

教师：嗯，感觉脚麻了，还有没有其他原因？

儿童：它觉得坐在木马上看电视太难受了。

教师：小猪刚才是怎么看电视的？

儿童：骑着木马。

教师：骑着木马斜着眼睛看电视对吗，那现在小猪怎么看电视的？

儿童：斜着身子。

教师：现在是身子换过来了，眼睛也开始平着看电视台里的节目，小猪被电视里的节目吸引了，它放弃了木马，它站在地上离电视近一点，来看电视，那你告诉我，你觉得这个电视演的是什么？这么吸引小朋友。

儿童：奥特曼；小猪佩奇；小朋友在吃樱桃的动画片；变形金刚；超人；大英雄的电影；芭比娃娃的。

教师：你猜一猜，有哪些小动物会和小猪一起来看电视？

儿童：小袋鼠；小松鼠；小兔子；老虎；老鼠；螃蟹；鳄鱼……

教师：嗯，你们的想法很不错，我们看看谁来了？

儿童：猪妈妈。

教师：你怎么看出是猪妈妈？

儿童：穿着裙子；长头发；卷卷的睫毛……

教师：嗯，那现在小猪拿了一把椅子放在了它的脚下，为什么呢？

儿童：因为它够不着地；因为它脚太累……

儿童：我发现一个问题，妈妈手里拿着一个冰激凌。

教师：冰激凌是给谁的？

教师：给这本书取一个名字。

儿童：电视机；小猫吃小猪的冰激凌；小猪看电视；小猪喜欢看电视；小猫也来看电视；小猫淘气；我看电视；电视吸引了小猪；小猪吃冰激凌；小猪看电影……

研究表明，在语言领域的活动中，与其他类型的提问相比，移情式的提问更能够激发幼儿的积极参与。在上述案例中，教师通过"如果你是小猪，长时间看电视眼睛会怎样呢？""你认为电视中会是什么节目？"等问题，让幼儿想象自己处在故事情境中，想一想自己作为主人公会怎样做，这样的方式能够让幼儿充分参与，主动投入活动中，跟随教师一同感受故事的变化。因此在教师翻页之后，幼儿很快发现了主人公小猪的变化，并提出了自己的疑问。这种善于观察并主动提问的现象，正是幼儿主动性的表现。在学习活动中，认知的需要和附属内驱力的需要是幼儿学习中的两种需要，而这两种需要的满足能够更大程度引起幼儿的情感参与。在活动中，幼儿能够正确或者创造性地回答问题是幼儿满足其附属内驱力的重要条件。因此，教师的提问要在关注活动目标的前提下，给予幼儿回答问题的机会，在较高质量的师幼互动中，教师不局限于得到问题的答案，其实更关注幼儿的表达机会及幼儿的思考。从上述案例中，教师在幼儿回答后会询问"还有别的原因吗？""你是怎么发现的？"等问题，引导幼儿说出自己的想法，在这一过程中，幼儿的学习需要得到满足，学习的积极性、主动性也随之增强。

（二）一般质量的师幼互动具体案例

案例6：见案例4

与高质量的师幼互动相比，该案例中幼儿学习的主动性较差。首先，案例中的教师提问的类型以低层次的问题为主，案例中"第一步干什么？""茶叶放多少？""用什么水泡茶？"等这些问题，虽然是有条理的，但主要通过幼儿回忆之前的视频得出答案，这种感知记忆类型的问题并不能够给幼儿很好地思考的空间。教师在这一过程中更体现了为了教学目标的完成而提问，注重知识的传授。在这种方式下幼儿并没有过多主动思考，更难以做到主动学习。其次，泡茶这一行为主要是教师在进行操作，在泡茶过程中，幼儿并未进行实际的操作，只是坐在位置上观看。操作体验是最适合幼儿学习的方式之一，幼儿在对事物进行操作时所经历失败或喜悦的情绪是深刻的，而且在丰富的学习方式中，幼儿更多参与活动，刺激其学习动机的生成。主动学习强调幼儿进行主动探索，注重幼儿与材料之间的互动。教师这种教学方式在一定程度上不利于幼儿的主动学习，幼儿在这种教学方式下，主动参与积极性不高，对于活动内容也不能够乐于观察并提问。而笔者也观察到，当教师说"我们再看一遍"的时候，部分幼儿出现目光游离、做小动作等消极的情绪表现，这说明教师没有真正地理解幼儿，更不能够激发幼儿的学习兴趣，引导幼儿主动参与活动、探索与发现新的知识经验。

（三）高质量师幼互动下的教师引导行为与幼儿学习主动性的特征

主动性的学习是幼儿能够不依赖外力推动，而按照自己规定或设置的目标行动，幼儿自身强烈的能动性替代了他人推动的学习活动。学者霍力岩认为幼儿主动学习主要通过"对物操作"与"与人交往"两个方面体现，并将主动学习分为了不同的维度。本研究采用霍力岩学者的主动学习结构来分析高质量师幼互动下的幼儿学习特征，具体分析结果如表 2-3 所示。

表 2-3　高质量师幼互动下的幼儿学习的主动性特征

主动性维度	高质量师幼互动情景	
	教师的互动行为	幼儿的学习行为
主动参与	教师提问低认知开放性问题，引导幼儿参与活动。 【实例】"你认为这是哪里？""你从哪里看出来的？"	幼儿积极回应教师，思维较发散，从不同角度回答教师的提问。 【实例】"因为她穿着裙子。""因为她是长头发。""因为她有卷卷的睫毛。"

续表

主动性维度	高质量师幼互动情景	
	教师的互动行为	幼儿的学习行为
主动发现	1. 教师在活动中，注重移情式提问，让幼儿想象自己处在故事情境中，跟随教师一同感受故事的变化。 2. 教师注重幼儿对于画面行为的理解，给予幼儿充分的表达机会。 【实例】"你认为电视中会是什么节目？"	幼儿能够观察事物的前后变化，并提出问题以求进一步了解。 【实例】幼儿能够发现画面的不同，并在画面转换后提出问题"妈妈手里多了拿着一个冰激凌。""小猪为什么不骑木马了？"
主动交往	1. 教师在幼儿提出问题以及幼儿回答问题之后，及时反馈，通过肯定、重复等反馈策略，给予幼儿正面评价，营造和谐氛围。 2. 教师利用活动内容引导幼儿学习交往。	幼儿在活动中能够自发引发对话，延伸与其他小朋友的对话，并在活动中大胆表达自己的想法。

二、专注性

专注，外部表现往往是一种注意的状态，在这种状态下幼儿会在一段时间内将思维和行动指向任务与活动并集中于此。专注力是幼儿终身学习的必备素质，可以为幼儿的终身学习和将来成就事业奠定基础。专注力也是我们常说的注意力，幼儿对某一事物具有较高的专注力，会把视觉以及触觉等感觉集中在该事物上，对该事物保持高关注度以认识该事物，对其他事物关注度低。

赵杏在其研究中提出幼儿的专注行为表现在五个方面，分别是倾听、关注、伴随语言、思考、注意分散。具体到集体教学活动中，首先，幼儿专注性表现在幼儿能够注意倾听教师提出的活动任务，认真倾听教师的要求，自发对材料进行关注；其次，幼儿在完成任务过程中出现伴随语言、表情与动作等相关行为，并专注于从事任务及活动；最后，幼儿能够将精力集中在任务上，对无关其他事物能够有所忽略，并且在活动中能够对自身的情绪和行为进行调控，从而始终以积极认真的状态投入活动中，达成相应的教学目标。

（一）高质量的师幼互动具体案例

案例7：

教师：小朋友们看看，老师给大家带来了什么，我们一个一个地看，先看下这个。

儿童：红糖、单晶冰糖、砂糖、绵白糖、多晶冰糖。

教师：小朋友都认识这些糖，那小朋友都吃过吗？它们是什么味道的？

儿童：甜甜的。

教师：它们有什么不同，谁能来说一下？

儿童：它们的颜色不同。

教师：能再说具体一些吗？

儿童：它们的颜色和形状不同。

教师：具体地说哪一种和哪一种不同呢？

儿童：红糖和其他的糖颜色不同；它们分成两种，第一种是有细细的糖，第二种是硬硬的一大块。

教师：哪几种是细细的呢？

儿童：白砂糖，红糖与绵白糖是细细的，剩下的糖是大块的，还有黄冰糖。

教师：那除了老师拿来的材料，你还了解到关于糖的哪些知识？

儿童：那些细细的糖放到水里很快就没有了，冰糖放到水里还是会有的，它会慢慢地融化。

教师：嗯，成块的冰糖融化得比较慢。小朋友刚才都说到了它们的颜色、颗粒的大小，还有形状上有一些不同。大家在远距离下看这些糖观察到这些，那如果是近距离在放大镜下呢，会有其他的不同吗？一会我会给大家发一张观察记录表，小朋友们以小组为单位，一边观察，一边填一填，这张记录单上都什么呢，我们来看一看，这上边有什么？

儿童：糖的图片。

教师：还有什么？

儿童：小嘴巴和眼睛。

教师：那你们觉得小眼睛是表示什么？

儿童：看大小，小嘴巴是表示他们的味道。

教师：嗯，小朋友们说得非常正确，一会儿大家可以观察一下这些糖类，做一做糖类的观察比较的工作，看看这些糖类的大小、味道有什么不同，你还有观察到的其他的可以写在大格子里。

幼儿来到桌前，每一桌上用碗摆着不同的糖类，幼儿开始拿起放大镜进行观察。有的幼儿，拿着放大镜每个糖果都看了一遍，看了看自己的表格，有的幼儿站起身用眼睛先进行观察并开始动笔进行记录，记录几个之后又拿起放大镜每一个进行仔细观看。幼儿拿放大镜进行反复观察并记录糖的大小，到了尝一尝的环节，幼儿拿起筷子，在碗中蘸点白糖尝一尝，并用手托着头做思考状，还有的幼儿每个糖都尝一尝，对于冰糖，放在嘴里反复品尝，其他的糖交替进行品尝，进行记录。表格记录完成后，幼儿开始在大空格中记录自己的想法，有的幼儿在表格中画上了大大的眼睛，并用图画表示出了糖的形状，有的幼儿用图画表示颜色和大小，有的幼儿在大空格中画出一个小人来表示自己。

幼儿的生活经验以及幼儿对活动的兴趣影响幼儿的专注水平。在本次活动中，教师首先将不同的糖摆在幼儿面前，这些糖中一部分是幼儿在生活中常见的食物，幼儿比较熟悉，因此，幼儿能够将注意力集中在不同的糖上。而教师提出问题"它们有什么不同呢？"引导幼儿进行初步观察，此时幼儿的回答是十分笼统的，教师选择追问的方式引导幼儿进行具体解释，这种追问能够使幼儿的思维更完善，而且幼儿的回答也为接下来的进一步观察做了铺垫。幼儿在对糖有了初步的认识之后，教师拿出观察表，教师通过让幼儿看一看、说一说观察表上有什么，这些符号代表什么意思等引导幼儿清楚之后的任务要求，幼儿有了先前的了解与对任务的要求之后，更能将注意力集中于活动任务，进行下去。

教师引导幼儿用放大镜观察并用记录表进行记录，在记录中幼儿相互模仿，幼儿之间存在间断的关于活动任务的讨论，这种交流说明幼儿在积极专注于当前的任务，而且关于任务的交流不仅能够促进幼儿的语言得以发展，而且能够帮助幼儿进行科学知识的自我建构，培养幼儿的科学探究精神。在观察比较的环节，幼儿对糖的大小进行反复观察，在品尝时多次进行品尝并记录，说明幼儿能够将注意力集中在对糖的观察中，能够调控自己的行为去完成任务。蒙台梭利指出，幼儿具有专注的能力，幼儿能够在"工作"中体会到乐趣和满足感，幼儿的工作本能是在内在冲动中表现出来的，幼儿在喜欢的工作中不会感到厌恶和疲倦。幼儿在结束小表格的记录后，开始将感受用图画的形式在大表格中进行呈现，也体现出幼儿对于本次活动是感兴趣的，用图画代替语言来表达自己的看到的、尝到的、想到的，在活动过程中专注于此，大多数幼儿在活动中能够保持安静，有条理地执行自己的活动任务。

（二）一般质量的师幼互动具体案例

案例8：

教师：你看这幅图画，他们在做什么呀，这是谁？

儿童：獾。

教师：獾不是死了吗，为什么会出现在这里？

幼儿沉默。

教师：因为这是在回忆，这是在讲以前的事情。

教师：青蛙是滑冰高手。他想起在獾的帮助下迈出了冰上滑行的第一步，獾很亲切地带着青蛙滑冰，直到青蛙能够勇敢的自己滑行。

教师：青蛙开始会滑冰吗？

儿童：不会。

教师：是谁教会的？

儿童：獾。

教师：獾已经帮助两个人了，他还会帮助谁呢？我们一起来看看，哦，这次是狐狸，看看图片，能看出他们在做什么吗？

儿童：领带。

教师：拿领带干什么呀？当然是系领带。

教师：狐狸想起自己小时候领带打不好，獾曾经告诉过他，领带宽的一头，从右边转到左边……看到这我感觉獾好厉害呀，什么都会，而且特别善于帮助他人，已经帮助了三个人了。獾教给兔子太太烤姜饼的秘方……有这些礼物后，他们就可以互相帮助。

教师：首先獾教鼹鼠什么？

儿童：鼹鼠哥哥和鼹鼠弟弟。

教师：教会鼹鼠剪纸，第二个是教会青蛙什么？

儿童：滑冰。

教师：第三个，教会狐狸系领带（教师带领幼儿回答）；第四个，教会了兔子烹饪姜饼。（教师带领幼儿回答）

教师：那我问问大家，獾分别给大家留下了什么样的离别礼物呢？

儿童：信。

教师：信不算礼物，信只算是遗书。

儿童：啊，那是不是糖。

教师：再想想，我请一个小朋友来回答？

儿童：帮狐狸系领带。

教师：嗯，你说得特别好。

教师：嗯，特别棒，都记住了。

教师：我觉得这个礼物真的是大家非常难以忘记的，因为这个礼物，你看图画中鼹鼠旁边是不是还有一个小鼹鼠也在剪纸，这会一代一代传承下去，就比如说獾教兔子奶奶烹饪姜饼，兔子奶奶也会继续传承给她的亲人或者其他人，这个礼物特别好，会让大家特别难忘。

教师：从故事中你可以看出，獾是一个怎么样的人呢？

儿童：很喜欢帮助别人……

教师：还有吗？

儿童：会送礼物……

教师：嗯，獾特别善于帮助别人，所以说大家要向獾多学习。

幼儿是否专注能够通过幼儿的行为展现出来，具体可表现为：幼儿是否能够在活动过程中维持兴趣，对活动保持热情；幼儿是否能够在受到干扰之后，短时间内将注意力转移到活动任务中，或者是对于干扰的反应程度低，能够投入到活动中。在本次师幼互动中，笔者观察到，幼儿的专注水平较弱。幼儿在活动初期对绘本的图画比较感兴趣，当教师询问幼儿图画内容时，幼儿能够积极思考，并且回答问题，但教师在活动进行过程中，更加注重对故事本身的讲述，对通过互动等形式保持幼儿的注意力等行为有所忽视。案例中，教师针对图画的提问比较简短，如"看看图片，你知道他们在做什么吗？"幼儿回答"领带"，教师追问"拿领带干什么呀？"，幼儿未回答，教师自己给出了答案。

教师在这个过程中并未针对图片给幼儿太多表达的机会，在引导幼儿短暂的观看图片后，接着开始讲故事。此时，幼儿对于图片内容并未完全消化，更不能专注于教师所讲述的故事，主要表现为活动中期幼儿已经开始出现一些消极的情绪行为，如幼儿的身姿开始东倒西歪，有的小女生开始玩自己的头发，教师的提问只有个别幼儿回应等。教师在活动后期，注重提问故事内容，大多数幼儿在此时对活动兴趣不高。教师在提问"獾教鼹鼠什么？"时，幼儿基本保持沉默，只有个别幼儿在与教师进行互动，因此教师选择自己说出答案或者带幼儿一起说出问题的答案。在这种互动下，教师注重教育目标的实现，忽视了幼儿的兴趣和需要，幼儿对材料的兴趣低，也并没有真正参与到活动中，保持对于活动的专注。

此外，教师与幼儿的情感支持影响着幼儿的专注力，研究表明，情感支持较高时，幼儿的注意力与毅力随时间流逝时下降的速度慢，因此，高质量的情感支持能够对幼儿的注意力和毅力产生积极作用。在本次活动中，教师与幼儿之间始终保持着一定的距离且敏感性低，幼儿真正的情感与认知需求并没有被关注，教师也并未做到为幼儿提供不同的支持和帮助。在教师大量讲述、幼儿表达较少的情形下，幼儿学习专注性减弱，影响学习效果。

（三）高质量师幼互动下的教师引导行为与幼儿学习专注性的特征

幼儿在学习上的专注性表现在活动过程中，幼儿集中精神于学习任务，在整个活动过程中对于外界无关的刺激反应程度低。根据学者赵杏的研究发现，幼儿的专注行为表现在五个方面，分别是倾听、关注、伴随语言、思考、注意分散。本书采用其专注性的结构来分析高质量师幼互动下的幼儿学习专注性的特征，具体分析结果如表 2-4 所示。

表 2-4　高质量师幼互动下的幼儿学习中专注性特征

专注性维度	高质量师幼互动情景	
	教师的互动行为	幼儿的学习行为
倾听	展示实物，通过理解式问题吸引幼儿注意力，提高幼儿参与程度。 【实例】"这些糖有什么不同？"	对不同的糖形成初步感知，知道它们的颜色与形状的不同。 【实例】"红糖和其他的糖颜色不同。""它们分成两种，一种是有细细的糖，第二种是硬硬的一大块。"
关注	观察前引导幼儿熟悉记录表，知晓记录表的内容填写要求。 【实例】"这张记录单上都什么呢？""你们觉得小眼睛是表示什么？"	幼儿理解记录表的内容，拿到观察表之后专心于观察记录。 【实例】"小眼睛表示看大小""小嘴巴是表示他们的味道"
伴随语言	教师在一旁观察，提供必备工具。	幼儿在观察过程中会与同伴进行短时间的讨论，并且会互相查看对方的记录并进行学习模仿。
思考	教师在一旁指导，必要的时候加以提醒。	幼儿认真填写表格，反复核对信息的准确性。 【实例】幼儿反复品尝不同的糖并记录感受，任务进行时会用手托着头进行回想、思考。

第三章

师幼互动质量提升的关键

倾听艺术、说话艺术以及肢体语言是师幼互动过程中的主要内容,也是师幼互动质量提升的关键因素,本章即针对这三方面的相关内容进行一定的阐述与分析。

第一节 倾听艺术

倾听是沟通中重要的项目。在汉语中,听的繁体写法"聽"由耳、王、十、目、一、心组成,这表示听的时候主要以用耳朵为主(耳、王),需要眼到、口到、专心致志用心记。我们在倾听上花的时间要比我们意识到的多得多,因此,倾听在沟通中起着非常重要的作用,我们每天听新闻报道、欣赏电影话剧、与人交流沟通等,无一不是在倾听。倾听帮助我们获取各类信息,让我们具备良好的适应社会的能力。

一、倾听的价值

(一)倾听的内涵

《现代汉语词典》(第5版)中将倾听定义为:凭借听觉器官接收言语信息,进而通过思维活动达到认知、理解的全过程。国际倾听协会对倾听下的定义是:倾听是接收口头和非语言信息,确定其涵义和对此做出反应的过程。

通俗的理解为:倾听不仅是用耳朵听,还需要听者身心投入理解说话者在交谈过程中想要表达的一切信息(言语信息和非言语信息)。比如,医生倾听患者诉说病情,以了解病情对症下药;企业主管倾听部属的报告,以拟定对策解决问题;导购人员倾听消费者的喜爱偏好,以便帮助顾客挑选合乎心意的商品。

(二)师幼互动中的倾听

1. 内涵

倾听作为一种最基本、最普遍的日常生活现象,有许多种类。在教育系统中，根据教育者与受教育者性质的不同，倾听可分为教师间的倾听、学生间的倾听、师生间的倾听。师幼互动中的倾听因其教育对象的特殊性，也有自己特殊的内涵。

在幼儿园活动中，教师倾听的对象是3~6岁的幼儿，他们在词汇、语法及口语表达方面的发展是有限的，如把"老师"说成"老西"；他们这一时期的词汇量也是十分匮乏的，在理解和使用上，幼儿也常常出现错误，比如，回答的内容与问题风马牛不相及；因为幼儿的理解能力有限，尤其是在紧张或者激动的心理状态下，他们不能准确表达自己的真实感受甚至出现口吃现象；有些幼儿受周围成人的影响，在言语中一味迎合老师，有意地隐藏起自己真实的想法；同时，很多天马行空、富有创造性的想法都是在听似平淡的言语之中。这些要求教师在活动中认真而细致地倾听。

综上所述，倾听是指在幼儿园的各种活动中，教师在尊重幼儿、理解幼儿的基础上，耐心、认真倾听幼儿的各种表达（言语表达和非言语表达），并对幼儿的表达做出及时且恰当反馈的过程。

2. 特点

（1）充分发挥师幼主体性。倾听对于师幼双方而言，都是一种能动的行为。幼儿作为倾诉者，通过口头语言和非口头语言向教师发出了各种需求的信息，并渴望得到教师的理解和回应；教师在收到信息后，依托专业知识经过细致分析，再根据平时对幼儿的细节观察，对幼儿发出的"声音"加以理解，通过表情、姿态、言语等进行回应，并通过言行影响整个交流过程，充分发挥教师的主体性。

（2）尊重与理解是前提。蒙台梭利曾说，幼儿与我们成人的心理生活完全不同，必须认真倾听他们的心声。教师倾听幼儿、发现幼儿的差异，并且从教学行为中承认幼儿与成人的不同；按照幼儿身心发展的阶段性规律实施教育，也是尊重幼儿的体现。教师倾听幼儿的过程也是理解幼儿的过程，教师在此过程中不断倾听幼儿对大千世界的好奇，对情感、情绪的朴素表达，让教师感受幼儿生命的纯粹与美好，更加理解幼儿，在倾听过程中所感受到的快乐与感动会成为双方和谐相处的内驱力。

（3）民主、平等的氛围是关键。教师在幼儿发展过程中充当引导者、支持者的角色。在倾听过程中，幼儿与教师的地位是平等的，只有在民主、平等的教育氛围中，教师才能用心认真倾听，师幼间才能形成良性互动，从而提升教育效果。

3. 师幼互动中倾听的价值

（1）有利于创建真正和谐的师幼关系。倾听幼儿，意味着教师对幼儿的尊重、理解与接纳，在这种尊重理念的指导下，教师一改往日的教学方式、教学姿态，由权威者转变为倾听者，倾听幼儿的思想，倾听幼儿的心灵，挖掘幼儿的潜能，从而使幼儿由被动的接收者转变为主动的探究者。倾听使幼儿体会到教师对其的尊重，感受到教师博大的胸怀，体验到教师慈母般的关爱，朋友般的友谊，这种关爱、尊重为建立良好师幼关系提供了有力的保证，而和谐的师幼关系则是师幼共同成长的动力。

（2）有利于幼儿独立人格的培养。埃里克森划分的八个阶段中，与3~6岁幼儿有关的是第二阶段"自主性对羞怯和疑虑"和第三阶段"主动性对内疚"。在这两个阶段中，幼儿是在幼儿园里与幼儿教师、小朋友一起度过的。良好的倾听互动为幼儿形成积极的人格营造了氛围。在贯穿幼儿园一日生活各个环节的教师对幼儿的倾听活动中，教师真诚的态度促使幼儿打开了心灵的大门，恰当理解使幼儿感受到了尊重与宽容，积极反馈使幼儿的自主和主动行为适当地激发，幼儿在充满尊重、充满关爱、充满理解的氛围中，无拘无束、畅所欲言，这些有助于幼儿形成独立、自尊、勇于探索、乐观向上的人格。

（3）倾听成为教师顺利开展教育活动的重要途径之一。幼儿的需要、兴趣就隐藏在他们日常生活的各个细微的语言和动作中，只要教师认真观察、细心倾听，就会找到与幼儿需要相符的活动主题。教师通过有准备的倾听，就能够及时了解幼儿的欲望与需求，发现幼儿的兴趣，洞察幼儿的心理状态，选择合适的活动主题，满足幼儿的需要。

（4）倾听有助于教师的专业发展。倾听幼儿的过程即是教师研究幼儿的过程。为了全面地了解幼儿，教师会透过幼儿言语表面的意思挖掘幼儿隐藏在平淡话语背后的真实含义，同情幼儿的不幸，理解幼儿的"非常"表现。在研究幼儿过程中，教师发现了幼儿与成人截然不同的兴趣、需要和独特的情感，为了与幼儿进行有效的沟通，教师会站在幼儿的立场上，按照幼儿的兴趣去猎取知识，思考问题，这就是研究型教学的雏形，研究型教学是教师专业发展的重要途径之一。

倾听是教师反思自己的过程，幼儿是教师的一面镜子，倾听使教师从幼儿身上看到昔日的自己，反思使教师认识自己在教学中存在的不足，有助于教师及时发现问题，寻找原因，采取恰当的方法来改变目前的教育现状，提高教育质量。倾听后的反思促进了教师的专业发展，实现了教师的主体价值，提高了教师的专业素质，使教师的信念系统不断完善和提升，这些正是教师专业发展的重要标志。

有效的倾听是可以通过学习而获得的技巧，认识自己的倾听行为将有助于你成为一名高效率的倾听者。美国著名心理学家托马斯研究发现，按照影响倾听效率的行为特征，倾听可以分为三个层次，一个人从倾听的层次一到达层次三的过程，就是其沟通能力、交流效率不断提高的过程。

层次一：听者完全没有注意说话人所说的话，假装在听其实却在考虑其他毫无关联的事情，或内心想着辩驳，他更感兴趣的不是听，而是说。这种层次上的倾听，导致的是关系的破裂、冲突的出现和拙劣决策的制定。

层次二：人际沟通实现的关键是对字词意义的理解。在第二层次上，听者主要倾听所说的字词和内容，但很多时候，还是错过了讲话者通过语调、身体姿势、手势、脸部表情和眼神所表达的意思。这将导致误解、错误的举动、时间的浪费和对消极情感的忽略。另外，因为听者是通过点头同意来表示正在倾听，而不用询问澄清问题，所以，说话人可能误以为所说的话被完全理解了。

层次三：处于这一层次的人表现出一个优秀倾听者的特征。这种倾听者在说话者的信息中寻找感兴趣的部分，他们认为这是获取新的有价值信息的契机。高效率的倾听者清楚自己的个人喜好和态度，能够更好地避免对说话者做出武断的评价或是受过激言语的影响。好的倾听者不急于作出判断，而是感同身受对方的情感。他们能够设身处地看待事物，更多的是询问而非辩解。

据统计，约有80%的人只能做到层次一和层次二的倾听，在层次三上的倾听只有20%的人能做到。如何实现高层次的倾听呢？以下是学习高层次倾听的一些方法。

专心：通过非语言行为，如眼睛接触、某个放松的姿势、某种友好的脸部表情和宜人的语调，你将建立一种积极的氛围，如果你表现得专心和放松，对方就会感到受重视和更安全。

对对方的需要表示兴趣：你带着理解和相互尊重进行倾听，才能对对方的需要表现出兴趣来。

以关心的态度倾听：像是一块共鸣板，让说话者能够试探你的意见和情感，同时觉得你是以一种非裁决的、非评判的姿态出现的。不要马上就问许多问题，不停地提问给人的印象往往是听者在受"炙烤"，表现得像一面镜子，反馈你认为对方当时正在考虑的内容，总结说话者的内容以确认你完全理解他所说的话。

避免先入为主：这发生在你以个人态度投入时，往往导致愤怒和受伤的情感，或者使你过早地下结论，显得武断。

使用口语：使用简单的语句，如"呃""噢""我明白""是的"或者"有意思"等，来认同对方的陈述。通过说"说来听听，我们讨论讨论，我想听听你的想法"或者"我对你所说的很感兴趣"等，来鼓励说话者谈论更多内容。

遵循这些原则将帮助你成为一名成功的倾听者，养成每天运用这些原则的习惯，将它内化为你的倾听能力，你会对由此带来的结果感到惊讶的。

二、倾听的技巧

（一）倾听的原则

1. 完整性原则

幼儿作为一个完整的人，不仅要倾听他们的言语，还要倾听他们的心灵。教师在运用倾听艺术时必须遵循完整性原则，这就需要教师在倾听他们的时候要耐心专注，帮助幼儿扬长避短。活动过程中的发言是一种积极的参与，无论说的正确与否，都是幼儿竭尽全力想要参与到师幼互动的表现，教师应耐心地倾听他们的观点，不随意地打断他们，甚至批评他们，很多时候幼儿独特的思想可能就隐藏在看似错误的现象之下，教师只有耐心听完才会发现。

2. 尊重性原则

生命具有自主性，作为幼儿教师，在倾听过程中要坚持尊重性原则。人的生命具有开放性和不确定性。对于生命个体的幼儿来说，教师要尊重幼儿的自主性，允许幼儿在课堂上充分地发表自己的观点，拥有充分的言说能力，任何压抑幼儿自主和自由的行为，必然会违背生命的特性，摧残幼儿的生命活力。

3. 差异性原则

教师在倾听幼儿时，要坚持差异性原则。世间没有两片完全相同的树叶，也没有两个完全相同的人，每个生命个体都是不一样的，幼儿的身心发展具有差异性。教师在进行倾听的时候，坚持差异性原则，尊重每个幼儿的差异性，倾听他们的差异，接受他们的差异。幼儿的创造性思考往往存在于这些差异之中，对于教师而言，倾听幼儿即是倾听他人的声音，要尊重幼儿的特殊性和差异性，绝不能要求幼儿的声音与自己保持一致，幼儿作为一个个鲜活的个体，他们有自己不同的思考问题的方式。陶行知先生曾经说过："你的教鞭下有瓦特，你的冷眼中有牛顿，你的讥笑中有爱迪生。"教师在倾听过程中，总会偏爱那些爱表现自我的幼儿，而对那些不太爱说话的幼儿关注甚少，这些幼儿之所以不喜欢过多地言说，是因为怕自己说错，从而遭到同学们和老师的嘲笑，因此，教师要倾听每个幼儿，对于那些不爱说话的幼儿，教师更应该热情鼓励他们提出疑问，给他们创造展示和表达的机会。

（二）倾听的技巧操作

1. 创设情境

在幼儿园的各种活动中创造幼儿倾诉的氛围和场景，教师表现出倾听的兴趣，让幼儿相信你想听并且会认真聆听，听的时候面向幼儿的脸或眼睛，注意力集中在他身上，不要做出分心的举动或手势，不能心不在焉，试着从他的角度看问题，适当提出问题但不宜过多地打断他。

2. 善抓要点

听的过程中将注意力集中于幼儿说话的要点上，尽可能地避免主观臆断和猜测，在幼儿没有说完之前不要立即下定论，尤其注意不要带偏见，因为偏见是倾听和沟通的大忌。

3. 巧妙反馈

倾听是一种双向的交流，教师在倾听过程中，只是机械地听，而没有任何回应、引导和反馈，倾听就变成了单向的信息传输，失去其自身的意义。当教师积极反馈幼儿的言语和非言语的信息，真诚地体验幼儿的认知和情感历程并对此做出反应时，双方才能走向情感的共鸣。在听的过程中，尽量将自己的语言减到最少，因为说话和倾听是不能同时进行的，同时用眼神、手势、动作或言语进行鼓励，控制自己的情绪，抑制要争论的念头，有时做适当记录。在语言方面，教师可以用一些倾听用语，将幼儿的表达引入深处。比如，"嗯""说得真精彩""这个视角很独特""说得太好了"表示赞同幼儿的发言，用"继续讲下去""真的吗"等，呼应幼儿的发言，从而鼓励其继续解释和澄清其观点，这种语言呼应贯穿幼儿发言的始终，但是同时也要注意语言呼应要适度，不能太过太多。在倾听过程中，教师必要的时候也可以用动作和表情给予呼应，如在幼儿发言的时候，真诚地注视对方，表明你正在集中注意力，并尊重对方；如到赞成之处就点头；听到有趣之处就微笑；听到困惑之处做思考状等。这些会给幼儿传递一种信号：教师正在认真地倾听自己，鼓励自己大胆表达。

做好倾听要有三心。

耐心倾听，尽量不打断幼儿的发言。幼儿园经常有这种情况，当幼儿的观点与教师的或课本的答案不一致时，很多教师表现得很不耐烦，往往打断幼儿的发言，剥夺幼儿继续发言的机会，这样做不但让这个幼儿感到不受尊重，以后有可能不愿意发言，而且有可能扼杀一个精彩的观点。相反，如果教师能够耐心倾听幼儿，给幼儿表达不同观点的自由和机会，课堂气氛就比较活跃。教师倾听是为了理解幼儿，培养幼儿的自主性和独立性，不是为了评价和获得标准答案。教学的过程，不是教师执行教案的过程，而是不断发展成长的过程。

教师要耐心等待倾听，给幼儿的思维飞跃创造广阔的空间。幼儿开始发言前，不妨给幼儿一点思考和整理思路的时间，这样幼儿可以更加自信地表达自己；当幼儿想要说而说不出的时候，要给幼儿一个缓冲的时间，静静地等待一会儿，可以让幼儿有较长时间的思考；幼儿准备比较复杂的言说时，需要时间组织语言，幼儿才能更加清晰地表达自己的观点。

专心倾听，注意与幼儿进行眼神交流。在现实情况中，幼儿在发言时许多教师不是注视着幼儿，而是不停地翻课本或教案，似乎并不在意幼儿讲什么，教师心不在焉的样子，会挫伤了幼儿发言的积极性。专心倾听是对幼儿的尊重和鼓励，也是师幼互动顺利进行的必要条件。

用心倾听，主动参与幼儿的发言。教师应在参与中倾听，不是被动地听，而是主动地听。这种主动性在倾听与精神生命的发展之间建立起实质性的联系，意味着作为倾听者的教师不只是旁观者，而且是行动者、创造者，通过倾听参与幼儿的成长，参与创造幼儿的声音。不过，参与的目的不是主宰幼儿的声音，也不是从外部实行的控制和干预，更不是对幼儿发展的替代，而是一种引导和促进，因此，这种参与具有创造性。

良好的倾听技能在师幼互动中是不可或缺的要素，倾听不仅仅是用耳朵听，还需要用心揣摩幼儿传达的信息，并且做出恰当的反应。师幼互动中的倾听有其独特的内涵，在过程中营造和谐、民主的教育氛围，充分尊重和理解幼儿，这样才能做到真正的倾听，促进良好的师幼互动。在实际教学过程中，注意避免虚假倾听、错误理解和仅仅听那些自己想听的内容，对幼儿采用部分反馈的做法。正确的倾听应该是坚持完整性、尊重性和差异性原则，积极创设幼儿倾诉的氛围和场景，在倾听过程中避免主观猜测，应巧妙反馈，必要时对幼儿进行回应、引导和反馈。

第二节 说话艺术

语言从来都不仅仅是一种交流工具，除了言语中所要表达的浅层意思外，其所显露的气度与温情才是语言美的真正所在。而教师的语言更应是一种艺术的存在，它是开启童稚智慧的神奇咒语，是照亮学生心灵的五彩阳光，更是指点学子遨游知识的海洋，搏击人生赛场的风向标和助跑器。

一、口语艺术

教师口语是指在教师与幼儿的互动过程中，为达到师幼间相互理解、相互沟通，促进幼儿身心和谐发展的目的，幼儿教师以口头语言为主的语言形式。在幼儿教育中，师幼关系的和谐与教师的口语水平也有很大的关系，会说话的教师往往能赢得幼儿的信赖，更容易建立和谐的师幼关系；反之师幼关系则较为疏远，容易产生对立情绪。

教师口语是教师与幼儿互动的媒介，在生活、学习和游戏中，它不仅是进行沟通的工具，传递着知识经验，还是一种情感的互动，用爱唤醒幼儿的心灵。教师口语是幼儿主要的模仿对象，对幼儿语言能力的发展产生重大影响，这就要求幼儿教师在深入了解幼儿知识特点和身心发展水平上，充分运用语言这一工具开启幼儿的心智，幼儿教师口语具有以下几点特征。

（一）用语规范，通俗易懂

幼儿教师要用标准的普通话进行教学，语音规范，发音正确，这样幼儿才能比较容易听懂。不使用方言词、娃娃词、网络词等不规范词语，如"你走先""顶""洗澡澡"等。在幼儿园的活动中，有的教师的普通话标准，表达准确，孩子很喜欢；但有的教师语言基本功差，方言重，表达模糊，甚至东拉西扯，词不达意；特别是语言领域的活动，在此场景下教师的口语表达成为幼儿直接模仿的对象，稍有不慎，将会对幼儿的语言发展造成不良影响。在师幼互动中口语的规范化是一个必要条件，而且没有老师希望自己教育的幼儿发音不清或者满嘴方言❶。

教师的语言是幼儿模仿的对象，教师的一言一行，幼儿都会一一听在耳里，看在眼里。教师说什么、怎样用词和造句、用什么言辞说出自己的感觉、对别人说话的反应等，都对幼儿起示范作用。因此，在幼儿园一日生活中幼儿教师说话时，除了咬字清晰、发音准确、辅以恰当的肢体语言外，还要注意语言的表达力，包括适当的音量、语调、语速等。

教师的语言如果规范，就能激发幼儿交流的兴趣，幼儿就能自主地交流，产生交流的欲望；教师的语言如果有魅力，孩子就愿意倾听；教师如果能声情并茂、灵活生动地讲述或朗诵幼儿文学作品，幼儿也一定会喜爱上文学，能感受语言的丰富和优美。

(二) 情感真诚，灵活善诱

白居易曾说："感人心者，莫先乎情。"再渊博的知识，再精致的教具，再华丽的语言都抵不过真诚的言语和关爱，师幼互动的过程也是情感交流的过程，对于心灵稚嫩的幼儿来说，真诚的爱是对幼儿最好的教育，没有情感的压迫性教育只会扼杀幼儿的天性。教师要用充满情感色彩的语言叩开幼儿的心门，让他们感受到教师的一片爱心，沐浴在师爱的阳光下。对于幼儿的每一点成绩和进步，教师要用热情洋溢的话语加以肯定和赞赏，对幼儿的缺点和错误，教师批评时应饱含深情，能使幼儿发现不足，并有充分的勇气和信心改正缺点和错误，使幼儿在教师爱心的阳光下轻松快乐地学习、生活，同时陶冶着幼儿良好的情感品质。

幼儿教育的过程存在许多不确定性，需要教师的智慧，语言自然也要灵活应变，用循循善诱的语言激发幼儿学习的主动性，启迪幼儿的思考，引导幼儿掌握知识。孔子云："不愤不启，不悱不发。"教学活动中的师幼互动对幼儿有着深刻的影响，教师要注意调动幼儿学习的主动性；使用灵活、富有启发性的语言启迪幼儿的思考，善于创设问题情境，激发幼儿的求知欲；善于"制

---

❶ 刘晓红. 师幼互动方法与实践 [M]. 武汉：武汉大学出版社，2015.

造问题",让幼儿寻找解决问题的方法;巧用含蓄的表达方式,灵活引导幼儿找到解决问题的方法。生活活动中的师幼互动对幼儿的影响是潜移默化的,教师不仅要对幼儿传授知识,培养能力,也要对其进行思想品德教育,因而生活中的教师语言具有教育性,不是枯燥的说教、严厉的指责,而是在了解幼儿年龄特点和个性特点上进行渗透的教育,通过教师的灵活善诱,增进师幼的感情,发挥幼儿的积极性,自觉地接受教育。

(三) 充满童趣,生动形象

保持一颗纯真的"童心",站在幼儿角度去观察世界,是教师语言儿童化的必要准备。幼儿的思维具有形象性特点,主要凭借事物的具体形象或者表象进行联想,有形、有声、有色、有动感的语言才能唤起幼儿对事物的感知。幼儿教师要善于运用语言创造直观形象,帮助幼儿了解各种抽象的事物、词语和概念。教师要有目的地锻炼口语,抑扬顿挫的声音,鲜明的节奏感,夸张的语气更易于吸引幼儿的注意力,这种较强的语言表现力怎么会抓不住幼儿的心?同时,教师还要善于运用叠音词、摹色词、象声词、感叹词、语气词和比喻、比拟、夸张、排比、反复、顶真等口语修辞手法,使口语变得风趣幽默、直观形象,这样的互动幼儿才会觉得轻松有趣。

我国著名科普作家高士其的作品,不但被幼儿所喜爱,连大人读了也不肯释手,这其中的原因就是语言充满童趣、生动形象,这也是幼儿教师口语区别于其他甚至小学低年级教师口语的主要美学特征。

幼儿对教师语言的期待是充满童趣,语气亲切柔和,音色甜美清纯,用词浅显易懂,唤起幼儿对具体事物的真切感知;幼儿教师的语言要能激起幼儿学习的兴趣,引导幼儿进行联想和想象;要灵活恰当地运用修辞手法,把呆板变得活灵活现,把深奥变得简易生动;要善于运用拟声词、叠音词,多用动态词语,让语言栩栩如生,让幼儿产生如临其境、如闻其声、如睹其色、如见其人的感觉。

(四) 科学准确,用语适当

幼儿期是学习语言的关键期,教师的口语除了给幼儿产生示范作用外,还有先入为主、潜移默化的作用。幼儿园知识的讲述虽然要求浅显易懂,但是教

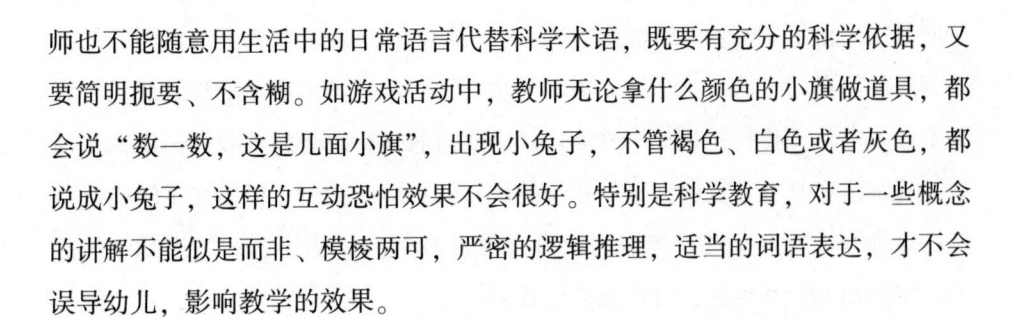

师也不能随意用生活中的日常语言代替科学术语，既要有充分的科学依据，又要简明扼要、不含糊。如游戏活动中，教师无论拿什么颜色的小旗做道具，都会说"数一数，这是几面小旗"，出现小兔子，不管褐色、白色或者灰色，都说成小兔子，这样的互动恐怕效果不会很好。特别是科学教育，对于一些概念的讲解不能似是而非、模棱两可，严密的逻辑推理，适当的词语表达，才不会误导幼儿，影响教学的效果。

二、提问艺术

幼儿教师在活动之前都有一定的问题或提问方式，也包括活动进行过程中教师即时生成的问题，怎样恰当地提问，促进师幼之间良好的互动？

（一）教师提问

幼儿教师在日常生活中，特别是在教育教学活动中有效的提问应紧紧围绕目标，根据目标，精心设计，从而激发幼儿的学习兴趣，帮助幼儿找到分析、解决问题的办法。提问是在课堂教学中教师就有关教学提出的问题，让儿童做出应答的活动。幼儿教师的提问是：在幼儿园集体教育教学活动中，教师根据相关的活动目标和内容，依据幼儿现有的经验和发展需要，通过口头言语等方式，向幼儿设置疑问，启发幼儿思维的行为。

1. 提问类型

（1）假设式提问。假设式提问是一种教师提出问题、幼儿进行假设思考和推断的方式，往往以"比如……""如果……"等形式展开。通过假设式提问，教师可以了解幼儿的先前经验和思维水平，有利于促进幼儿联想和想象力的丰富发展。

（2）推理式提问。推理式提问是教师根据幼儿的经验储备，用清楚明确的语言引导幼儿完成一项较简单的操作或探索活动后，引导幼儿主动思考和积极探究问题，使幼儿能用类似的方式得出问题的答案。用推理式提问时切记问题不可太深太难，不可直接告诉幼儿答案。

（3）递进式提问。递进式提问是一种教师根据幼儿的知识经验和回答，巧妙地将一些复杂的问题层层分解和简化，让幼儿由浅入深地思考问题，得出结论的问题方式。这既能培养幼儿善于思考的习惯，又能使幼儿掌握解决问题的方法。

（4）总结式提问。总结式提问是一种教师引导幼儿观察和了解某些问题或现象，让幼儿自己进行适当概括，最后得出结论的提问方式。这种方法有助于锻炼幼儿的概括能力，帮助幼儿对已有的知识经验进行归纳和综合思考，培养幼儿的口语表达能力，增强语言的条理性。

（5）开放式提问。开放式提问是一种教师提出比较概括、范围较大的问题，对回答的内容限制不严格，给幼儿充分自由发挥的余地。此种提问比较宽松，不限制原因方法和结论的开放性，允许幼儿结合生活和经验充分自由地发挥想象，答案呈现多元化，拓展幼儿的思维。与封闭式提问不同，没有条件的局限性，方法和结论不存在单一性。

2. 提问功能

（1）启发思考，活跃思维。提问是各种活动的关键环节，也是引导幼儿思考的重要手段。思维总是从提问、质疑开始的，能有效地调动幼儿思维的积极性，让幼儿成为问题的探索者，使求知欲由潜伏期转入活跃状态，从而积极地展开自主探究。

（2）激发兴趣，集中注意力。在幼儿园活动中，激发幼儿的学习兴趣，使他们集中注意力，并积极参与到各种活动中，这样才能保证各种活动有序进行。通过提问的环节，不断给幼儿思维刺激，不断调整幼儿的注意力。

（3）沟通情感，获得反馈信息。教师运用提问与幼儿进行语言的直接交流，不但有助于沟通情感，创设融洽的活动氛围，培养幼儿的口头表达能力，而且有助于准确、具体、及时地接收到来自幼儿的信息反馈，便于教师及时地调整与幼儿相处的策略，使幼儿更加积极主动地参与各种活动中。

（二）师幼互动中的提问

教师提问作为幼儿园活动中的关键环节，对提高幼儿教育质量具有重要的意义和价值，那么教师应该怎样提问才能让师幼间进行有效的互动？

1. 方向性问题

要联系幼儿的生活、认知经验，抓住目标，追问层层深入，善于提问的教师能激发幼儿的学习兴趣，诱发幼儿的创新意识，提高学习水平与质量，完成学习活动目标与任务。

2. 适宜性问题

教师要先解读幼儿，了解幼儿的当前需要、原有的生活经验和共有经验，在幼儿的经验和活动素材间架起桥梁。教师在分析原教材选择活动内容时，充分分析、解读幼儿，适当地微调活动目标，舍得放弃和剔除与幼儿生活经验无关的内容，让活动的材料更凸显目标中的难点、重点或使用媒介（如图片），让问题与幼儿生活经验更贴近，促进幼儿主动学习，积极思考。

3. 价值性问题

活动前教师应该针对幼儿的年龄特点和共性经验，尽可能地分析幼儿可能思考的答案，能提高教师回应的价值。同时，教师应帮助幼儿就对内容的理解来展开讨论，而不是只做字句的重复，并灵活地利用幼儿的理解，把它与新知识联系起来。

4. 吸引性问题

幼儿年龄小，以口头语言为主，在活动中主要靠有声言语和无声言语进行交流。在活动中，教师根据活动内容、活动情景和幼儿的现有经验，用自然的、跌宕起伏的、多变的语音语调、语言句式吸引幼儿，在活动中的问题会起到画龙点睛的作用。不过，教师的问题要根据活动的不同需要、不同年龄特点的幼儿适当地转变提问的视角和问法，以此来推动师幼交融互动、经验共享，发现问题背后的实质。

三、回应艺术

（一）作出解释

瑞吉欧教师将与幼儿的互动认为是"接过孩子抛过来的球，是一种抛球—接球的过程"，在师幼互动中教师不仅仅是问题的提出者、建议者、陈述者、调解者，同时是对儿童问题的接受者、倾听者和反馈者。现实中教师在倾听幼儿的基础上也要有效地回应幼儿，同时还要观察、分析幼儿的反馈信息，对幼儿进行积极的帮助和指导。回应的第一步就是要对幼儿"抛过来的球"进行解释，不是对幼儿说的话进行翻译，而是幼儿把信息传达给教师后再次确认幼儿的需求，看自己是否真的明白了幼儿的需求，以免产生误会。

（二）回应感觉

情感包含在个人的"内在世界"中。师幼在相处过程中不仅传递着认知信息，还伴随着情感交流，情感交往的目的是达到相互理解、精神共享，使情感世界更加丰富。教师要真正体会到幼儿作为独特的个体的需要、情感、态度，信任幼儿，尊重幼儿。教师在回应幼儿的时候，应尽量表现积极的情感倾向，克制自己的消极情感。回应时不仅要确认幼儿的需求是否被理解，有时还要从幼儿的角度来体验幼儿的感受，从倾听者的角度对幼儿的感、知觉和体验产生共鸣，让幼儿觉得自己的情绪、情感得到了认可，从心理上就是对幼儿巨大的慰藉，幼儿会感觉到教师是真正关心他们的，这才能真正达到互动的情感目的，从而使他们更积极主动地敞开心扉。

（三）回应意见

回应是指"答话"或"对某件事作出相应的回答或采取相应的行动。在师幼互动情境中，（一个、几个或全体）幼儿对教师施动之后，教师做出的应答或反应；或者是以教师作为施动者，幼儿受动之后，教师做出的应答或反应。意见是人们对事物所产生的看法或想法。回应意见即是幼儿教师对回应及如何回应幼儿提问此事件的看法或想法。2001年的《幼儿园教育指导纲要（试行）》指出："关注幼儿在活动中的表现和反应，敏感地察觉他们的需要，及时地以适应的方式应答，形成合作探究式的师生互动""成为幼儿学习活动的支持者，合作者，引导者""创设一个能使他们想说、敢说、喜欢说、有机会说并能得到积极应答的环境"，因此，作为一名幼儿教师要关注自己的回应，提高自己在复杂多变的教育情景中，捕捉教育契机和把看似不重要的事情转换成富有教育意义事情的能力，提高自己的教育水平，促进专业素养的发展；同时积极地回应能够关注教育的对象性，用更多眼光关注幼儿的状态，关注每个孩子的发展。无论幼儿如何回答，即便回答不在教师预料范围内，教师也不能不予理睬，要在看似错误的回答中抓住亮点，建立联系，给孩子创设想说、敢说、喜欢说、有机会说并能营造积极应答的环境。

当幼儿思考问题思路偏了时，教师应抓住有意义的信息，调整提问，提高活动的实效性；当幼儿没有梳理好思路时，教师应在尊重幼儿的前提下，顺着幼儿的思路，梳理后再还给孩子；遇到幼儿回答的问题与教师问的不一致时，教师可利用小朋友的话追问下去。遇到幼儿冷场的时候，教师不能给予批评，而是要想想怎样帮助幼儿圆场；当幼儿的回答正确、清晰时，教师可用一句话帮助幼儿概括其表达的意思，然后继续引导。

(四) 综合处理

在一些日常生活中，幼儿教师对幼儿问题的回应，要关注幼儿的年龄及身心发展特点，注意与幼儿的自身经验接轨，以自身经验为出发点，关注幼儿经验背后的价值，并找出幼儿的兴趣点，激发幼儿的学习兴趣，并帮助幼儿主动地建构新经验。面对回应时，幼儿教师不宜采用单一的方式，可以采用多种方法进行综合处理，提升幼儿的经验，从而形成"质"的飞跃，使活动更有效。

师幼互动是教师与幼儿双方共同参与，"敞开"与"接纳"的过程。这个过程如同教练与教员之间相互"抛球"与"接球"的过程一样，不仅需要彼此接住对方的球，还应该以适当的方式给予回应，将球抛还给对方，只有这样才能促进师幼互动的有效性和连续性，保证互动质量。幼儿教师口语是师幼互动中必不可少的重要工具，互动不仅是语言的交流也是情感的交流。师幼互动中教师口语的规范性、教育性、科学性、童话性是重要特征，幼儿教师口语的误区是伤害幼儿无形的利器，避免陷入教师口语误区带给幼儿的伤害才能保证幼儿健康的成长。师幼互动中教师的提问技巧是教师与幼儿"抛球运动"的重要桥梁，教师要运用自己的教育指挥学会与幼儿巧妙地对话，在"抛球中"增进感情，引导幼儿发展。

第三节　肢体语言

肢体语言又称体态语，是指非词语性的身体符号，经由身体的各种动作，代替语言以达到表情达意的沟通目的。广义的肢体语言包括目光与面部表情、身体运动与触摸、姿势与外貌、身体间的空间距离等。狭义的肢体语言只包括身体与四肢所表达的意义。

一、教师的体态语

师幼互动中教师常用的体态语有身姿语言、目光和面部表情、手势。

（一）教师体态语的作用

1. 有助于良好的互动

师幼互动时，幼儿有时会依赖非语言的互动方式来表达他的情感与想法，即使不说话，幼儿也可以凭借教师的体态语来感知教师的情感取向。

2. 有助于幼儿理解教育意图

3~6岁的幼儿的思维是以具体形象思维为主，教师的言传身教水平，也就是体态语能力的强弱影响幼儿对教育意图的理解，进而关系到教学质量的高低。

3. 提高幼儿的注意力，有助于信息的传递

3~6岁的幼儿还不能对事物进行有组织、有目的的注意，且易受无关事物干扰。如幼儿很可能一会儿玩这个玩具，一会儿又要另一个，将玩具扔得满地都是。幼儿语言敏感期来自适当感官肢体的具体学习。研究显示：幼儿年龄越小，注意力集中的时间越短。2岁幼儿的平均注意力集中的时间长度为7分钟，3岁为9分钟，4岁为12分钟，5岁为14分钟，如果教育方法得当，6岁幼儿可以保持20分钟的稳定注意。[1]

---

[1] 刘晓红. 师幼互动方法与实践 [M]. 武汉：武汉大学出版社, 2015.

4. 有助于发展幼儿的记忆力

以无意识记为主的幼儿，很大程度上依赖于对象的外部特点和他们的兴趣，直观、形象的事物易引起幼儿的无意识记忆；能激起强烈情绪体验的事物，易被幼儿记住，并能长时间保持。

5. 有助于情感交流、激发求知欲

面带笑容，给幼儿投去鼓励、信任的目光，幼儿就会开动脑筋扩散思维，课堂会有意外的惊喜和收获；摸幼儿的头顶，可唤起幼儿享受父爱和母爱般亲昵的潜意识，拉近师幼的心理距离；教师真诚地点头传达出赞赏和期待，能激发幼儿表达、实践的勇气；对遭遇了挫折的孩子，教师轻轻的拥抱，常常是他们信任老师的第一步，也是他们向老师敞开心扉的第一步。

（二）身姿语的重要性

由于幼儿期是处于好动、好模仿的时期，他们无时无刻不在观察、模仿教师的一举一动，获取各种信息和正负各方面的影响，教师的身姿直接影响幼儿一天的情绪，站立时端庄、挺直、精神饱满；坐下时上身前倾、头转向幼儿；以及张开双臂做拥抱状、蹲下平视孩子、手拉手等，都会让教师产生磁铁般的吸引力。《学记》说："亲其师，信其道。"孩子只有亲近教师，才能信任教师、尊重教师，才会相信教师所说的话，接受教师所传授的知识。所以，幼儿教师要恰如其分地运用身姿语。

（三）常见的教师的身姿语

幼儿教师常用到的身姿语主要有站姿、坐姿、蹲姿。

1. 教师的站姿与运用

（1）站姿。站姿，又叫立姿、站相，指人在站立时所呈现出来的具体姿态，通常是一种静态姿势，是人的最基本的姿势，也是其他一切姿势的基础。

（2）正确的站姿及表现。幼儿教师的站姿：挺胸收腹，两肩平齐，双臂自然下垂，微收下颌，双目平视，精神饱满，表情自然。

教师在幼儿面前应表现出优美、自然的站姿，给幼儿一种舒展大方、积极向上的印象。幼儿教师的站姿在稳重之中要显出活力，不必过于拘谨和呆板。教师在幼儿互动中时常走动，让自己离孩子的距离近一些，会使幼儿对教师产生亲切感，有经验的教师还会选择上身略前倾或弯腰的姿势与幼儿互动。

（3）错误的站姿及影响。错误的站姿，不但影响体态美观和身体健康，还会在师幼互动中造成消极影响，如将身体的侧面或背面朝向幼儿，会使幼儿感到不被重视和受到冷落，使孩子的自尊心受到伤害；站立时，腿不停地抖动，容易使幼儿感到心烦意乱。

2. 教师的坐姿与运用

（1）坐姿。坐姿，即人在就座之后呈现的姿势，是一种静态造型。在与幼儿互动中，坐姿往往是教师采用较多的姿势。

（2）正确的坐姿及表现。幼儿教师的坐姿：头要端正，整个头部看上去应当如同一条直线一样，和地面相垂直需要注意的是：教师在教室就座时，上身直立，最好不要倚靠在座椅的背部，身体也要端正；不坐满椅面，最合乎礼节的是占椅面的3/4左右；教师坐在凳子或其他物品上与幼儿互动时，高度应尽量与幼儿持平，目光平视；回答幼儿问题时，要抬着头；与幼儿交谈时，可以正向对方，或者面部侧向对方，不可以把头后部对着对方。端庄优美的坐姿，会给学生以优雅、稳重、自然、大方的美感，从而提升教学活动效果。

（3）错误的坐姿及影响。幼儿教师的坐姿杜绝把双腿叉开过大或把双腿直伸出去，这样既不雅观又妨碍幼儿活动；身前若有桌子，双腿尽量不要伸到外面来，以防幼儿摔倒；坐下时，不停地抖动或摇晃腿部，会使幼儿感到不安稳；手抱腿，虽是一种惬意、放松的休息姿势，但在教室里不宜如此；上身趴伏在讲台上的姿态，显得无精打采；仰靠椅背、跷起并摇动二郎腿，都会给幼儿傲慢和随意的印象。幼儿教师在常规活动中应避免这些不良坐姿。

3. 教师的蹲姿与运用

（1）蹲姿。蹲是在特殊情况下所采取的一种暂时性体态，由站立的姿势转变为两腿弯曲和身体高低下降的姿势。

（2）正确的蹲姿及表现。幼儿教师的蹲姿：上身挺直，肩自然下垂脖子伸长；手臂的肘部不要过分地靠近身体；手放在大腿附近位置，膝盖合拢；踮脚，臀坐在升起的脚跟上，目光与幼儿平视。需要注意的是：要保持腿部内收的姿势，最好能够并拢，时间较长时，可以单腿甚至双腿着地以缓解疲劳；下蹲时，不要突然下蹲，会使幼儿不知所措，有时还可能发生意外；不要距离幼儿太近，以免幼儿产生紧张情绪，也能防止互相碰撞；在幼儿身边下蹲时，最好是与之侧身相向。

（3）错误的蹲姿及影响。错误的蹲姿，不但体态不美观，而且会妨碍师幼间的良好互动。幼儿教师应避免：在下蹲的时候速度过快；在幼儿身边下蹲时，尽量与之侧身相向；如果与幼儿同时下蹲时，忽略彼此的距离，甚至会发生迎头相撞的危险。

因此，教师在幼儿面前，腰板要挺直，保持良好的形象，站着或坐着时，身体都要端正，千万不可来回晃动或抖动双腿，要尽量面对着幼儿讲话。幼儿教师的工作特点是要始终以饱满的热情、充沛的精力来影响幼儿。错误的站姿、坐姿、蹲姿等身姿语，不但影响体态美观和身体健康，还会在对幼儿造成消极影响。比如，有的教师喜欢后背双手，有的教师喜欢双臂交叉在胸前，有的爱插在裤兜里，将身体的侧面或背面朝向幼儿等，长期可能会使幼儿的自尊心受到伤害，教师的这些姿态无意中会影响幼儿，也会影响教学活动的效果。

（四）身姿语的运用技巧

师幼互动中，幼儿教师在活动引入部分要尽量以站或坐的姿势进入活动的开展部分，当进入分组或是自由活动阶段，教师进行小组指导或是个别指导，教师走动的次数增加，并且必要时蹲下来，以便更好地关注幼儿的活动。

在教师坐着、蹲着与幼儿互动时，互动的持续时间一般较长，站着和幼儿互动时，则相反。在区角活动、自由活动、体育活动等气氛相对轻松自由的场景中，教师倾向于蹲下来与幼儿互动，而在组织计划性较强的教学活动中很少采用这种互动方式。上身前倾势（弯腰）的互动则更多地出现在生活活动、教学活动、过渡活动等活动中；坐姿倾向于发生在组织、计划性较强的教学活动中；站姿的互动出现的频率是比较高的，尤其在对幼儿生活的照顾、教学活动等方面，在区角活动、自由活动、游戏活动等控制性较弱的活动中很少出现。

在互动结果上，教师采用蹲姿互动时，幼儿的接受程度最高，教师也较易接受幼儿的互动行为；站、坐着与幼儿进行交流，幼儿的接受程度最低，其中以站更为突出，教师与幼儿都较易出现对对方发起的互动无动于衷的情况。

在互动的主题上，教师蹲姿和坐姿中教育性行为、情感性行为出现得较多；教师站或弯腰时，管理性行为出现较多，情感性互动出现得较少。

因此，在适当的情况下，教师"蹲下来和孩子说话"了，师幼之间的互动才能更平等、更积极、更顺利。

细心的教师发现有小朋友心情不好，主动走过去、蹲下来耐心地倾听并与幼儿沟通，帮助幼儿把心情平静下来忘却了烦恼，可见教师恰当的体态语至关重要。在不同的情境下，教师应恰当地使用体态语，如蹲姿，这一在幼儿阶段会较多运用的特殊身姿语，它会拉近与幼儿的距离，有助于深入了解幼儿的内心世界，提高师幼互动的效果。

二、教师的面部表情

表情是肢体语言中最基本的一种。如果说眼睛是心灵的窗户，那么脸就是心灵的镜子。人的表情能够表达出丰富的内心世界，人们许多复杂的感情暴露在面部表情上，它以最灵敏的特点把具有各种复杂变化的内心世界，如高兴、悲哀、畏惧、愤怒、失望、忧虑、烦恼等情绪，最迅速、最充分地反映出来。它是最传神、最能表达丰富思想内容的交际辅助手段。

面部表情是人心理活动、情绪变化的晴雨表。幼儿与教师在每天的游戏与生活中培养了深厚的感情，而"眼睛是心灵的窗户"，很多时候，往往不需要语言，幼儿与教师就能互相从眼神和面部表情中判断出对方的反应。

（一）眼神的作用

许多社会学家和心理学家在多次实验中早已证实，最能传达感情、进行交流的体态语言莫过于眼睛的语言，眼睛所传达的感情有时深邃和玄妙，甚至为声音所不及。幼儿教师的眼睛应该是会说话的。眼睛里有丰富的语言，它往往比口头语表达得更充分、更直接、更神秘、更有诱惑力，眼神可以激起感情和情绪的交流。

一方面，教师可以从幼儿的眼神变化来判定幼儿是否在听讲、是否已听懂，眼神可以表露出内心情感、对事物的反应、心理素质等。

另一方面，幼儿可以从教师的眼神中得到暗示和警告。

幼儿常常能够在教师的眼神中找到某些答案，教师的眼神能够促使幼儿积极的思维发展，引起幼儿爱与恨的情感，在无声的特殊教育环境中，教师的眼神能发挥出无声的特殊功能，使二者在表达感情和意图时获得意想不到的效果。

(二) 教师的眼势语

通过眼睑的开合、眼珠的转动，可以组合成多种多样的眼势，传递出丰富的信息与情感，教师常用的眼势语有以下两种。

1. 环视

环视是指目光在较大范围内作环状扫描。在面向全体幼儿的活动中，教师可以通过在较大范围内的环状扫描、适度环顾来观察幼儿，全面了解幼儿的心理反应，随时调整自己的互动方式，组织好活动。若整个活动中教师无环视，就不能及时地了解幼儿，更不能有效地调动全班幼儿的学习情绪。

在教室内，环视一般用于面向全体幼儿；在教室外，多用于排队集合、开会等集体活动。

教师的环视一般用在以下几个时机。

(1) 在活动之前，幼儿在教室里或室外排队集合时，若还未安静下来，运用环视能使幼儿集中注意力，并且这种静静的环视远比教师声嘶力竭地叫喊效果要好。

(2) 在活动过程中，若教师提出了一个有难度的问题，暂时没有幼儿积极回答，这时运用环视，可以鼓励孩子们多动脑筋、充分想象，也有助于教师借助环视发现找到或接近问题答案的幼儿，并随时提问；教师也经常通过环视观察幼儿在教学活动中的整体表现，促使幼儿认真听。

2. 注视

注视是指目光较长时间地固定于某人或某物上。在师幼互动中面对面的交流中，注视较为常见。幼儿教师对幼儿的注视一般分为以下几种。

(1) 严肃注视。多用于与幼儿交谈、批评幼儿的不良行为时。这种注视的眼神集中在对方脸上，以双眼为底线、上顶为前额的三角部位，视线一般要直，不能眼珠乱转，面部表情要严肃认真，目光锐利而不僵直。若要使幼儿认识到自己的错误行为时，严肃注视可能让孩子吐露真情。

从犯错误幼儿角度来看，教师的眼神往往包括威严、信任、诚意、希望等诸多信息。但严肃注视时不能侧目视之，不能眼珠乱转，要直视其三角区域。

面部表情要严肃、认真，若直视时却又带嬉笑，不但起不到辅助交谈的作用，而且会使幼儿感到教师滑稽可笑。

（2）关注注视。教师在教学过程中运用的注视。这种注视的区域在对方的脸上，以两眼为底线、嘴为下顶角的倒三角部位，幼儿教师的目光以亲切、柔和、自然为主，表情不能过于严肃或过于随便，而且一般会与教师的教学语言紧密配合。目的是使幼儿感到被关注或得到鼓励、接受良性暗示等，这种注视能形成比较自然、和谐、融洽的气氛，使教学活动能顺利地进行下去。

关注注视在教学活动中的作用主要体现在以下两个方面。

一方面，能激发幼儿的思考和想象力。

例如，幼儿在回答问题时，一般总是盯着老师的眼睛，试图从老师的眼睛里发现对自己回答的反应。教师若面色柔和、目光亲切地注视幼儿的"倒三角区"，会使幼儿感受到鼓励和暗示：你的回答很不错，继续动动脑筋，肯定能回答得更圆满；教师若面色严肃地注视着幼儿的"正三角区"，则会使幼儿感到紧张不安，不敢大胆地思考，也不能激起幼儿丰富的想象力。

另一方面，能促使幼儿认真地听老师讲。

对一些比较乖而又偶尔有小动作的幼儿，教师只要目光柔和地注视片刻，就会使幼儿感到羞愧并转而集中精力认真地听，但对那些一贯调皮的幼儿应使用"严肃注视"。

（3）亲密注视。教师的注视区域在以对方两眼为底线、下顶角为胸部的倒三角区部位，它主要用在与幼儿进行个别谈话时（以批评为目的的谈话除外）。越是年龄小的幼儿越需要运用亲密注视，这样会给幼儿一种如同亲切、慈祥的父母的感觉，使幼儿越发感受到体贴、关心，产生温暖效应，从而更有利于开展活动。

但注意运用亲密注视是真正发自内心、出乎真情，不矫揉造作、故作亲密。此外，还必须注意幼儿的年龄和性别差异。

另外，教师期望式或激励式的注视能起到以下作用：

期望式的眼神能调动一些内向的幼儿，使他们也能感受到老师对他们的关注，使他们不受冷落。通过期望式的眼神，激发幼儿学习的主动性和积极性。"试试看，老师相信你能行的！一定会成功的！说错了也没关系！"在老师无声的支持下，幼儿会渐渐地变得更自信、更大胆。这种目光能使幼儿受到鼓舞，体会教师的深情，从而对幼儿的言行起积极的强化作用。

激励式是最适合组织集体教学活动的，可使每个幼儿感到自己处在教师的"注意圈"里，教师在注意幼儿的感觉，幼儿自然就会看着老师，听着教师的讲话，想着老师的提问，调动孩子发言的积极性；另外，教师通过幼儿的发言，能及时了解幼儿学习和掌握的情况，以便及时调整自己的教学方法。如教师在提出一个问题后，就向幼儿传递激励发言式的眼神，"谁来试试看，勇敢点、自信点，说错了也没关系嘛"。用眼神表达出对幼儿行为的赞同、默许，用以传递表扬的意思，幼儿的心里会像吃了蜜一样甜，并且会继续好好表现。在这样的教育环境中，教师的眼神能起到良好的互动效果。

3. 教师应避免的消极眼神

幼儿教师应尽量避免使用的消极眼神大致有以下几种。

（1）垂视：眼睑低垂、目光指向地面，使幼儿感到教师"拒人千里之外"，无意与自己沟通。

（2）漠视：毫无表情地注视孩子，使幼儿产生自卑。

（3）侧视：又称"斜视"，感到教师对自己有鄙视和轻蔑的感觉。

（4）盯视：目光不流转，甚至伴随瞪眼、不眨眼睛，在带有一定威慑力的同时还很容易引起幼儿的不安和害怕。

（5）怒视：在瞪大眼睛盯视的同时伴有眉毛竖起、牙齿咬紧等愤怒表情，如果再步步靠近，有可能称为"逼视"。这种眼神会引起孩子巨大的恐惧，对他们的心理产生伤害；同时，可能引起幼儿严重的对立情绪，甚至发生冲突。

（三）眼势语的运用技巧

在师幼互动中，教师要有意识地用眼神交流，用眼神表达内心的情感。教师的眼神能促使幼儿积极思维，引起幼儿爱与恨的情感，其无穷的变化表述着教师的种种思想、情感和希望。教师合理地运用眼神会收到事半功倍的效果。

在活动中，很多双眼睛望着老师，幼儿耳朵听、脑子想，眼睛将所有的情态与结果表现出来。眯着眼睛、眨眨眼睛、瞪大眼睛、转动眼睛、眼直、眼正、眼斜、眼呆，诸如此类，都是幼儿对教师做出的反馈信息，反映他们在学习时或思或愣、或懂或懵、或喜或厌、或爱或憎等心理活动。一方面，适度环顾，通过观察幼儿的眼神、表情等，全面了解幼儿的心理反应，以便随时调整自己的互动方式，组织好活动；另一方面，有目的地注视，把目光较长时间地停留在某一个幼儿的身上，并进行观察和指导，有针对性地启发、诱导、表扬和鼓励。

（四）面部表情

罗曼·罗兰曾说："面部表情是多少世纪培养成功的语言，比嘴里讲的更复杂到千百倍的语言。"微笑虽无声，却诠释了一个幼儿教师"为人师表，礼貌待人"的良好形象。面部表情是反映人们内心情感的一面镜子，运用面部表情可以进行情感的交流。如给幼儿讲故事，讲到开心快乐的时候，会眉开眼笑，容光焕发；表达气愤时，会面色铁青、横眉瞪眼；表达悲伤时会面容凄凄，眉目低垂；表达蔑视时会嗤之以鼻、不屑一顾等。启发幼儿提出的问题时，运用肢体语言，往往会收到预期的效果，当提出一个问题后，可做出思考这个问题的表情，这时许多幼儿会随着教师的表情进入思考状态，又会随着教师的启发而找到问题的答案。在师幼的情感交流中，要充分调动幼儿的感官，帮助幼儿在自主、愉快的气氛中获得知识、技能，这样既培养了幼儿思考问题的能力，又能使教学活动顺利进行。

（五）面部表情的分类

在日常的互动中，幼儿教师经常用到的面部表情主要有以下几类。

1. 关注、饶有兴趣的表情

这种面部表情的状态是：眉毛微微上扬，双眼略睁大，常伴口部微张、嘴角上翘。

良好的师幼互动的前提在于教师对幼儿及其活动的关心和重视,这种面部表情不但体现了教师对学生的关爱、重视,而且含有鼓励、表扬的成分。这样使幼儿感到自己受到关注,会更加认真、积极地与老师配合。因此,这种面部表情被广泛应用,在互动中起到良好的效果。

2. 询问及疑问的表情

这种面部表情的状态是:眉毛上扬,眼睛略睁大,嘴角微张开,与表示关注的表情相似。

这种表情一般用于与幼儿谈话时询问某些情况,鼓励其说出真相,但这类询问常常是教师已经明白或猜中了问题的结果,只不过是有意激发思考和倾诉而已。疑问和询问的不同之处主要在于教师的问话表情往往以眉头微皱、微带否定性的声调为特征。用这两种不同的面部表情说这句话:"今天的故事听懂了没有?"就可以体会这两种问法的不同。

3. 满意和赞扬的表情

这种表情的状态是:眼睛略闭,嘴角上翘,浮出微笑,明显地赞扬时还伴有点头的动作。

这是一种带有评价意味的面部表情,用于对幼儿良好行为的评价,并且,无论这表情是有意还是无意的,都对幼儿具有同样的鼓励效果。

4. 亲切、友善的表情

这种表情的状态是:双目微眯,嘴角微翘,面露微笑。

这种亲切和善的表情是与幼儿建立并保持心灵接触的前提条件,是进入孩子情感世界的"通行证",也是幼儿教师在工作中的常态表情。在教学活动、谈心交流以及师幼日常交往中,教师都应使用这一面部表情,这也是教师工作中的常态表情。

5. 严肃认真的表情

这种表情的状态是:眉毛微皱,双唇较紧地抿在一起,眼睛略睁大。

除表达一些严肃、庄重的内容外,教师主要在对幼儿的一些不良行为进行批评教育时使用这种表情。使用这种表情时教师应注意:只能偶尔为一时特殊需要而用，教师如果终日严肃，难见笑容，幼儿不会喜欢与其接近，更难谈沟通；在批评教育幼儿时，要把严肃认真的表情与亲切友善的表情巧妙结合起来运用。

教师既要当"严父"，又要当"慈母"。一般是先"严"后"亲"，当然也可以根据实际情况，灵活组合应用。

6. 应避免的面部表情

作为幼儿教师，应当尽量避免这些面部表情。

（1）强烈的愤怒：眉紧皱、眼圆睁、牙关紧咬致使双唇紧抿。这种表情很容易把教师的理性淹没，无助于解决问题。

（2）明显的蔑视：眼微眯，嘴角下垂，嘴向一边撇去。这种表情会极大地伤害幼儿，应杜绝使用。

（3）羞怯：最明显的表现是脸红，伴有手足无措、语言结巴等动作。新教师应注意防止出现这种情况。

除以上这些之外，可能损害教师形象的一些表情，如厌烦、无可奈何、猥琐庸俗等表情也要坚决杜绝。

（六）面部表情的运用技巧

在幼儿教学中，教师若面带笑容地组织教育活动，幼儿就会感到亲切，愿意接受老师的教育，师幼关系融洽，教学效果好。相反地，经常一本正经、面色阴沉的教师，会使幼儿望而生畏，甚至生厌，自然得不到幼儿的喜欢，直接影响教学效果。教师应做到和蔼、亲切、热情、开朗、常带微笑，而努嘴和撇嘴等则流露出不屑的意味，应尽量少用。

在互动气氛比较沉闷时，教师有意识地微笑，并适当加一些手势，可以使气氛变得活跃。在与一位幼儿进行对话时，如果教师面带微笑，则可以使幼儿的心情比较放松。

严肃的表情往往用于对活动气氛的控制。当幼儿不能控制住自己，到处乱跑时，教师可以用严肃的表情看着他，或是让该活动暂时停下来。一般情况下，这些方法是比较奏效的。整个互动从始至终，若教师的表情一直是严肃的，将会影响幼儿的兴趣与注意力。当然，教师也没有必要始终微笑，但是，适时的微笑是很有必要的。

  幼儿面对老师提出的要求时，更加容易接受微笑温和的表情和正面鼓励，但在该幼儿身上，发现温和鼓励和严厉制止的面部表情，它们的作用是较大的，这可能是一个值得进一步研究的特例，但即便是特例，有一点是可以确定的，即有效使用富于变化的面部表情，丰富了师幼之间的互动形式，并且对他们的发展起着重要的推动作用。

第四章

师幼互动质量提升的策略

师幼互动质量的提升需要一定的策略，主要包括教师言语行为的改进、精心预设与动态生成以及适当肯定与个性理答，本章即针对这三方面的内容进行一定的分析与探究。

第一节 教师言语行为的改进

言语行为理论是语言运用研究中的一个重要理论，最初是由英国哲学家约翰·奥斯汀（John Langshaw Austin）在20世纪50年代提出的。根据言语行为理论，我们说话的同时是在实施某种行为，说话者说话时可能同时实施三种行为：言内行为、言外行为和言后行为。言内行为是说出词、短语和分句的行为，它是通过句法、词汇和音位来表达字面意义的行为。言外行为是表达说话者意图的行为，它是在说某些话时所实施的行为。言后行为是通过某些话所实施的行为，或者讲某些话所导致的行为，它是话语所产生的后果或所引起的变化。

当下职后教师的专业成长，可以分为三种学习方式：第一种是有意义的接受性学习，主要是读书、听专家报告以及参加学术会议；第二种是实践学习，主要表现在聚焦课堂，包括日常的教学实践、观课评课、上公开课以及教学专题研讨；第三种是研究性学习，主要是做课题、对个人教育实践与经验进行总结、个人教学自我研究与评价、个人生活史分析等。随着对成人学习研究的深入，第二种和第三种学习方式日益受到推崇，成为教师专业成长的主要路径。从教师专业成长的三条路径来看，第一种学习方式更偏向内隐学习，第二种偏向外显行为的过程，第三种是成长的文本化，可以看作前两种学习的整合和融合。当然，这三种学习方式并非是孤立的，而是相辅相成、相得益彰。

教师的言语行为是深层次影响幼儿的关键因素。教师如何从浅层次的影响实现深层次的影响，就需要在言语行为上进行深入的研究与实践，提升自身的教学机智与实践智慧，从而促进幼儿更高层次和更高水平的发展。

我们认为缺乏语言上的个体关怀是师幼言语互动不良的内在原因。语言上的个体关怀需要教师根据幼儿的语言和情境做出有针对性、适切又丰富的回应。越是针对年幼的孩子，对教师的要求越高。教师要关注语言的个体关怀，增强语言的适切性和丰富性，即教师要通过多种途径，如学习、观摩、多次尝试等改进提问和回应的质量。

当下，教师工作反思已经成为教师改进现有教育教学行为的重要途径。教师工作反思要从自己的实际教学活动出发，发现、分析其中的问题，并通过教师之间的合作讨论来探求改进教学的途径，是一种"实践—反思—实践"的循环改进过程。

教师反思过程需要群体的合作。群体在研讨、实践、互助中交流并提高认识、解决难题、共同成长，特别是在幼儿园师资力量还比较薄弱的情况下，更需要合作研究与实践的介入。从教学的三大环节来看，都需要群体合作：课前的集体备课、课中的合作分类观课以及课后的基于证据地合作评课。

第二节　精心预设与动态生成

提问是一种重要的辅助教学行为。有效提问不仅能活跃课堂气氛，促进幼儿的思维发展，及时反映幼儿的学习情况，还能激发幼儿怀疑、困惑、焦虑、探索的心理状态，这种心理又驱使个体培养积极思维，不断提出问题和解决问题。提问是幼儿教师组织教学中必不可少的元素，教师会在教学设计阶段就精心预设问题，这些问题似一粒粒珍珠串起了整个教学。在教学现场，教师发问后，幼儿会给出意想不到的回答，教师应适时调整设计好的问题，动态生成新问题。

基于现场观察的结果以及与一线教师的讨论，我们对当前幼儿教师在提问中存在的主要问题进行了诊断。在此基础上，进一步聚焦言语行为改进点，以集体备课、分类合作观课评课、"三实践三反思"的方式，螺旋式改进教师在教学实践中的言语行为，总结了相应的改进策略。

一、常见问题分析

在基于证据的现场观察中，我们发现教师在提问上存在诸多不容忽视的问题，这些问题的存在正在或者已经严重影响了课堂教学的质量。为了让教师更有针对性地聚焦问题，精准诊断教学问题，有效合作改进言语行为，我们对教师提问上存在的主要问题进行了进一步细化。一方面为教师改进言语行为提供可操作的、能够实现的微小改进点；另一方面引导教师关注自身言语行为的细节，通过改进微小的言语行为，以小见大，整体提升教学质量。

除了在第一章中提到的问题数量多、随意性强、口语多、关注少数幼儿等问题，我们还梳理了教师在集体教学活动中提问方面常见的主要问题，下面逐一进行案例分析。

(一) 问题泛化，偏离教学任务或目标

每一次教学都有要完成的预设目标，需要教师引导幼儿完成一系列的任务来达成。但从现场来看，很多教师在提问上常常会偏离既定的教学目标。

在一次小班音乐活动《健康宝宝》的开始，教师牵着走在最前面小朋友的手引领其他小朋友走进教室，走到小椅子前。

师：我们是怎么进教室的？

幼1：是走进来的。

幼2：是跑进来的。

师：你们是用什么走进来、跑进来的？

幼1：用脚。

幼2：用腿。

播放《健康歌》背景音乐，教师喊口令，带领幼儿一起做动作。

本次活动的目的：一是在有节奏地活动身体的基础上，初步尝试看舞谱，了解身体不同部位运动的方法；二是体验律动游戏的乐趣。但是我们看到这位教师在问小朋友第一个问题的时候就出现了偏差，使接下去的回答和提问似乎都是朝着运动课而不是音乐课的方向进行。

很多教师在预设问题的时候，都希望幼儿能够很快地回答出自己想要的内容，也就是让幼儿的回答落入自己设计好的"圈套"，以顺利地完成环节任务。但在教学现场很多教师实际提出的问题却适得其反，达不到预期的效果。

大班科学活动《番茄浮起来》的引入是：教师手里拿了一个小番茄和一杯水。

师：这是什么？

幼：番茄。

师：把番茄放在水里会怎样？

幼1：水会变红。

幼2：水会变颜色。

师：你们游过泳吗？把番茄放在游泳池里会浮起来吗？

幼1：会浮起来。

幼2：番茄会沉下去。

幼3：太重了，会沉下去。

幼4：太小了，没力气，浮不起来。

幼5：（番茄）没有手，没办法浮起来。

幼6：会浮起来，重力大。

幼7：我做过这个实验。

师：有的小朋友说会沉下去，有的小朋友说会浮起来，那么我们做一个实验验证一下。

从教师"把番茄放在水里会怎样"的提问来看，这个问题本身可能过于宽泛，没有指向性，使幼儿的思维过于分散，一个幼儿说出颜色问题，其他幼儿也把关注点放在颜色变化上。随后，教师调整了提问："你们游过泳吗？把番茄放在游泳池里会浮起来吗？"试图让幼儿自己说出"沉浮"，这时，幼儿就按照教师的预设做出了或"沉"或"浮"的猜测，从而使教学步入正轨，进入实验操作环节。

（二）问题脱离幼儿的生活经验

教师一般要利用幼儿已有的生活经验和知识基础，提出比较适切、能调动幼儿学习积极性和主动性的问题，这样才能使教学顺畅地进行下去。但很多教师过于追求生动、形象的效果，在提问中忽视或者脱离了幼儿的生活经验。

小班阅读活动《落叶跳舞》的引入是：教师播放一段录音，让幼儿听。

师：听听是什么声音？

幼1、幼2：走路的声音。

幼3：沙沙下雨的声音。（教师回应"很不错的想法"）

师：看谁最棒！

幼4：蝎子（爬）的声音。（教师回应"有可能"）

幼5：铃的声音。

师：（出示落叶的图片）这是谁？

幼：人。

师：是人？（教师给出正确答案"它是落叶"）

幼：我看不出是（落叶）。

从这位老师的处理来看，她播放的录音是"沙沙沙"的声音。很显然，从播出的声音来看，难度非常大，即使是有一定的生活经验积累的幼儿也很难听出是什么声音，从5个幼儿的回答中可以看出，孩子们的回答和自己的生活经验有关，有一定的合理性，但却不是教师"想要"的内容。因此，这样的导入是失败的，它超出了幼儿所能够接受或者想象的范围。

（三）问题超出幼儿的认知水平和理解范围

教师在选择教学用具和学习用具的过程中，会考虑幼儿的生活经验，这是值得肯定的，但是很多教师往往会提出难度较高的"是什么"的认知性问题和"为什么"的解释性问题，超出了幼儿的认知范围和理解水平。如在中班音乐活动《刷子舞会》中，教师选择的三种刷子（雨刷、锅刷、除尘刷）是幼儿生活中常见的熟悉的物品。

师：接下来，我带来了一把刷子，它工作起来跟雨刷是不一样的，猜猜看是什么刷子？

师：这个是什么刷子呀？

幼：这个就是这样！（伴单手刷锅的动作）

师：谁来告诉我，这个刷子是派什么用处的？

幼：这是那个不干净，再刷一下。(声音很弱，显得很不自信)

师：它是刷什么的呀？

幼：细菌。

师：什么上的细菌？(幼儿无反应，一片茫然)

师：厨师烧好小菜，帮忙清洁锅子，这个时候它派上用场了，这是什么？

幼：这个刷子是刷锅子的。(伴随刷锅动作)

师：刷锅子的，所以我们叫它"锅刷"。

教师反复引导幼儿说出"锅刷"的名称。从教学现场来看，虽然幼儿有一定的生活经验，但教师提出的是认知性问题，如"这是什么东西""这个东西叫什么名字"，让幼儿很难回答。在师幼"一问一答"三轮后，幼儿仍茫然无回应，最终教师自己给出了答案。在第一章中列举了大班数学活动《抓住贪吃贼》中的提问，其中同样有很多超出幼儿认知水平的问题，如"什么是目击证人""什么叫证人""什么叫作贼？贼是什么意思"。

除了难度比较大的认知性问题外，很多教师还经常提出一些超出幼儿理解范围的解释性问题，如对中班幼儿提出："为什么大象的腿像柱子？""为什么(两个圆)看起来一个大一个小，但其实是一样大小的呢？"又如在小班数学活动《五彩石头路》中教师在幼儿排列石头后提出："你为什么这样排石头？"

(四) 封闭性问题多，开放性问题少

从提问与教学内容、学生思维的关系来看，有些问题是为了了解学生对教学内容的熟悉和认识程度，有些问题是为了引发学生更高层次的思维活动，如解决问题、激发好奇心、分析和判断等。在我们的课堂观察中发现，很多教师提出的问题，大部分集中在内容上，这些问题不需要幼儿进行解释、分析或者判断，是封闭的、低层次的、事实性的问题，只需要幼儿根据讲过的内容直接给出答案就可以了。

如在大班《公益广告》活动中，教师在第一环节"说说我知道的广告"中，通过播放广告、看图片等形式，提出了9个问题，所有问题都是围绕教学内容提出来的，几乎都是关于"是什么"的问题，封闭性非常强。

（五）适时追问和调整问题较少

很多教师都希望提问后幼儿能够很快地给出自己想要的答案，也就是让幼儿落入教师自己设计好的"圈套"，但是这需要建立在"问题"本身的质量和对幼儿了解的基础之上。幼儿的认知基础和经验在不断地变化之中，教师不可能每一个提问都做到恰如其分。一般教师提出问题后，不可能立刻得到满意的回答，而是会得到意想不到的回答或者没有回答。这些情况就需要教师根据幼儿的回答及时追问，或者调整问题，引导幼儿的思维，但是，很多教师缺乏及时生成的能力和调整问题的机智，造成教学效果不佳。

在大班科学活动《让小人站起来》中，教师设计了两个活动目标：了解使人体直立的几种主要骨骼，尝试用现有材料让小人站起来；能关注自己的身体，有保护身体骨骼的意识。教师准备了塑料薄膜小人（幼儿人手一个）、长短不一的吸管、辅助材料、绘本和记录表。

教师在教学设计中预设：幼儿在摸自己身体的基础上，通过教师的引导了解"原来有了骨头的支撑，人就能站起来了"；在回应幼儿的过程中，告知一些骨头的名称和作用；在幼儿操作后，教师总结"要让小人站起来，必须在小人的头部、身体、腿部都用吸管支撑起来，而且骨头与骨头之间要连接好，这样小人就能站起来了"。

在第一个环节，教师的导入环节非常费时费力，一个幼儿回答"我觉得少了骨头"后，教师仅仅反馈"有了骨头才能站起来"，没有借助幼儿的这一回答进一步追问或者是征询大多数幼儿的想法，也没有在第一环节就总结提升到"人站起来需要骨头的支撑"这一关键概念，导致第二环节过渡不自然，教师出现走教案流程、急于完成教学任务的情况。

对于大班的幼儿来讲，已经能够在观察事物或者现象的基础上，有一定的抽象推理能力，解释并说出具有抽象意义的词汇，如"心脏""重量""血管"和原理性知识。从教师"为什么小人不能站起来"的提问来看，这个问题本身可能过于宽泛，没有指向性，幼儿把关注点放在生命的特征上，只有一个幼儿说出了"骨头"。虽然教师在第一、第二环节设计了很多开放性的问题，这有利于激发幼儿更多的想象力，挖掘幼儿更多已有的知识和经验。但是骨头本

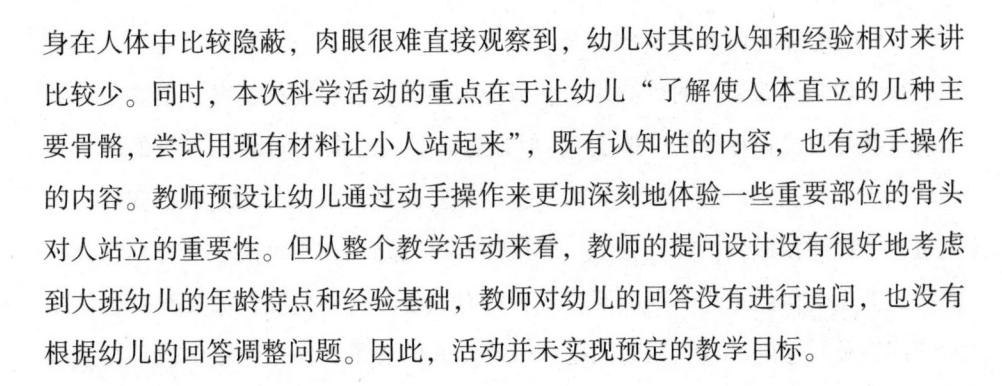

身在人体中比较隐蔽，肉眼很难直接观察到，幼儿对其的认知和经验相对来讲比较少。同时，本次科学活动的重点在于让幼儿"了解使人体直立的几种主要骨骼，尝试用现有材料让小人站起来"，既有认知性的内容，也有动手操作的内容。教师预设让幼儿通过动手操作来更加深刻地体验一些重要部位的骨头对人站立的重要性。但从整个教学活动来看，教师的提问设计没有很好地考虑到大班幼儿的年龄特点和经验基础，教师对幼儿的回答没有进行追问，也没有根据幼儿的回答调整问题。因此，活动并未实现预定的教学目标。

二、预设关键性提问

提问低效、随意性强、偏离教学目标等问题，与教师教学设计过程中不重视关键提问的预设有直接关系。好的预设要求教师在课前就能精准地设计提问，规避偏离教学目标和脱离幼儿生活经验的问题，同时能够兼顾开放性问题和封闭性问题。这项工作不是一次教学就能完美解决的，需要教师在教学实践中获取反馈信息后，在接下来的第二次、第三次教学设计中不断地调整。

从教学活动的设计与实践中，我们发现教师主要采用以下四种方式来预设关键性提问：整合问题、删减或增加问题、变换提问方式以及精练问题表述。

（一）整合问题

当问题重复性强、指向不明、意义不大时，就需要教师考虑如何整合这些问题。通过一次次的教学实践，教师不断地整合问题，使问题的指向性更强、更明确，让大班幼儿更为直接明了教师提问的意图。

（二）删减或增加问题

为了增强提问的效果，促进教学目标的实现，教师会在屡次教学设计与实践的循环中删减或增加一些问题，使关键问题直接为活动目标服务，相应的追问或讨论都围绕对关键问题的理解而开展。

（三）变换提问方式

在一些问题与环节目标不相符、过于简单、比较烦琐或者幼儿无法回答的情况下，教师在下一次教学设计中就会想办法转换提问的方式。

（四）精简问题表述

做到提问语言的精准和简练，是每个教师在设计问题和提出问题时必须非常注意的一点。但由于考虑到幼儿的年龄特点，要让幼儿听得懂，很多教师就会陷入两难的境地：一方面要照顾到幼儿的理解能力就可能会尽量使用口语、提出很多零散的问题，另一方面则会因此造成问题过于口语化、随意、过多、重复率高的现象。

在集体教学活动中，教师所提的问题一定要明确、清楚，引导幼儿思考的方向。如果教师提出的问题不明确、含混不清或有歧义，幼儿听得云里雾里，不明白问题的指向，或理解成其他意思，就只好猜测或者试探性地回答，甚至答非所问，导致回答完全背离了问题的原意，造成幼儿思维和理解的混乱，无法实现提问的目的。

有效提问源于教师对幼儿的学情分析，对教材重难点的理解，以及对教学目标的梳理。教学活动的知识点之间是相互联系的，当我们提出某一问题的时候，应该想到与它联系的其他问题或问题的其他方面，设计好关键问题的先后顺序，把握好问题的难易程度，由易到难、由浅入深、环环相扣、步步深入，构成一个有机的提问系统，这样才能增加问题的有效性。

三、增加开放性问题

教师因过于关注如何顺利地完成教学任务，导致提出的问题局限在教学内容上，封闭性的、聚合性的、直接性的问题较多，而过程性的、开放性的、发散性的问题较少，限制了幼儿思维的发展。因此，如何在完成教学任务的基础上，转换提问的方式，扩大问题的开放度，激发幼儿积极地思考，是值得探索的重要问题。

（一）将"完全封闭性问题"转换为"半封闭半开放性问题"

完全封闭性问题是指答案唯一的问题，出示一张动物的图片，问"它是什么动物""这是谁"，回答者只需要直接读取信息、回忆或者再认即可。例如，在《胖胖猪感冒了》活动中，对于三个动物——松鼠、小鸟、蝴蝶在故事中出现的方式和它们能为胖胖猪做什么，教师采用图片呈现的方式，相应提出的几个问题封闭性很强，均是让幼儿读取信息。

从完全封闭性问题到半封闭半开放性问题的转变，教师需要充分了解幼儿的认知经验与教学内容之间的差距，把握问题的开放度，提出适宜、适度开放的问题，避免问题太过于开放而造成问题的泛化，导致幼儿的思维无的放矢，胡乱猜测。作为教师要抵制住总想给幼儿提供"最好答案"的倾向，这样，幼儿才会依靠自己的经验、观察和思考去寻找答案。一般在教学导入环节或者故事开头，教师可以充分利用多媒体、谜语、儿歌等形式给予幼儿一定的信息支持，提出贴近幼儿生活经验和认知水平的半开放性问题，激发幼儿的学习兴趣和积极思维。

（二）将"完全封闭性问题"转换为"完全开放性问题"

完全开放性问题是指答案不唯一的问题，能够拓宽幼儿思维的广度，充分利用幼儿的发散性思维，发挥幼儿的想象力，让幼儿进行充分大胆的表达。

《胖胖猪感冒了》是一节中班语言活动，它的一个重要教学目标就是让幼儿充分地表达。在每个动物以图片的方式出现后，教师如果仍然采用出示图片加提问的方式让幼儿回答"动物朋友为胖胖猪做了什么"，比如，教师分别提出"看看它是怎么做的""它为胖胖猪做了什么""蝴蝶们是怎么关心胖胖猪的"三个问题，那么，这种提问方式会把幼儿的思维完全限制在图片呈现的范围内，而不能让幼儿根据对这些常见动物习性、特长等的了解进行合理的想象和猜测。

相对半封闭半开放的问题，完全开放的提问会给很多教师造成困惑，一是如果幼儿给出了多种回答，回答也许与内容相关，也许不相关，教师该如何进行回应？二是如果幼儿不能给出回答，教师接下来应如何处理？第一个困惑源于很多教师将自己摆在评判员的位置，认为对发言的幼儿不作回应是不尊重幼儿。第二个困惑源于教师对自身教学机智的不自信，如果抛出去问题得不到回应就手足无措，不知道如何处理这种教学突发事件。因此，教师在教学设计阶段，还是要充分熟悉幼儿已有的认知基础和经验，在兼顾经验回顾与经验提升的基础上，提出适宜的开放性问题，并根据幼儿的回答情况做出预案，做到心中有数，在教学现场就会"处乱不惊"。我们倡导教师尽量提高问题的灵活度和开放度，教师要在"备幼儿""备教学内容"的基础上去设计开放性问题，并在教学实践中不断磨炼和提升。

四、适时追问与调整问题

为了提高问题的质量和有效性，教师需要在教学前精心预设问题，更需要在教学中发挥实践智慧，根据幼儿的学习情况机智地生成新的问题。在集体活动现场，教师经常会因为背教案而忽视对幼儿反应的关注，对适时调整和追问更是无从谈起。教师有效的调整和追问，能促进师幼根据问题进行多角度、多层面的分析与研究，从而提升幼儿的思维水平。适时追问作为一种插入式提问，对教师介入的时机有较高的要求。因幼儿的思维逻辑性较弱，语言表达和理解能力有一定的局限性，在教学活动中，幼儿的回答会有多种情况：偏离话题、千篇一律、表述不清、不回答等。在这些情况下，要求教师能够根据幼儿对内容的理解程度和对知识的掌握程度随机应变，机智地生成一些问题或者调整原有问题，帮助幼儿梳理思路、积极思考。

（一）连续追问，澄清幼儿的想法

当幼儿给出的回答与教师所提问题看似没有直接关系时，教师需要不断地追问，逐步引导幼儿深入思考，激发幼儿积极的思维活动，清晰表达自己的想法。例如在中班语言活动《胖胖猪感冒了》中，教师在第一个环节中出示胖胖猪图片后提问："胖胖猪怎么了？"一个幼儿和教师进行了以下对话：

幼：昨天妈妈也带我到医院里去了。

师：妈妈为什么要带你到医院里去啊？

幼：因为我生病了。

师：那你生病的时候会有些什么表现呢？

幼：我会流鼻涕、咳嗽，还有发烧。

师：那你看看胖胖猪和你生病的症状一样吗？

幼：嗯。原来胖胖猪生病了！

当教师提出问题后，幼儿联系到自己的亲身经历，说明幼儿积极地进行了思考。为了急于回答，幼儿的思维容易跳跃，给出的答案似乎偏离了话题，答非所问，但经过教师巧妙合理地连续追问，让幼儿逐渐澄清了自己想要表达的基本意思：我也像胖胖猪一样感冒了，妈妈带我去医院了。这一过程，既有效理解了幼儿，尊重了幼儿，也充分利用这一回答让其他幼儿知道"胖胖猪感冒了"，把幼儿的关注点和思维重新聚焦到教学内容上来。

考虑到幼儿的年龄特点，一般提问涵盖的范围都比较小，易于幼儿理解并作出回答。因此，教师一般一次抛出一个问题，然后根据幼儿的回答一点一点地跟进，连续追问，让幼儿深入思考并充分表达❶。

(二) 及时跟进追问，由浅入深拓展幼儿思路

在教学现场，我们常常听到一个幼儿给出答案后，其他幼儿就沿着这名幼儿的思路继续回答，出现回答单一的情况，或者当教师提出的问题过于抽象时，幼儿很难理解，致使幼儿出现畏难情绪，能够给出回答的幼儿少，课堂教学的进程就会受到影响。这就需要教师在一次次教学设计与实践过程中，能够由浅入深地提问，并及时根据幼儿已有的回答追问，引导幼儿拓宽思考的范围。

在小班科学活动《小动物逛公园》中，教师为了让幼儿了解不同动物的明显特征，设置了四个小动物玩捉迷藏的游戏，采用了追问、设疑的方式来拓展幼儿的思路。

师：小动物藏好啦！现在用你明亮的眼睛找一找。

幼1：小猴藏在树的背后。

师：你怎么知道躲在树后面的是小猴呢？

幼1：因为看到了小猴的尾巴。

师：小猴的尾巴是怎样的呢？

幼1：长长的。

师：你们同意她说的吗？

其他幼儿：同意。

师：那我们请小猴出来好不好？一起数到3好吗？1——2——3。

---

❶ 吕萍. 师幼互动中教师言语行为的研究 [M]. 上海：上海科技教育出版社，2018.

幼1：真的是小猴，我猜对了。

师：你们的眼睛真亮，看到了小猴长长的尾巴。

师：想一想还有谁的尾巴也是长长的？

幼1：小猫的尾巴。

幼2：大象的尾巴。

师：你们真是爱动脑筋的孩子，太棒了。那我们再来找找其他小动物藏在哪里了好吗？

(三) 调整问题，引导幼儿的思考方向

调整问题是指教师纠正或者给出正确答案以调整幼儿的回答，使之沿着利于教学的方向顺利开展。随机调整现场问题建立在教师观察、收集和反思幼儿回应的基础上，机智地调整不适宜的问题能够引导幼儿的思维朝着良好的方向发展。这需要教师有丰富的实践智慧，通过即时沟通和观察，获取幼儿学情、兴趣、经验等信息，在捕捉核心问题的同时，以调整问题的方式来回应和满足幼儿发展的需要。在教学活动前，教师对预设问题能够获得的幼儿回应要做好充分预设，并做好预案。随着活动的进行和发展，教师要随时把握课堂的主线，捕捉、挖掘活动中新的火花，并根据自己的即时发现，为幼儿提供支持，帮助幼儿理解教学重难点，顺利完成教学目标。

下面以大班集体阅读活动《收集东收集西》来具体阐述。故事《收集东收集西》讲述了一个关于收集各类"宝贝"的美好的情感故事，整个故事以"收集"这个兴趣点展开，活动目标为：理解"收集"的含义，感受收集中蕴含的美好情感；寻找画面中事物间的联系，并能根据事物的特点进行合理联想。活动中教师预设"你喜欢收集什么""大海收集的宝贝会有哪些"两个问题。

问题1：你喜欢收集什么？

没有幼儿回答。

师：那老师先介绍一下自己的收集吧。我很爱收集各种各样的洋娃娃，有穿裙子的……孩子们，你们爱收集什么呢？

幼1：我爱收集烂掉的东西。(其他小朋友一阵乱笑)

师：大家别笑哦，很有意思的收集哦，你收集烂掉的什么东西呢？

幼1：空的可乐瓶、小树枝、绳子，我用这些做了火箭……

师：哦，你收集的是废旧物品，用这些在做科学实验啊！好佩服你哦，未来的科学家！

问题2：我们做个游戏，老师是大海，你看看书联想一下，你是大海收集的什么宝贝？尽量说的不一样哦。

幼1：我是大海收集的海鸥。（该幼儿在画面上看到一只鸟）

师：你的回答有点儿道理，但是海鸥是在大海上空飞的呀？

幼1：我……（幼儿懵住了）

师：想一想，大海会听到海鸥的声音吗？那大海会收集到什么呢？

幼1：大海能收集到海鸥的歌声。

师：大海收集的这个宝贝真是太棒了。（老师和幼儿都给这位孩子以热烈的掌声）

教师提出第一个问题后，幼儿没有回应，这时教师自己以给出一些范例的方式调整了问题，给予幼儿支架式的诱导，引导幼儿思维的方向。一般来讲，当发现幼儿在老师发问后无应答，只有两个可能：幼儿不理解或无经验。这时教师及时调整提问就非常必要，也是重要的教学补救措施。在第二次发问后，幼儿有了积极的应答。

教师在调整问题前，还需要充分挖掘幼儿错误应答背后的真实原因。从孩子的回答"收集烂掉的东西"以及对第二个问题的回答"我是大海收集的海鸥"来看，幼儿的回答存在词不达意的情况，教师需要通过举例的方式帮助幼儿厘清思路，表达出心里想说的事情。

从以上几轮师幼的言语互动中可以看出：教师在幼儿无应答或错误应答时及时调整提问，运用举例或设疑的方式诱导幼儿回应；当幼儿应答仍不达意时，教师又继续探询，鼓励幼儿大胆阐述事件，拓展幼儿的思维，幼儿最终在教师的启发下成功应答。这样的师幼问答不断激发幼儿高层次的思维，师幼的问答不断深入，为达成教学目标做好铺垫。因此，在师幼问答中教师发问无应答时，教师应该根据幼儿的反馈信息迅速做出判断，并重新调整提问试探幼儿。适时调整和追问作为师幼互动的一种重要手段，能有效地反映教师的教学策略和教学机智，成熟的教育机智和丰富的教学经验是优质诱导、调整的基础。

很多教师在提问上，总是纠结于问题好不好，但实际上，关键是教师发起问题后，能否根据幼儿的年龄特征、语言和思维发展阶段适时地追问和调整问题，不断使问题接近或稍高于幼儿的应答水平，展现幼儿的思维过程，促进幼儿在认知、情感、语言、思维等方面向更高水平发展。无论是追问还是调整问题，都需要教师密切关注幼儿对问题的反应，了解幼儿对问题的理解程度和幼儿的已有经验。在教学中，教师只有关注和了解幼儿，才能恰当地调整、追问，真正把课堂还给幼儿。教师可以在刚刚开始上课时，提出一个简单的事实性问题，然后引导幼儿澄清答案，探询新的信息或者调整方向形成更高水平的问题，使问答互动形成良性循环。

第三节　适当肯定与个性理答

教师提出问题后，不仅要期望幼儿做出回答，教师也要及时对幼儿的回答给予反馈。但如何有智慧地反馈，是一个比较难的问题，很多教师在反馈幼儿的回答上存在诸多困惑。在幼儿园一日生活的各个环节中，教师和幼儿之间无时无刻不在发生互动，尤其在课堂教学中，互动更为频繁。教师对幼儿的反馈时机与方式体现着教师的专业素养和教学机智，更深层次地蕴含着教师的儿童观。同时，恰当、适宜的反馈能够折射出教师对幼儿个体的关怀。

一、主要问题分析

教师反馈幼儿的回答时，采用比较多的方式是"重复幼儿的回答""完整表达幼儿的回答"和"简单肯定"。对年龄较小的幼儿来讲，这三种反馈方式具有一定的合理性。基于现场观察与教师研讨，我们发现，教师在反馈幼儿回答上还存在一些不容忽视的问题,下面采用案例分析的方式列举与分析。

(一)表扬、肯定的话语单一

在教学现场,很多教师经常运用"你很棒""你真棒""大家为他鼓鼓掌"等来表扬幼儿,一节课下来基本上都是这些评价语言,非常乏味。一些教师有为了鼓励而鼓励的倾向,没有根据幼儿的回答和教学内容的需要做出适切的表扬和肯定,致使幼儿产生听觉上和心理上的疲劳,机械式地跟着老师一起鼓掌,有的幼儿甚至对这些所谓的"表扬"无动于衷,完全没有被表扬的喜悦。

在小班科学活动《小动物逛公园》一开始,教师与幼儿进行了以下对话:

教师播放大公鸡的打鸣声。

师:是谁来了呀?

幼1:大公鸡。

师:你真棒。

师:大公鸡怎么走路?

幼儿跟随教师模仿大公鸡昂首挺胸的样子。接着,教师又播放小鸭的叫声。

师:猜猜还有谁来了?

幼2:小鸭。

师:嗯,你也很棒。

师:小鸭怎么走路?

幼儿模仿小鸭摇摇摆摆走路的模样。

本次教学的目标为:认识几种身上有较长部位的动物,知道它们的名称和特点;激发幼儿对动物的喜爱,并鼓励幼儿乐意表达自己的想法。但活动导入环节,教师把重心放在了大公鸡、小鸭子叫声的辨别与走路姿势的模仿上。另外,教师肯定和表扬幼儿的语言也比较单一,没有在肯定和表扬的基础上,引导幼儿观察和表达出动物的其他明显特征。

再如,中班语言活动《小马噔噔》中,教师请幼儿分组讲述故事。

"有一匹小马,它的名字叫……"第一组幼儿摇头晃脑地说道。

漫长的等待之后,教师说:"你们真棒!"

"小马把这个鞋子当成小船给蚂蚁。"第二组的幼儿结结巴巴地说完了。

教师说:"说得真好!"

"把鞋子当成篮子。"第三组笑嘻嘻地说道。

教师回应:"嗯,好的。"

教师对每一组幼儿的讲述都做了简单的肯定和表扬,虽然语言上有所不同,但还是比较单一,价值不大。因为第一组幼儿的回答不完整也得到了表扬,导致之后几组幼儿的表扬内容变得越来越短,孩子们的积极性正在逐渐消失,一组组的分享流于形式,基本上是为了完成老师给予的任务。

(二) 简单处理预设外的幼儿回答

在教学现场,我们发现幼儿对教师的提问,但凡会回答的,幼儿都能做出认真的回答,但幼儿的回答,特别是不在教师预设内的回答,就不太可能得到教师适切的反馈。

幼儿预设外的回答,一般有两种情况。

第一种情况是只回答出了教师预设的部分信息,但教师往往希望幼儿回答出自己想要的全部信息,就生硬地把自己预设的信息传递给幼儿,而忽略分析幼儿预设外回答的基本逻辑和原因。

如在大班语言活动《幸福的红蜡烛》中,教师囿于预设的目标"帮助别人或被别人帮助都很幸福",一直引导幼儿自己说出这个结论,但幼儿的回答仅仅局限在被帮助者很幸福上,教师只简单给出了自己预设的反馈。

师:孩子们,你们觉得这个故事里谁最幸福啊?

幼(齐):小灰鼠。

幼1:我觉得是小灰鼠最幸福,因为小白鼠把它储藏的东西和小灰鼠一起分享。

幼2:它给它一根蜡烛,一些东西,很幸福,一起玩。

幼3:我觉得是小白鼠,因为你最后讲的时候说小灰鼠很幸福,小白鼠看着小灰鼠幸福它觉得自己更幸福。

师:你是一个观察很仔细的孩子,我可以抱抱你吗?我们的小白鼠为什么觉得最幸福?

幼4：因为小白鼠有这么多好吃的，还有一根蜡烛，它觉得很幸福。

师：让别人得到帮助，看到别人这么快乐，也能让自己感到幸福。

教师抛出问题后，幼儿的回答呈现了"一边倒"的现象，参与活动的一共有12个孩子，11个孩子都觉得是"小灰鼠最幸福"，其理由都是在小灰鼠需要的时候，及时得到小白鼠的帮助。只有一个孩子觉得是小白鼠最幸福，但他的理由却是因为老师的一句话：因为老师最后讲的时候说"小灰鼠很幸福，而小白鼠看着小灰鼠幸福他觉得自己更幸福"。仅通过讲解故事，幼儿不能直接体验到老师预设的"帮助别人带来的幸福感"。在此过程中，当幼儿出现与教师预设不同的答案时，教师采取忽略幼儿的回答而不予回应的策略，这是不恰当的。同时，当幼儿的回答出现教师预设的答案"小白鼠最幸福"时，教师称其"是一个观察很仔细的孩子"并给予抱抱的奖励，也没有很好地通过提问来帮助所有孩子真正理解为什么"小白鼠最幸福"这一道理，导致孩子们对于这个问题一知半解，有的仅仅是随声附和。

第二种情况是教师抛出一个问题后，幼儿马上给教师一个"满意的"回答，但这个回答过于快速地给出，打乱了教师课前准备的教学计划，教师开始"绕圈子"引导幼儿回到自己的教学预设中，但效果往往却适得其反。

如在大班语言活动《冬至节》中，活动一开始，教师让幼儿观看图书封面猜测是中国哪一个传统节日。

师：谁能猜一猜这是一本关于中国什么传统节日的书？

幼1：冬至。

师：你从哪里看出来的？

幼1：上面不是写着吗？

师：你看到了什么？

幼1：我看到了"冬至阳生春又来"。

师：这些字你都认识，对不对？你很棒！谁还愿意说一说？

幼2：我觉得这是吃饺子的节日，我吃过饺子，而且听过饺子里放硬币的故事。

师：哦，你看到了饺子啊，所以你想到了吃饺子有硬币的故事，那我们既吃饺子，还放硬币的是什么节日？

集体：冬至。

幼3：我觉得这是过新年的节日。

师：你觉得这是过新年的节日，为什么这么说？你从哪里看出来的？

（幼儿没回应）

师：那你再想一想。

幼4：妈妈说过冬至是要吃饺子的。

师：妈妈说过冬至吃饺子。

师：那我们看看这到底是一个什么节日。（出示书的题目）冬至节！你们知道冬至节吗？

集体：不知道/知道。

在该师幼言语互动片段中，存在以下两个值得商讨的问题：第一个问题是，在活动设计时没有足够考虑到大班幼儿的识字量，导致封面猜测环节中出现了幼儿不观察画面内容而是直接阅读文字说出"冬至节"的情况；第二个问题是，在已经有幼儿说出"冬至节"且"证据确凿"的情况下，教师仍然问"那我们看看这到底是一个什么节日呢"，这样后面孩子的回答显然受到了之前回答的限制，联想到过年吃饺子放硬币的习俗，却仍然异口同声地说是"冬至节"，或者说到新年却没有足够的底气说出理由等，造成教学进程拖沓、教师无法有效继续组织教学的局面。

（三）错误解读幼儿的回答

准确解读幼儿的回答是及时、有效作出反馈的基础，但是集体教学活动中教师有时不能及时、准确地解读幼儿的回答，出现错误解读幼儿回答的情况。

如在中班数学活动《有趣的橘子宝宝》中，教师提问："橘子有多少片瓣？你是用什么方法数出来的？"一个幼儿在介绍自己数橘瓣数量时提到"先打开一个小口"，意思是在橘子上通过开一个小口来做记号，然后一个一个地数。但是教师却误解成是要掰开一片一片数，错失了介绍封闭计数方法的机会。

再如大班语言活动《幸福的红蜡烛》中，教师引领幼儿讲述故事。当讲到小白鼠拿出花生米给小灰鼠时，教师与幼儿进行了以下对话：

师：小白鼠真的会变魔法吗？你来猜一猜花生米哪来的？

幼：是它自己做的。

师：是它自己做出来的吗？花生怎么做出来的？是做吗？花生哪来的呀？

幼：它在秋天的时候种了花生。

师：在秋天的时候，把花生种好，就有了。

幼：它有一块田。

幼：它在找东西的时候就找到了。

师：可能是小白鼠早就已经找到了，它一开始就藏起来了，想给它一个惊喜。

幼：我的想法和她一样。

师：你们都觉得小白鼠不会变魔法，这盘花生是小白鼠一开始就藏起来的，是吗？

幼儿的回答往往是已有知识和经验的反映，教师要善于准确解读幼儿所提供的信息，给予适切的引导。从以上互动可见，幼儿回答"因为是它自己做的"，是根据自己的生活经验，如根据家里人为自己做饭而给出的答案，教师没有认真分析幼儿回答中信息的合理成分，却质疑幼儿的回答，连续提出了三个疑问：是它自己做出来的吗？花生怎么做出来的？是做吗？然后重复提问"花生哪来的？"同时，当幼儿错误回答"它在秋天的时候种了花生"时，教师没有及时纠正，而是简单重复并完整表述幼儿的错误回答。

（四）较少诱导和探询幼儿清晰表达想法

因幼儿语言发展有限，经常会出现答非所问、回答比较笼统或模糊的情况。这时，就需要教师诱导幼儿的回答转向更有效的方向，引导幼儿的思维向更高水平发展。但很多教师和幼儿的言语互动尚处于"一问一答一反馈"的状态，很难根据幼儿的回答，去鼓励幼儿详细阐述自己或者别人的答案。

大班阅读活动《收集东收集西》中，教师在幼儿回应后否定了幼儿的想法，而不是让幼儿详细地阐述清楚。

师：看看书联想一下，你是大海收集的什么宝贝？要说的不一样哦。

很多幼儿私下里说出了很多宝贝。教师随机请了几个小朋友回答。

幼1：我是大海收集的大飞机。（一边说还一边做开飞机动作）

师：飞机在天上，不是大海收集的宝贝，再想想。（幼1不悦地坐下）

幼2：我是大海收集的海水。

幼3：大海本来就是海水组成的。（幼3不同意幼2的观点）

师：不错，我认为他（幼3）说的对，你再想想。（幼2不悦地坐下）

集体教学活动中，教师对幼儿的有效回应依托于教师教学经验和智慧的不断积累，不仅需要教师熟悉学情、熟悉教学内容，更需要教师在教学现场灵活运用多种策略：适切肯定与表扬、适度经验提升、适当诱导探询。在多样、精准、个性化的反馈中，展现教师对幼儿的个体关怀。

二、适切肯定与表扬

肯定幼儿的回答，不仅是"好""棒"等，更重要的是认同幼儿思维的合理性。在集体教学活动中，教师适切地肯定与表扬，能鼓励幼儿更积极地参与讨论，更大胆地表达自己的想法，不仅能使幼儿得到鼓励与支持，还能使幼儿获得愉悦的体验，从而充分地调动幼儿的学习积极性与欲望，形成良好的师幼互动氛围。在教学现场，我们发现很多教师肯定和表扬幼儿的语言单一、错误解读幼儿的信息、以简单重复或完整表述幼儿的回答来肯定幼儿，这些问题的存在与教师缺乏多样化、个性化、合理化地激励与表扬幼儿的能力有密切关系。

（一）有依据、个性化地肯定和表扬

做到适切地肯定和表扬，就要做到有依据地、个性化地给予幼儿激励和评价。当幼儿给出正确的回答，教师一般运用口头语言来表扬和肯定。这需要教师高度投入教学中，认真倾听幼儿的回答，快速分析幼儿回答的信息，作出判断，给出反馈。幼儿是一个个鲜活的个体，内心都有被肯定与表扬的需求，正面鼓励能够使他们获得被肯定的体验，激发他们的信心。

在中班科学探究活动《有趣的叶子》第三环节"叶子的不同——关注细节，比较差异"中，教师善于有针对性地给出多样化的肯定和表扬，激励幼儿不断深入地观察和发现。

　　师：不同树上的叶子各不相同，那同一棵树上的叶子长得一样吗？（出示一棵长满叶子的树，引发幼儿思考）

　　幼1：一样的。

　　幼2：不一样。

　　师：这些都是同一棵树上找来的叶子，每人取两片，看一看、比一比，到底一样不一样？

　　（幼儿观察）

　　师：谁来说说自己看到的两片叶子有什么不一样？

　　幼4：有的叶边是光滑的，有的是毛毛的。

　　幼1：它们长短不一样。

　　幼2：颜色也是不一样的，一片是绿色的，一片有点黄黄的。

　　师：真棒，都找到了一个不同点，还有其他发现吗？要说和别人不一样的哦！

　　幼3：叶柄的方向不一样。

　　师：哇，这么细小的不同你都能找到，太厉害了！

　　幼5：叶头也有不同，一片是尖的，还有一片是圆圆的。

　　师：你的小眼睛真亮，能找到第五个不同了。继续加油哦！

　　（教师用白板记录幼儿的发现）

　　教师给出了三次肯定和表扬，每次都能够做到肯定幼儿的细致观察、激励幼儿继续观察、引导幼儿观察的方法。这体现了教师机智的反馈能力，每一个反馈信息都有理有据，从而参与互动的幼儿比较多。

　　在中班阅读活动《每一步，珂比珂》中，教师引导幼儿理解故事。当讲到小熊越走越远的时候，教师和幼儿进行了以下对话：

　　师：会怎么样？

　　幼：它越走越远，会迷路的。

　　师：他说的话值得大家好好听听。

　　根据幼儿的回答，教师还运用语言和肢体做出了以下的激励和表扬：

"真完整，大家为他鼓鼓掌。"

"我对说话清楚、完整的人，特别喜欢，拥抱一下。"（走过去拥抱幼儿）

"你想得真周到！"

"你更厉害，和别人想得不一样。"

"同意他的观点的小朋友请举手。"

"和某某的意见一样，但是别人说过的你就不要说了。"

"你观察得非常仔细，别的小朋友也许都没有发现，你上来指出来（图片中的小鸟）。"

从以上列举的一些回应来看，基本上每个孩子得到的反馈都不相同。这种做法让每个幼儿都感到自己的回答得到了教师的认真倾听和思考，受到了教师的尊重和重视，从而幼儿的上课积极性非常高，参与性特别强，回答的效果就非常好，师幼的互动就更为有效。另外，一些肯定的语言也起到了提示的作用，如"他说的话值得大家好好听听"，让回答的幼儿感到教师很重视他，也让很多幼儿注意听并记住这个幼儿回答的内容。除了使用语言，教师还适当地使用了肢体语言（拥抱、微笑）。当孩子大胆表达自己时，教师可以微笑着点头表示肯定，也可以竖起大拇指予以表扬，或是给孩子一个拥抱等，这些丰富的肢体动作很多时候比一句赞美的语言要更加鼓舞人心。这样一种个性化的肯定和表扬，是建立在幼儿回答内容的基础上的，是有依据的，这样的反馈针对性更强。

（二）用非言语行为替代肯定与表扬

集体教学活动中，教师反馈幼儿回答的方式是多样的，如语言的、表情的、肢体动作的、音乐的、动画的，等等。因此，教师在肯定和表扬幼儿时，不一定都是运用语言，也可以采用一个微笑、一个眼神、一个大拇指、鼓掌、拥抱等肢体语言或面部表情，也可以利用多媒体技术播放音频、音乐、动画等方式。教师应注重在不同的时机选择不同的反馈方式，在保持幼儿旺盛学习兴趣的同时，提升幼儿学习的参与度和效率。

在中班语言活动《我也要搭车》第二环节"阅读理解——刺猬搭车"中，教师就善于使用灵活多样的引导、肯定和表扬，激发幼儿不断地想象与表达。

师：刺猬会说什么？（举手示意）狮子爷爷又会对它提出什么要求？

幼：小刺猬说："狮子爷爷，我可以坐你的公交车去旅游吗？"狮子爷爷说："可以。"

师：（眼神提示，并模仿狮子爷爷的口吻）但是一定有一个——（竖大拇指）

幼：规则！（教师投以赞许的眼神）

师追问：猜它会对小刺猬提出什么乘车规则呢？

幼：小刺猬有时候会卷起来滚来滚去，狮子爷爷开的时候它滚来滚去会撞到车座椅。（教师边模仿刺猬动作边作痛苦状表情）

幼：撞到车座椅，然后它就会受伤，很疼。（教师连连点头）

师：狮子爷爷还可能会对小刺猬提出什么规则呢？

幼：狮子爷爷会说："小刺猬，那你必须把你的刺藏起来（教师做出惊讶的表情），不然你的刺会弄疼别人的。"

师：真是又细心又有爱心的狮子爷爷，她说的棒不棒呀？（伸出手引导幼儿用掌声给予鼓励）

教师连续提出两个问题，期望幼儿一起回答，当幼儿只回答第一个问题时，教师用"眼神+角色口吻提示"的方法引导幼儿连续作答，然后以赞许的眼神和追问的方式引发幼儿围绕话题"规则"表述。连续的非言语行为的使用使幼儿的思维趋于连贯，表达更为完整。当幼儿说到小刺猬滚来滚去会撞到座位时，教师用"动作+表情"的方式予以肯定，继而引出幼儿对刺猬受伤、疼等意境的想象，使其与同伴共同体验情境的真实性，从而使阅读理解更为深入、有效。

再如，在中班语言活动《熊猫百货商店》第二环节"动物买商品——大象买皮带"中，教师善于运用动作、表情等非言语行为配合言语反馈进行引导和鼓励，引导幼儿积极思考、大胆表达……

师：（PPT呈现大象长鼻子的图片）猜猜谁来熊猫百货商店买东西了？

幼1：是大象。

幼2：是蛇。

师：（惊讶）说说理由，只要理由合理都有可能。

幼1：大象的鼻子长长的。（教师点头肯定）

幼2：蛇的身体长长圆圆的。（教师竖拇指肯定）

（神秘地，用拉幕的方式缓缓呈现）幼儿随画面呈现齐声说道：大象。

师：猜猜大象会来熊猫百货商店买什么呢？

幼：它鼻子那么长，一定会买围巾（师作疑惑状），它冬天喷水多冷，可以包在鼻子上。（师作似懂非懂状点头）

师：你的意思是把围巾包在鼻子上，有想法，有没有不同想法的？

幼：大象皮多厚，我觉得不会买围巾。它可能会买墨镜，很酷。（教师夸张地模仿戴墨镜的动物并仰望天空，问：还可能——）

幼：对着太阳太刺眼啦。

师：想法很特别。大象还有什么地方很特别？（双手在腰部作粗大状）

幼：皮带……

大象图片呈现后，幼儿有了两种答案，教师并没有否定，而是用惊讶的表情和点头、竖拇指等动作加以肯定，使幼儿能够自信大胆地表达。当幼儿说出的答案和前一环节长颈鹿买围巾雷同时，教师也没有否定，而是用疑惑的表情留给幼儿表达自由想法的空间，充分尊重幼儿的想法。幼儿说出大象戴墨镜很酷时，教师顺应幼儿并用动作引导幼儿说出理由，使幼儿言之有理，助推幼儿的语言、思维与表达能力更进一步。

三、适度经验提升

在师幼言语互动中，幼儿的回答有时是零星的、错误的、混乱的、类似的，甚至是出乎意料的，这就需要教师在快速分析判断幼儿回答的基础上，适时、适度地梳理、重构、扩展幼儿的经验，使幼儿的认知、情感、动手能力等方面在原有水平上有所提升。通过教学现场观察和与教师的交流，我们认为，在教学过程中，教师可以从三个方面适度提升幼儿的经验：重构幼儿的认知经验、扩展幼儿的语言表述能力、拓宽幼儿的思考维度。

(一) 重构幼儿的认知经验

幼儿在其生活世界获取经验和认识。这些经验和认识有些是正确的，有些是部分正确的，也有很多是错误的、不完整的。这就需要教师在与幼儿的互动中，善于辨析幼儿的这些认识和经验，适切地纠正幼儿的错误认知，及时调整有偏差的认知，重构幼儿的认知和经验，帮助其形成良好的认知结构。

当幼儿出现认知偏差时，调整提问、探询、诱导是比较好的策略。在师幼问答中适时调整问题的方向，会出现"多问多答"的良好互动，幼儿的想法和教师想给予幼儿的内容之间也会顺畅地衔接，这样既能激发幼儿的思维，又能取得良好的教学效果。

以中班民俗阅读活动《聚宝盆》为例，活动中教师带着孩子一起欣赏故事，让孩子知道聚宝盆的神奇之处，引导幼儿尝试大胆表达自己的想法。在欣赏完故事后，教师提出问题"聚宝盆是干什么的"，因幼儿缺乏生活经验，加上欣赏故事的时间短，幼儿回答不出来。这时，教师采用诱导的方式，引发幼儿充分表达，并且在幼儿对聚宝盆出现认知偏差的时候，及时引导幼儿再次欣赏故事。

师：聚宝盆是干什么的？

(没有幼儿回答)

师：这个聚宝盆与我们生活中的盆有什么不一样？

幼1：我家的盆没有金色的，都是白的、铁的和有颜色的，聚宝盆是金色的，好像妈妈项链的颜色。

师：你观察到颜色不一样，很棒！

幼2：我觉得聚宝盆是古代用的东西，有可能是吃火锅的。

师：有可能哦！

幼3：聚宝盆和生活中的盆不一样，是一个很特别的，有花纹，旁边还有两个东西是锅子的把手。

师：你观察到聚宝盆的外形有花纹，还有把手，观察真仔细！

师：我们再来欣赏一遍故事，看看聚宝盆到底有什么本领。(欣赏故事后，教师重新提问)

幼4：可以变出很多好吃的。

幼5：变出很多财宝。

幼6：变出许多衣服、书包、玩具。

幼7：变出好吃的鸡腿。

再如中班数学活动《小猪造房子》，利用小猪造房子的故事情节，让孩子们操作大小各异的"房子"和"砖头"，以此来感知大小和数量之间的微妙关系。在幼儿动手体验造房子后，教师进行了提问。因教师提出的问题不明确，幼儿回答的内容偏离了教师提问的意图。教师根据幼儿的回答，调整了问题的方向，指向"砖的数量"，帮助幼儿理解问题的意思，明确问题所指，从而给出有意义的回答。

师：这些房子都是一样大小的，为什么用的砖头不一样？

幼1：我用了4块砖头。

幼2：我用了6块。

师：造同样的房子，为什么用砖的数量不一样呢？

幼3：方形的小，所以用6块，长方形的大，所以用4块。

师：为什么一样大小的房子有的用了4块，而有的用了6块呢？

幼4：4块的是大砖头，另一个是小的。

师：这个小朋友用5块砖可以吗？

幼6：不可以。

师：为什么？

幼7：可以的，他用了1块大的砖和4块小的砖。因为1块大的砖正好是4块小的砖。

师：你们同意他的观点吗？

幼8：同意，4块小的加1块大的就是5块。

在与幼儿的言语互动过程中，教师会发现、了解幼儿对事物的认知状态，对于幼儿存在的一些不完整的、有认知偏差的内容，教师应及时予以引导，完善幼儿的认知结构。从以上两则案例来看，教师提出的第一个问题都遭遇"冷场"或者未达到预期目的。随后，教师及时采取诱导、调整问题的方式，引导幼儿积极思考、讨论和表达，加强幼儿对事物与问题的认知。

(二) 扩展幼儿的语言表述能力

在集体教学活动中，每一位幼儿的回答都是个体学习兴趣、认知经验、学习方式、生活背景等的反映。教师要充分了解幼儿的个体经验水平、发展状况，了解幼儿的兴趣所在，敏锐地判断幼儿的个体经验，鼓励幼儿大胆表达，除了帮助幼儿及时梳理经验，还要完善幼儿的语言表述。

幼儿的认知和表达能力有限，3~6岁幼儿语言表述的完整性、逻辑性、词汇的丰富性等方面都处于一种正在发展的状态。很多时候幼儿并不能清晰准确地表达自己，甚至有时候语言支离破碎、词不达意。很多幼儿的语言表达中会出现语序颠倒、逻辑混乱、表达不完整等情况。因此，教师在回应幼儿时，如果能对幼儿的回答进行梳理、概括或提升，那么不仅能有效地帮助幼儿整理思路，也给了幼儿完整、准确、清晰表达的示范。在教学现场观察中我们也发现，教师在反馈幼儿时，重复幼儿的回答并加以完整表述，是比较普遍的一种师幼言语互动方式。

(三) 拓宽幼儿的思考维度

在师幼言语互动中，教师不仅要重构幼儿的认知经验，提高幼儿的语言表述能力，还要在幼儿回答的基础上不断拓宽幼儿思考的维度，促进幼儿高水平思维的发展，引导幼儿深入探究。教师最常采用的策略是鼓励性追问。

在大班科学探索活动《调皮的空气》中，教师根据初中物理现象"大气压强"设计教学，让幼儿通过他们熟悉的纸、水、密封袋等材料进行实验探索，感知空气的存在，对大气压强有初步的认识。其中，教师设计了一个实验"吹不开的两张纸"。

师：我把一张纸变两张后，把这两张纸挂起来，如果我现在往中间吹气，这两张纸会怎么样？

幼1：飘起来。

幼2：飞起来。

幼3：会飞走。

幼4：会碎掉。

幼5：会掉下来。

幼6：夹子夹着不会的。

幼7：我觉得整个板会倒下。

师：有人觉得会吹跑，有的说会飘起来，有的说会碎掉，有的会觉掉下来，有的说这个架子会倒下来。到底会怎么样？试一下，椅子不用搬，每张桌子上三个小朋友，你们都去试一下。

幼儿分组实验，教师巡回指导。

师：回到座位上来了。好，刚才你吹了，结果怎么样？

幼1：这两张纸，这样子了。（幼儿一边做动作一边说）

师：这样是怎么样？

幼1：合起来了。

幼2：下面的角合起来了。

师：为什么下面的角合起来了？

幼1：因为我吹的气太大了。

幼2：因为我吹的时候它就这样了。

师：为什么吹的时候这两张纸会这样合起来？

幼1：因为我是用力吹的。

师：为什么我在吹，它就一直这样子，我停了，它就分开来了？为什么我一吹，这两张纸下面就合起来了？

幼2：因为上面有夹子。

幼3：因为你手没拿紧。

幼4：不对，因为现在夹子夹着不动。

幼5：风一吹的时候，它下面就动了。

幼6：那个是用手抓的，没有抓牢，那个是用夹子夹的，所以没有被吹跑，而且本来里面有气，一吹，里面的气被吹跑，外面的气把它压起来了。

师：我知道了，他说了两点，首先，刚才是自己手没有拿住，吹跑了，现在是夹子夹住的，所以没有被吹跑。其次，他说这个纸有气，两边都有气，刚才一吹，把中间的空气压跑了，所以两边的空气把纸合到一起来了。

从以上的言语互动来看，教师善于总结幼儿的回答，在幼儿回答的基础上连续鼓励幼儿积极思考，激发孩子们在活动中大胆猜测，让孩子们的回答从原先的"不知道"慢慢引发出多种不同的猜测。此次执教教师是位男老师，他与生俱来的阳刚之气，直白、勇敢、大胆、豁达的性格为幼儿创设了一个有安全感的氛围。在教学现场观察中我们发现，如果碰到孩子回答不出问题，女教师通常会比较着急地帮孩子直接回答，而男教师则是给孩子一个鼓励的微笑，又或是用一些简单的词去鼓励孩子"再猜一猜""大胆猜一猜""别怕""说不定是可能会掉下来"，让孩子自己大胆假设和猜测。

四、适当诱导探询

当幼儿的回答与教师预设目标偏离时，教师应及时诊断问题所在，通过捕捉关键信息、提供信息、有效引导等方式进行调控，在教师预设与幼儿生成之间嫁接桥梁。教师不仅要根据幼儿的反应或回答进行现场诊断，准确判断幼儿的表现或回答与预设出现偏离或存在差距的症结所在，及时调整回应策略，而且要不断激发、诱导幼儿发挥主动性，让幼儿更好地参与到学习活动中，同时还应通过多种方法关注幼儿语言、心理的变化，激励幼儿主动地向更高水平发展。

（一）捕捉关键信息，适时探询

在实际教学中，教师往往会对幼儿的应答或回应行为缺乏跟进的探询，使得问答不能持续往复互动，达不到提问的目的。探询是指教师鼓励幼儿详细地阐述自己或者别人的答案的过程。教师提问后，有时会得到错误的应答，这时就需要教师以丰富的教学经验尝试探询，鼓励幼儿进一步阐述自己的想法。

在师幼言语互动过程中，幼儿的回答有时是片面而局限的，有时是词不达意的，有时是海阔天空的，然而他们的回答里总有自身经验或能力水平的信息，甚至蕴含着一些令我们叹服的亮点，需要教师灵活捕捉幼儿回答中的关键信息，巧妙引导，激发幼儿积极思考与主动学习，促使幼儿就原来的回答由浅入深、由表及里地思考。

大班语言活动《幸福的红蜡烛》讲述了小白鼠为了给小灰鼠在又冷又饿

的冬季带来幸福和快乐,动足了脑筋,想了很多办法。在故事最后,更有两个好朋友相互依偎在一起的幸福场景。在讲到小白鼠送给小灰鼠一个冬天里最好的东西时,教师出示了一张小灰鼠家里很明亮、蜡烛的影子映在墙上的图片。

师:猜猜这是什么?为什么说这是冬天最好的东西?

幼:有可能是冬天很冷的棉衣。

师:冬天好冷,穿了一件棉衣吧。棉衣是圆柱体的吗?形状好像不对嘛。

幼:有可能是它冬天的被子。

师:被子把它一推,也可以变成圆圆的。

幼:如果小灰鼠还有小白鼠冬天手脚冷的话,可以用这个做运动,它们站在上面就可以滑了。

师:运动器械也可能是圆柱体的,你可能是在外面看杂技的时候,看到过是吧?锻炼一下身体,很暖和。

幼:这里边有吃的蛋卷,饿的时候可以给小灰鼠吃。

师:有可能是吃的蛋卷。圆的,形状像。冬天好冷呀,吃一点蛋卷可以暖和点。

幼:是生日时候的生日蜡烛,因为生日蜡烛是圆柱体的。

师:为什么这么说呢?

幼:两边是长方体的扁扁的,××说错了,因为春卷比蜡烛小。

师:形状像的,扁扁的,形状很像。

师:为什么蜡烛在冬天是最好的东西?

幼:需要的原因是用打火机一点火就有暖和的光芒。

师:蜡烛可以给我们带来光明,也可能带来温暖。也有可能哦。有的小朋友说可能是蜡烛,也有小朋友说可能是运动器械……

从以上孩子的回答来看,他们并非胡乱猜测,而是搜索图片上的线索积极思考。幼儿猜测遮挡的蜡烛可能是卷起来的被子,教师读到了幼儿形状认知的关键信息,引导幼儿从大小、形状等信息深入思考,使幼儿的思维更有指向性,有效地帮助幼儿缩小了思考的范围,引导幼儿的思维不断深入。

在问答互动中,教师一般非常注重诱导幼儿,但是缺乏探询的过程,师幼间的问答互动一般是"一问一答",而不是"多问多答"。教师在发问后依据幼儿的反馈及时探询幼儿的想法,幼儿的思维就会得到进一步发展。如果教师急于给幼儿正确的知识,否定幼儿的应答,就会给幼儿带来挫败感,从而使问答互动半途而废。教师如果在幼儿错误回应时及时探询,深入了解幼儿的想法,就能够帮助幼儿纠正错误概念,使幼儿对事物的认识进一步深入,同时也会带动其他幼儿积极地参与互动。

教师的思维、认知与表达能力远远优于幼儿,这就需要教师适时地退后,用自己的"未知"去试探并询问幼儿,让幼儿自信地成为学习的主人,鼓励幼儿积极思维、主动思考、大胆表达,让课堂中的师幼互动变得更加生动与灵活。

(二) 提供支架,诱导清晰表达

诱导是指教师让幼儿清晰地表达和澄清答案。无诱导的师幼言语互动在幼儿教学活动中非常普遍。很多教师提出问题后,面对幼儿答不出或回答错误时感到束手无策,不能诱导孩子正确理解问题,不能依据幼儿当下的状况调整问题,而是放弃问题,急于进入下一环节,使师幼之间的问答没有形成良好的互动。

例如,在大班阅读活动《收集东收集西》中,两位执教教师在诱导幼儿清晰作答方面处理的方式不同,出现了不同的问答互动。

师1:你喜欢收集什么?

幼:……(没有幼儿回答)

师1:有没有?大胆说说,说错没关系的。(教师等待幼儿回答)

幼:……(幼儿相互看看还是没有回答)

师1:哦,可能小朋友们一时想不起来,没关系,让我们来看看书里的朋友们收集了什么。

很明显这是一个没有诱导的师幼问答。教师从自身的角度判断幼儿的应答,虽然给幼儿留有应答的时间,但在幼儿不能应答的情况下轻易放弃了问题。在师幼问答中,如果幼儿长期处于这样的思维状态,会降低幼儿学习的主动性。

师2:你喜欢收集什么?

没有幼儿回答。

师2：我很爱收集各种各样的洋娃娃，有穿裙子的……孩子们，你们爱收集什么呢？

幼1：我爱收集烂掉的东西。（其他小朋友乱笑）

师2：大家别笑哦，很有意思的收集哦，你收集的烂掉的什么东西呢？

幼1：空的可乐瓶、小树枝、绳子，我用这些做了火箭……

师2：哦，你收集的是废旧物品，用这些在做科学实验啊！好佩服你哦，未来的科学家！

第二位教师在幼儿无应答时给予支架式的诱导。在这段师幼问答中可以看到，教师发问后，在幼儿无应答的情况下，教师适当地运用了诱导、探询、激励，最终帮助幼儿清晰表达了自己的想法，师幼问答形成了良好的互动。

教师是带着各种预设走进教学的，但在教学现场中，教师应该更多地关注现场幼儿的反应，灵活调整教育策略，采取多样的探询、诱导方式，给幼儿适切的反馈，更好地激活幼儿内心的学习积极性，提升教学品质。当幼儿答非所问时，教师应及时变换提问方式，采取诱导、提示或辅以表情、手势等帮助幼儿打开思维；当幼儿不能完整回答时，教师可采用追问的方式促进幼儿深入思考，引导幼儿进一步探索；当幼儿不能全面理解问题或片面回答时，教师可以帮助幼儿梳理零碎的想法，总结提出较为精确、完整的信息；当幼儿陷入思维死角时，教师可以试着用诸如游戏等一些调节现场氛围的小方法，激活幼儿的思维。

教师需要现场及时、准确地判断幼儿的哪些回答具有价值，可以进行回应拓展，有些需要"接球"，有些需要"抛球"，有些只要提炼幼儿的主要意思即可。要做到准确的价值判断，除了需要教师积累自身的经验外，还要教师牢记教学活动的目标及各环节的目标，根据目标有效调控幼儿的各种回答。

有智慧的教师必将幼儿放在首位，因为他们懂得教育要满足和适应不同幼儿的不同需要，站在幼儿的角度去设计、演绎活动，让幼儿成为活动真正的主体。在师幼言语互动过程中面对儿童的"一百种语言"，我们要试着用表扬激励、经验提升、诱导探寻的方法，不断提升反馈的机智性，从而真正实现对幼儿个体的关怀。

第五章

不同环境中师幼互动质量具体提升方式

学前教育质量评价是学前教育决策的基础，学前教育决策以学前教育质量评价的结果为依据。研究表明，在儿童早期，良好的人际关系是儿童各方面健康发展的前提。父母或教师为儿童营造充满爱的、温馨的、安全的环境，给予儿童鼓励和帮助，有利于儿童在身体、情感、认知、社会性方面健康发展。因此，师幼互动质量是评价学前教育质量的重要指标。

笔者曾运用课堂评估编码系统（CLASS）对3所幼儿园的师幼互动质量进行评价。结果显示，在情感支持领域，集体活动得分显著高于常规活动和餐点时间，集体活动得分最高，餐点时间得分最低。从情感支持领域包含的维度看，在积极氛围维度上，集体活动得分显著高于常规活动和餐点时间；在教师敏感性维度上，集体活动得分显著高于常规活动；在关注儿童看法维度上，集体活动得分显著高于常规活动和餐点时间。在课堂组织领域，集体活动得分显著高于常规活动、餐点时间和小组活动，集体活动得分最高，常规活动得分最低。从课堂组织领域包含的维度看，在行为管理维度上，集体活动得分显著高于常规活动；在产出性维度上，集体活动得分显著高于餐点时间；在教学安排维度上，除小组活动外，各类型活动的师幼互动质量差异显著。在教学支持领域，集体活动得分显著高于常规活动和餐点时间，集体活动得分最高，常规活动得分最低。从教学支持领域包含的维度看，在概念发展维度上，餐点时间得分显著高于常规活动；在反馈质量维度上，不同活动形式的师幼互动质量差异显著；在语言示范维度上，集体活动的平均分在所有维度中最低。（张晓梅，2016）本章基于课堂评估编码系统（CLASS）的三个类别——情感支持、课堂组织、教育支持，为学前教育质量提升提出指导性建议。

第一节　常规教育环境中师幼互动质量的具体提升方式

李金英（2014）认为，幼儿园常规教育指教师对儿童进行的日常规则的教育，即教师根据儿童身心发展特点，对儿童正确执行一日生活中各个环节的具体制度和行为规范而进行的教育。一日生活中的环节主要包括生活常规、活动常规和学习常规等方面的内容。其中，生活常规包括：来园、晨检、做操、吃早餐、盥洗、如厕、吃午餐、午睡、离园等；活动常规包括：集体活动、自由活动、区域活动过程中儿童与儿童、儿童与教师之间的常规行为；学习常规包括：培养儿童学习习惯和儿童参加学习活动等。制订一日常规，一方面，可以帮助教师针对一天的学习活动做好充分的准备；另一方面，可以让儿童生活在有秩序的环境中，随着活动的进行，儿童会逐渐熟悉每个环节，知道在某个时间应该做什么，从而形成秩序感。因此，常规教育质量是学前教育质量的重要方面。

有研究者在综合分析国内外现有的实证和理论研究成果后提出，幼儿园教育质量中的过程质量应涉及师幼互动、环境的创设和利用、教育活动等方面的内容。研究发现，师幼互动质量会直接影响儿童的发展水平。因此，良好的师幼互动是非常重要的，师幼互动质量提升是常规教育质量提升的关键。

一、以情感拉近距离

有效的情感支持能够让儿童感到舒适、被理解和支持，他们可能会变得更加自信和自主，可能会更愿意积极地学习社会交往技能。在学前教育过程中，与教师和同伴积极主动联系的儿童，在社会和学业领域可能会表现得更出色。教师营造积极的氛围，及时满足儿童的学习和情感需要，重视儿童的兴趣、动机和观点等，都有利于拉近师幼的情感距离，从而营造出教师与儿童彼此尊重和信任的精神环境。在常规教育中，高质量的情感支持包括以下内容。

（一）拉近空间距离

距离可以分为空间距离和心理距离，空间距离在一定程度上可以反映心理距离。在常规教育中，教师要多与儿童身体接触，通过缩短与儿童的空间距离，来缩短与儿童的心理距离。

案例1：老师早上好

背景：在入园时间，嘟嘟小朋友从不肯说"老师好"，任凭家长怎么说都没有用。这天，他依然没有喊，黄老师决定主动出击。

教师：嘟嘟，早上好！欢迎你！（微笑，挥手）

嘟嘟：老师，早上好！（嘟嘟仰着头笑着说）

教师听到嘟嘟的回应，很是惊喜。

教师：（蹲下来说）嘟嘟真是个有礼貌的好孩子！（说完给了嘟嘟一个大大的拥抱）

当天，嘟嘟开心地参加各个活动。

案例中，黄老师面对嘟嘟入园时不肯说"老师好"的情况，主动为嘟嘟做出榜样，并在得到嘟嘟的回应之后拥抱他。简单的肢体接触传达出了教师对儿童的关爱，也拉近了教师与儿童的距离，这里的距离不仅仅指空间上的距离，更指心理上的距离。

案例2：生气的小杰

背景：雨后，幼儿园的地面有些湿滑。午休后，小朋友三三两两地去厕所，小杰不小心摔倒了，引起同学的嘲笑，小杰很生气，将手边的玩具往墙上摔。

教师：（走过去，温和地说）小杰，地面太滑了，所以你摔倒了，是吗？

小杰：是的，我真倒霉。

教师：你很生气。

小杰：我很生气。

教师：（摸摸小杰的头，把他扶起来）没关系，地上这么滑，很容易让人摔倒。我们一起把玩具收拾起来吧。

小杰和教师、其他小朋友一起把玩具收拾起来。

案例中，小杰生气、摔玩具是因为感到尴尬和不知所措。教师用包容心、同理心帮助他摆脱尴尬。同时，教师摸小杰的头、扶小杰起来，让小杰感到温暖，小杰的怒气便消失了。

案例3：不开心的小波

背景：幼儿园规定，在每周五小朋友可以带自己喜欢的玩具来幼儿园。小波走到教室门口，对妈妈说："妈妈，我忘了带我最喜欢的黑色小汽车。"妈妈迟疑了一下说："是啊。可是妈妈要去上班了，没办法了。"妈妈说完就离开了,小波一直闷闷不乐。周老师也没有在意。小波放下书包,经过建构区,看见涛涛在搭积木,小波把涛涛的积木踢到了旁边。周老师看见了。

教师:小波,你在干什么?

小波不说话。

教师:小波,你很生气吗?

小波:是的,我忘了带我最喜欢的小汽车,妈妈说没办法了。

教师想起了早上小波和妈妈的对话,知道小波很难过,把小波拉到自己的怀里。

教师:小波,老师知道你是因为忘了带心爱的玩具很生气、不知道该怎么办,所以踢涛涛的积木。以后你不开心的时候,就来找老师。

小波对老师没有批评自己感到很意外。后来,他在不开心或生气的时候就找老师诉说,以缓和激动的情绪,很少乱发脾气了。

案例中,面对儿童因难过而做出违规行为,教师选择了包容和理解。拥抱和安慰有效地缓和了小波难过的情绪,教师还教给小波宣泄情绪的方法,做小波的倾听者。这既拉近了教师与儿童的空间距离,也拉近了他们的心理距离。

(二) 教师积极参加活动

教师积极地参加活动,与儿童一起遵守常规,这样既可以建立良好的师生关系,又能为儿童树立榜样。同时,教师能够及时发现教育契机,从而更好地组织教育活动,引导儿童自觉遵守常规。

案例4:我是小小售货员

背景:大班,区域活动时间。童童是"超市"的售货员,见无人来买东西,便跑到旁边的表演区看演出去了。小米去"超市"买东西,发现"超市"里没有人,便当起了售货员。童童回来后发现自己的位置被小米抢了,便和小米争吵起来。教师见此情形,以顾客的身份加入活动。

教师:谁是售货员呀?我要买橡皮,橡皮在哪里?

童童:我是售货员。

小米:我才是售货员。

教师：你们谁是真正的售货员？

童童：我是售货员，我先来的。

小米：我是售货员，我来的时候这里根本就没有人。

童童：我去旁边看演出了，有人来买东西时我就回来了。

小米：当售货员怎么可以乱跑，我是看见这里没人才来的。

教师：哦，我明白了。童童是售货员，但是她不尽职，所以小米过来了。现在，该怎么办呢？

童童：我要当售货员。

小米：我也要当售货员。

教师：我有一个好主意，"超市"可以再招聘一个员工，这样你们就都能当售货员了。

童童和小米点头表示同意。

教师：好了，我要买橡皮，橡皮在哪里？

小米和童童找了半天才找到橡皮。

教师：橡皮多少钱？

童童：1元。

教师：（给了她们1元）你们的货架太乱了，该整理了。

教师走后，童童和小米一起整理了货架，不时有小朋友参与到活动中来，小朋友们在"超市"玩得很开心。

案例中，教师发现儿童在活动中的问题后，以参与者的身份加入活动，引导儿童明白活动的规则。这样既达到了教育的目的，也帮助儿童建立起良好的同伴关系。

(三) 鼓励儿童互相帮助

皮亚杰认为，儿童之间的互助有助于提高儿童的认知能力，儿童在与同伴互动的过程中获得的交往经验，有助于给儿童带来积极的结果。儿童与同伴互动的过程一般来说是产生矛盾—思考—解决矛盾的过程，在这个过程中，儿童的认知发展水平会不断提高。同伴关系是儿童社会性交往中的重要一环，教师应积极鼓励儿童互相帮助。

案例 5：互帮互助（一）

背景：中班，午休时间。在午休室里，小朋友们按照教师的要求准备午休。丁丁正在脱套头 T 恤，但是他无法把衣服的下摆翻过去，憋得满脸通红，他向老师求助。李老师正在帮萱萱解扣子，其他小朋友也在喊老师……

教师：明明，你可以帮丁丁拉一下衣服吗？老师忙不过来了。

明明走到丁丁身边，帮他把套在头上的 T 恤脱下来。丁丁喘了一大口气。

教师：谢谢明明帮助老师。丁丁，你是不是应该谢谢明明帮你脱衣服呀？

丁丁：谢谢你，明明。

教师：真好，你们可以互相帮助了。

案例 6：互帮互助（二）

背景：大班，午休起床时间。豆豆在叠毛巾被，毛巾被太大，她叠了好半天，始终不能叠好，因此很着急。小昕看到豆豆一直叠不好毛巾被，便走过去和豆豆一起叠。陈老师注意到小昕的这一举动。

教师：今天，老师要表扬小昕，因为在起床后她主动帮助豆豆叠被子。我们为小昕鼓掌。

掌声响起。

教师：小朋友们，当你们的同伴需要帮助时，你们应该怎么做？

儿童：帮助他。

教师：很好，你们应该互相帮助。

案例中，李老师因为自己忙不过来，让明明帮助丁丁，她没有深入地引导小朋友主动地帮助同伴。陈老师则抓住了机会，鼓励小朋友互帮互助。但是，陈老师的做法显得过于简单，她没有告诉小朋友为什么要互帮互助、如何互帮互助。

案例 7：告状（一）

背景：中 1 班，手工活动时间。幼儿园增设了手工制作区，丰富的材料吸引了很多小朋友。在教师的组织下，中 1 班制订了手工区常规。当天，小朋友们在手工区活动。当小朋友们都专注于制作手工作品时，乐乐向李老师告状。

乐乐：老师，小娟在桌子上画画！

教师：（走过去，指着小娟）你，站起来！去旁边坐着，不要画画了！

小娟委屈地站起来。

教师：（向其他小朋友说）小娟不遵守规定，今天不允许她参加活动，大家不要向她学习。

小朋友们看看小娟，继续制作手工作品，不敢违规。小娟一个人委屈地坐在旁边，对乐乐充满怨恨。

案例8：告状（二）

背景：中2班，手工活动时间。小军把垃圾直接丢在地上，爱告状的茜茜看到了，便向王老师告状。

茜茜：老师，小军在手工区随地丢垃圾。

教师：你看到了他没有收拾地面垃圾，作为他的好朋友，除了向老师告状，你还有什么办法能够帮助他呢？

茜茜：我应该提醒他收拾垃圾。

教师：对了。你还能怎么做呢？

茜茜：（思考）我还可以帮他一起收拾垃圾。

教师：对。小军忘了收拾垃圾，你要提醒他、帮助他。

茜茜在王老师的劝说下，知道了要帮助同伴解决问题。

告状是儿童的普遍行为，反映出儿童关注同伴在活动中遵守规则的情况，也反映出儿童已经初步具备判断是非的能力。儿童往往比较幼稚，他们总是盯着同伴，揭发同伴的错误行为，事实上，他们自己往往也做过类似的事情。案例中，两个老师的不同做法导致截然不同的结果。李老师实施高压政策，使小朋友们都不敢违反常规。但是，她的做法鼓励了儿童的告状行为，也加剧了小朋友之间的矛盾，这不利于和谐的同伴关系的建立。王老师则引导儿童用告状以外的方式处理问题，鼓励儿童在发现同伴的违规行为后，通过提醒、帮助等方式解决问题，这既有利于降低儿童告状的频率，也有利于和谐同伴关系的建立。

案例9：他不听话

背景：早饭后，俊杰哭着向王老师告状，说王鑫打他。

教师：王鑫，你为什么打俊杰？

王鑫：俊杰刚吃完早饭就跳绳。老师说过，这样影响身体健康，我让他不要跳了，他不听，所以我就打他了。（王鑫不慌不忙地说）

教师：王鑫，你是一个有责任心且听话的孩子，你担心俊杰饭后立刻跳绳影响身体健康，想制止他。你的动机是好的，但是，小朋友不能打人，对不对？

王鑫：老师，我知道打人不对。但是，他不听我的话。

教师：你可以想想其他办法呀。比如，你可以给他讲讲饭后立刻跳绳的坏处。

王鑫：老师，我明白了，要多想办法，不能打人。

教师：对了，知错就改就是好孩子。快去给俊杰道歉吧。

王鑫：俊杰，对不起，我不该打你。

教师：俊杰，饭后立刻跳绳可能会肚子疼，王鑫因为不知道怎么劝你，所以用错了方法。你就原谅他吧，他已经认识到打人不对了。

俊杰：好。

教师：俊杰，你看这个气球。我在气球里面装上水和豆子，这样上下晃动，出现了什么变化？

俊杰：气球被撑开了。

教师：这个气球就像你的胃，你饭后立刻跳绳，你的胃会受不了，你会肚子疼。

俊杰：老师，我知道了，我以后不会这样了。

教师：好孩子。

案例中，王鑫是一个有责任心且听话的孩子，他想帮助同伴，对违反常规的同伴进行纪律约束。但是，由于缺乏解决问题的技巧，自己反而违反了常规。因此，教师应该肯定儿童的良好动机，还要告诉儿童解决问题的正确方式。

（四）感受儿童的情绪

儿童违反常规的原因是多方面的。当儿童违反常规时，教师应该弄清楚儿童做出这一行为背后的原因，从而有针对性地教育儿童。研究发现，儿童做出违反常规的行为，往往是因为儿童的心理需求没有得到适当的满足。因此，教师需要从以下几方面着手解决。

1. 给予每个儿童关注和爱

每个人都渴望获得他人的关注和爱。当儿童感到自己被冷落时，容易做出违反常规的行为，例如，捣乱、发出怪声、做怪异动作，其目的是获得他人的关注。教师可能都会遇到这样的情况——有些小朋友在有人来幼儿园参观时异常活跃，这可能是因为他们平时受到了冷落，他们希望通过这种方式获得关注。又如，一个5岁的孩子在4岁的时候就已经学会了自己穿衣服、系鞋带，但到了大班以后反而不会穿衣服、系鞋带了，教师为了教学进度，只好每次都帮他穿衣服、系鞋带。儿童的这种表现源自他对新环境的不适，当他表现出"无能"时，能够很轻松地获得教师的关注和爱，他的情感需要因此得到了极大的满足。教师应该反思：自己是不是忽略了儿童的情感需要？是不是冷落了某个儿童？教师应该积极地感受儿童的情绪，给予每个儿童适当的关注。

案例10：我要被"熊"吃掉

背景：中班儿童正在做"熊和木头人"的游戏。刚开始，小朋友们都能遵守游戏规则。过了一段时间，丁丁开始故意乱动、说话。

教师：（发现问题，询问原因）丁丁，你为什么要捣乱？

丁丁：（骄傲地说）我要被"熊"抓走、被"熊"吃掉。

教师：被"熊"抓走了，你就不能继续玩游戏了。你不想玩了吗？

丁丁：想玩。

教师：那你为什么不遵守游戏规则呢？

丁丁：我想让大家注意到我。

教师：如果大家都和你一样不遵守游戏规则，那么这个游戏怎么做下去啊？

丁丁没有说话，低下头。

教师：老师在丁丁遵守游戏规则时忽略了丁丁，是老师不对，但是丁丁故意不遵守游戏规则也不对哦。

丁丁：老师，我错了，我不捣乱了。

教师：知错就改就是好孩子。老师也要向丁丁学习，改正自己的错误。

丁丁的话让教师意识到，自己忽视了自觉遵守游戏规则的孩子，而过分关注那些不遵守游戏规则的孩子。于是，教师开始鼓励、表扬遵守游戏规则的孩子。游戏继续进行，再也没有小朋友要故意被"熊"吃掉了。

案例中，教师忽视了遵守游戏规则的小朋友的感受，违反游戏规则的小朋友却得到了教师的关注。因此，丁丁才会通过违反游戏规则来谋求教师的关注。教师在自我反思和改正之后，丁丁因希望自己的情感需要被满足而产生的违反常规的行为也得到了修正。

案例11：我就是要打人

背景：海涛比较顽皮，在自由活动时间，海涛不小心撞倒了瑞杰，瑞杰向老师告状。

教师：海涛，你真讨厌！总是打人！你不准玩游戏！你真不讨人喜欢！（教师不分青红皂白地呵斥海涛）

海涛：是他先挤我的，我不是故意的。

教师：你把人推倒，就是你不对。

海涛很委屈，他紧咬着嘴唇，没有再为自己辩解。后来，他更爱打人了。教师问他为什么，他脑袋一歪说："我就是要打人，反正老师也不喜欢我。"

案例中，老师在心里给海涛贴上了"坏孩子"的标签，在不了解事件真相的情况下呵斥海涛。海涛因为不被教师喜爱，将这种消极情绪发泄到同伴身上。如果海涛一直处于这种环境中，他的攻击性行为还会加剧。教师应该反思自己的行为，试着了解海涛，给予他必要的关注和爱。

2. 帮助儿童宣泄和消除紧张的情绪

儿童在紧张时会无意识地做出某些动作，例如，咬指甲、咬嘴唇、薅头发等。儿童的破坏性行为、报复行为、敌对行为等也是儿童宣泄情绪的表现。

儿童心理压抑在行为上的表现是做出残忍行为和攻击性行为。如果父母经常拿孩子出气、缺乏同情心、动辄对孩子施以惩罚，那么，在这样的家庭中，孩子容易压抑自身情感，在自己不如意的时候伤害他人或小动物。他们会通过欺凌弱小或虐待动物来宣泄不满，并逐渐养成在恶作剧中寻求刺激和快乐的不良习惯。

案例12：我的指甲没了

背景：当当是刚刚从其他幼儿园转来的小朋友，总爱咬指甲，无论教师怎么劝说，他都不改。午休时间，教师见他的指甲被咬得尖尖的，很容易抓伤人，所以在他午睡时把他的指甲剪掉了。起床时间，小朋友们都安静地穿衣服、整理床铺。当当突然大哭起来……

教师：当当，你为什么哭啊？快起来。

当当：（继续哭）老师，我的指甲不见了。

教师：你的指甲呀，在你睡着的时候老师帮你剪了。快起床吧，大家都等着你呢。

当当听了教师的话，哭得更厉害了，边哭边咬秃秃的指甲。

教师：别哭了，快起床。不要咬指甲了，再咬手指就要破了。

当当完全没有理会教师。

教师：你自己在这里哭吧。

教师带着其他小朋友离开了休息室。

案例中，当当因为初入陌生的环境，内心的焦虑和紧张情绪无法排解，所以，为了宣泄，他一直咬自己的指甲。教师发现了当当的这个不良习惯，但是他没有深入地分析当当咬指甲的原因，而是采用简单粗暴的方式——偷偷地剪掉当当的指甲、制止当当哭泣、对当当采取不理睬的态度。这种处理方式忽视了儿童的内心，拉大了教师与儿童的距离，不利于儿童成长和发展。

面对这种情况，教师应该深入地分析儿童紧张的原因，例如，儿童没有得到自己感兴趣的玩具、在幼儿园或家里发生了令儿童不安的事情、儿童遇到了麻烦……教师要一一查证，努力消除儿童紧张的根源。

3. 理解儿童的自我保护行为

每个班级都有喜欢告状的儿童，他们认为自己先告状可以免受批评或惩罚，一些儿童为了逃避惩罚，会选择说谎。做出这些违反常规的行为，是儿童自我保护的表现，自我保护是人和动物的本能。面对这种情况，教师要理解儿童，认真地反思自己的行为，考虑自己是否在某些方面有意或无意地伤害了儿童，并努力为儿童营造一个安全的心理环境，以减少类似事件发生。

案例13：是他自己摔倒的

背景：中班，午点前盥洗时间。小朋友们都在排队洗手，浩浩突然大哭起来。

教师：浩浩，你为什么哭啊？

浩浩：老师，乐乐把我推倒了。

教师：乐乐，是这样的吗？

乐乐：老师，我没有推他，是他自己摔倒的。

幼儿1：老师，我看见了，是乐乐把浩浩推倒的。

幼儿2：我也看见了。

幼儿3：我也看见了。

小朋友们都说是乐乐把浩浩推倒的。

教师：乐乐，小朋友们都说是你推倒了浩浩。

乐乐：他……他挡住了我的路，我不小心把他撞倒了。

幼儿1：乐乐是故意把浩浩推倒的。

幼儿2：乐乐想先洗手，浩浩不让，所以乐乐把浩浩推倒了。

小朋友们都说乐乐是故意把浩浩推倒的，乐乐低下了头。

教师：乐乐，这就是你的不对了，把小朋友推倒还撒谎，老师罚你今天不许吃饭，站在这里好好反省。小朋友们，你们不要理乐乐，不要向他学习。

教师带领其他小朋友回餐室用餐，乐乐留在盥洗室罚站，他没有吃到午点。

案例中，教师面对儿童撒谎，采取非常严厉的态度，没有认真分析儿童撒谎的原因，没有让儿童正确地认识自己的错误，伤害了儿童的自尊心，让儿童更加害怕承认错误。教师正确的做法如下。首先，查明乐乐推倒浩浩的原因，是浩浩洗得太久造成了消极等待？还是乐乐故意插队？如果是消极等待引发了事故，教师要考虑改善盥洗室的环境，让等待洗手的儿童有事可做，如玩玩具、聊天等。其次，分析乐乐撒谎的原因，是教师过于严厉导致他不敢说实话？还是其他原因？如果是教师过于严厉，教师要思考自己的哪些行为伤害了儿童、激起了儿童的自我保护本能。最后，尝试理解儿童，用温和的方式引导儿童认识、承认、改正自己的错误，逐渐帮助儿童改掉撒谎的坏习惯。

4. 正确引导儿童的好奇心

陈鹤琴认为，儿童天生具有好奇心，他们生来好动、喜欢模仿。有些儿童因为想知道"小鸟的羽毛拔下来会怎样""把小猫扔进河里，它会游上岸吗"，而做出残忍行为。有些儿童因为好奇，模仿成人说脏话、说粗话，慢慢养成了坏习惯。影视节目和图书也可能引起儿童的好奇心，儿童为了"冒险"，可能会"偷"东西、做恶作剧。有些儿童因为想知道玩具的结构，经常做出拆玩具等破坏性行为。面对儿童的好奇心引起的违反常规的行为，教师应该理解儿童的想法，正确地引导儿童的好奇心，同时，尽量避免或减少不良媒体对儿童产生的不良影响。

案例14："偷"温度计

背景：大班。王老师发现实验角的温度计不见了，小朋友们都说没看见。一天过去了，温度计依然没有找到。第二天早上，王老师看到周伟悄悄地把温度计放了回去。

教师：（教师把周伟叫到面前，小声说）周伟，你从哪里找到了消失的温度计呀？

周伟：老师，我昨天把温度计带回家了。妈妈批评我了，说我不应该把幼儿园的东西带回家，让我把温度计送回来。

教师：知错就改就是好孩子。你能告诉老师你为什么把温度计带回家吗？

周伟：我想知道我晚上洗脚时，盆里的洗脚水有多少度（摄氏度），所以就把幼儿园的温度计拿回家了。

教师：没想到你还是个爱探索的孩子。你如果想用温度计，就和老师商量一下，不然老师以为温度计丢了，会很伤心的。

周伟：老师，我知道了。

教师：很棒。你如果想用别人的东西，就要先和东西的主人商量一下，不然主人找不到自己的东西会很伤心的。

周伟：老师，我会的。

教师：好孩子。那你知道你的洗脚水是多少度（摄氏度）了吗？

师幼互动质量提升的路径

周伟：40度（摄氏度）。

教师：用这个温度的水洗脚，你感觉怎么样？

周伟：暖暖的，很舒服。

教师：很舒服呀。每天都是谁给你准备洗脚水呢？

周伟：是我妈妈。

教师：妈妈好爱你呀，每天都给你准备这么舒服的洗脚水。你爱你妈妈吗？

周伟：我爱我的妈妈。

教师：那我们一起给妈妈一个惊喜吧！

周伟：老师，什么惊喜呀？

教师：老师今天把温度计借给你，你也给妈妈准备同样温度的洗脚水，好吗？

周伟：好呀！好呀！妈妈肯定很高兴。

教师：一言为定。

案例中，周伟"偷"走了幼儿园的温度计，教师发现后没有不分青红皂白地责备他，而是耐心地询问他"偷"走温度计的原因。知道了周伟在好奇心驱使下做出"偷"东西的行为后，教师首先肯定了周伟的好奇心和探索欲，然后用周伟能够理解的方式，教给他解决问题的方法和正确的为人之道。在此基础上，教师因势利导，启发周伟要有孝心和爱心。这种对话是积极、有效的，颇具教育意义。

（五）通过对话增进感情

对话是增进教师与儿童感情的重要途径。在常规教育中，教师应多与儿童进行积极的社会性对话，在对话中培养儿童的常规意识，鼓励儿童自觉遵守常规。

案例15：老师，你看我的新鞋子

背景：中班，午休时间。教师带领小朋友散步后，大多数小朋友都脱了鞋子躺下了，美美却没有脱鞋子就直接躺下了。

教师：美美，你怎么没有脱鞋子？

美美：老师，你看我的新鞋子，我妈妈昨天给我买的。

130

教师：好漂亮的鞋子。不过，你现在要睡觉了，把它脱下来吧。

美美：老师，我不想脱，这是新鞋子，我穿着睡没事。

教师：美美原来是舍不得脱新鞋子啊。可是，睡觉的时候如果不脱鞋子，我们的小脚丫就不能放松，小脚丫闷了一天会不高兴的。

美美：可是，新鞋子真的很漂亮。

教师：新鞋子很漂亮，可是你穿着它走了这么久，它也累了，也想休息啊。我们先把它脱下来，让它休息一下，等你睡醒后再穿上。

美美：好吧，让它休息一下吧。

教师：美美真棒！这样你的小脚丫就可以休息了，美美也可以美美地睡一觉了，说不定还会做一个甜甜的梦呢。

美美开心地躺下睡觉了。

案例中，美美因为喜欢新鞋子而不愿意脱下鞋子睡觉，教师没有批评美美，而是耐心地与她交流。首先，告诉美美她喜欢的鞋子很漂亮，满足美美想要得到夸奖的心理。然后，告诉美美脱下鞋子睡觉的好处，让美美自觉地遵守午睡常规。这既解决了问题，又增进了教师与儿童的情感，还有利于儿童身心健康发展。

二、通过课堂组织培养常规

良好的教室环境能够帮助儿童发展自我调节能力和执行能力，促进儿童在学业上获得成功。儿童的自我调节是多方面的，家庭因素和个体因素都会影响儿童在家庭、学校等环境中的自我调节。近年来，发展神经科学不断进步，研究发现，在儿童早期，与自我调节相关的大脑区域快速变化，这意味着在学前班和小学，培养儿童自我调节能力是非常重要的。教师应采用有效的行为管理策略，使学生积极地参与课堂活动，这样，学生的对抗行为会更少，参与水平会更高。

以下内容基于课堂组织维度的三个项目——行为管理、产出性、教学安排，从明确常规内容和纠正违规行为两个方面，提出促进幼儿园常规教育质量提升的策略建议。

（一）明确常规内容

常规教育不同于道德教育，因此，教师不应该把常规教育的结果与儿童的道德品质等同起来，为不适应常规教育的儿童贴上"坏孩子""问题儿童"的标签，甚至在活动中将这些儿童边缘化，这些行为都是不负责任的。把常规教育的结果与儿童的道德品质等同起来，会使儿童紧张、焦虑，不利于儿童健康成长。常规教育不仅仅包括儿童对规则的学习和对纪律的遵守，还涉及儿童的认知、情感、态度、意志力、心理状态等方面的内容，常规教育的最终目的是让儿童建立规则意识。常规教育一般包括以下三个方面的内容：生活和学习规律、行为规则、活动常规。教师应该制订清晰而明确的常规，让儿童知道该做什么，并给予儿童指导。

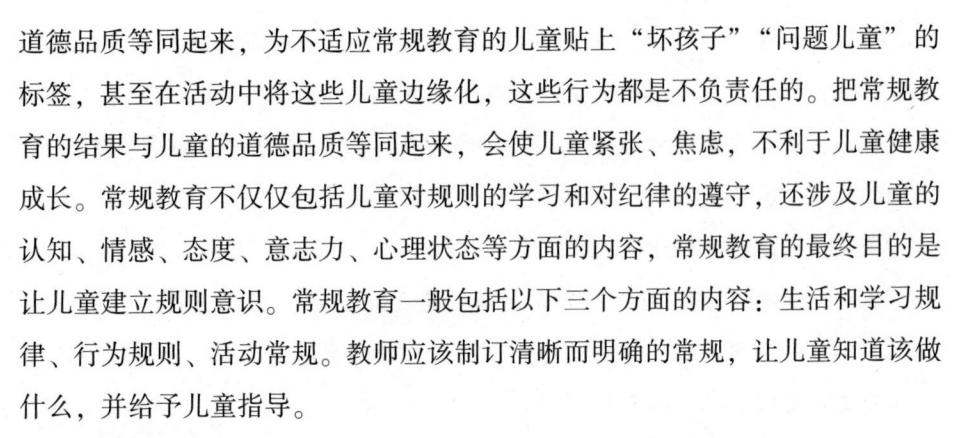

1. 生活和学习规律

对于儿童来说，生活和学习规律指儿童应该在固定的时间做固定的事，例如："8：30吃早饭""9：00进行晨操""9：30参加集体教学活动""10：00喝水、上厕所""10：20参加集体教学活动""11：20吃午饭""12：10午睡"等。幼儿园要根据季节、环境、儿童所在家庭的作息安排等制订合理的作息时间表。教师应按照作息时间表灵活地安排一日活动，并将作息时间表上的内容有效地传达给每个儿童。教师可以采用图表法等儿童喜闻乐见的方式，将作息时间表上的内容制作成图表，让儿童知道应该在什么时间做什么事，帮助儿童遵守生活常规。

2. 行为规则

行为规则指规定儿童可以做哪些事、不可以做哪些事。例如，儿童可以阅读、唱歌、玩游戏、跳舞等，儿童不可以说谎、攻击别人、打架、私自离开幼儿园等。教师应该坚持发展性原则，树立正确的儿童发展理念，并将这种理念落实到实践中，把促进儿童健康发展作为教育工作的核心和原则。在教育过程中全面了解儿童的相关信息，关注儿童的行为，及时纠正儿童的错误行为，促进儿童健康发展。

3. 活动常规

活动常规指儿童参加某个活动或在某个环节的具体规定和要求，例如，排队玩滑梯、在阅读区保持安静、自觉收拾玩具等。教师应该树立正确的儿童发展观，坚持儿童主体地位，充分发挥儿童的主动性和积极性，使儿童通过亲身

第五章 不同环境中师幼互动质量具体提升方式

体验习得活动常规。

儿童习得活动常规的过程是循序渐进的，要经历认识常规、认同常规到维护常规的过程。教师在对儿童进行常规教育时，应遵循逻辑规则和儿童认知发展顺序，充分发挥教育的作用，与家庭合作，形成教育合力，使儿童循序渐进地习得活动常规。

常规教育内容复杂、琐碎，即便是成人都有可能忘记，更何况尚不成熟的儿童。因此，教师应该时刻提醒儿童，帮助儿童明确常规要求。儿童具体形象思维比较发达，因此，教师可以与儿童共同绘制图形、标志、符号等图标，让儿童了解相关活动的常规要求，并按照要求进行活动。

图标具有反复提示的作用，容易让儿童理解和接受常规要求，可以代替教师的言语提示。第一，教师可以利用图标让儿童认识自己的物品，例如，在儿童的毛巾、衣物、书包上写上或缝上自己的名字，在水杯上贴上自己的照片等。教师可以利用图标让儿童知道物品的存放处，例如，在美工区粘贴油画棒、剪刀等图案的贴纸，在益智区粘贴画有几何图形的贴纸等。第二，在培养儿童常规的同时，教师也可以培养儿童的对应、分类能力，利用图标告诉儿童做某件事的流程和要求，例如，在洗手池上方粘贴印有洗手步骤的图片，在餐厅的墙上粘贴印有就餐流程、进餐顺序的图片，在午睡室的墙上粘贴印有午休流程、要求的图片等。第三，教师还可以利用图标帮助儿童明确在各活动区域应遵守的常规要求，例如，在阅读区粘贴印有小朋友做出"嘘"的动作的图片，以此告诉儿童要保持安静；在开水桶前粘贴印有依次排列的小脚印的图片，以此告诉儿童要排队接水；在纸篓上粘贴带有"垃圾入篓"字样的贴纸，以此告诉儿童不要乱扔垃圾。

图标的用法还有很多，教师可以根据实际情况灵活运用，使儿童清楚地知道自己应该做什么、不应该做什么、在不同的活动中应该遵守什么样的规则等。儿童在反复练习、强化的过程中，逐渐将行为规范内化为行为习惯。

（二）纠正违规行为

在活动过程中，教师应该有一双善于发现问题的眼睛。要认真观察，及时发现儿童的违规行为，并采取适当的方法，有效地帮助儿童改正违规行为。

1. 慎用约束手段

儿童的身心发展还不成熟、规则意识不强，因此，适当的约束是儿童适应社会群体生活的基础。但是，常规教育不等同于约束，不顾儿童的天性、贸然采取约束的手段，会阻碍儿童的个性发展。因此，教师应该谨慎地运用约束手段，可以用以下方法代替。

（1）指令法。指令法指教师通过显性语言或音乐训练等方式训练儿童的常规行为的方法，它的理论基础是条件反射理论，即"刺激—反应"。教师可以通过多次强化"指令—常规行为"的联系，让儿童听到指令就知道应该做什么。如果儿童建立起"指令—常规行为"的条件反射，教师就可以节省时间和精力，儿童也能够迅速地适应各种生活状态。

语言指令。教师帮助儿童建立"语言指令—常规行为"的条件反射，让儿童听到指令就做出相应行为。还有一种方法是教师说上半句，儿童接下半句，如表5-1所示。

表5-1　常见的语言指令

教师	儿童
小手背背后	小脚并并齐
小脚丫踏起来	踏起来
小胳膊甩起来	甩起来
谁像解放军？	我像解放军！
请安静！	我安静！
谁来和我做游戏？	我来和你做游戏！
表扬谁呀？	表扬我呀！
请你向我这边看	我就向你这边看
教师	儿童
请你像我这样坐	我就像你这样坐
谁的小手拍得响？	我的小手拍得响！
谁的眼睛最漂亮？	我的眼睛最漂亮！

音乐指令。音乐是儿童熟悉的特殊语言，优美的音乐可以使儿童情绪饱满、愉悦。因此，教师可以用音乐指令代替语言指令，帮助儿童建立"音乐指令—常规行为"的条件反射。教师可以在儿童生活、学习的各个环节播放音乐，可以根据活动的内容和特点选择音乐。儿童在享受音乐、学习音乐的过程中，能够愉快地接受指令，做出相应的行为，形成良好的行为习惯。

案例16：《摇篮曲》真好听

背景：大班，午休时间。在大1班，总有一些小朋友不喜欢睡觉，阳阳就是其中之一。他不肯睡觉，还影响其他小朋友。

教师：阳阳，你怎么不睡觉呀？

阳阳：我不想睡。

教师：你该休息一下了，不然下午会困的。

阳阳依然不睡。

教师没有再管他，放了一首《摇篮曲》。柔美的音乐响起，整个午休室都安静了。过了一会儿，教师发现那几个不喜欢睡觉的小朋友竟然都睡着了。起床后，阳阳找到老师。

阳阳：老师，中午你放的是什么音乐呀？真好听呀！

教师：它叫《摇篮曲》，是一首充满魔力的音乐，听到它，你就乖乖地睡觉了。

阳阳：真的吗？明天我还要听。

此后，教师每到午休时间就播放《摇篮曲》，小朋友们听到它就乖乖地睡觉了。

案例中，教师偶然间发现了《摇篮曲》的魔力，便通过播放《摇篮曲》帮助儿童建立"音乐指令—常规行为"的条件反射，使儿童逐渐遵守常规。

案例17：小朋友们爱上了洗手

背景：在中1班，总有一些小朋友不爱洗手，每次洗手时，要么一直玩水，要么敷衍了事，孙老师很苦恼。王老师让孙老师试试播放《大雨小雨》，孙老师准备尝试一下。

教师：小朋友们，你们记得正确的洗手方法吗？

幼儿：记得（不记得）。

教师：老师再给你们示范一遍，你们可要看仔细哦。老师要施魔法了。

小朋友们听到教师要施魔法，很是兴奋。教师示范正确的洗手方法后，让小朋友们去洗手，同时播放《大雨小雨》。小朋友们听到音乐后很兴奋，很多小朋友跟随音乐的节奏洗起手来。

教师：小朋友们，你们表现得很好，都在认真地洗手，老师的魔法发挥作用了！

幼儿：老师，你刚刚用的是什么魔法呀？

教师：你们有没有发现，今天和之前有些地方不一样？

幼儿：我刚刚听到了好听的音乐。

教师：对了，这就是老师的魔法。只要音乐响起，你们就会认真地完成洗手任务。

教师播放音乐并不断强化，使小朋友听到《大雨小雨》就知道要认真洗手。

案例18：开火车了

背景：晨操时间，教师要求小朋友排队到院子里做操。中2班的队伍一片混乱，队伍不整齐，一些小朋友在打闹……

教师：一二三。

幼儿：排好队。

教师：四五六。

幼儿：看老师。

教师发出简单的语言指令后，小朋友们依然没有排好队。教师想到了一个好主意。

教师：我们来做一个游戏，好不好？

一听到做游戏，小朋友们都安静下来。

教师：今天，我们一起玩开火车的游戏。听到音乐，你们要排成一排，后边的小朋友要将双手搭在前边小朋友的肩上，然后我们开动火车，行进到院子里。

教师播放音乐《火车呜呜叫》，小朋友们跟随音乐做出相应的动作，排好了队伍。

案例中，教师通过播放音乐和强化训练，帮助儿童建立"音乐指令—排队"的条件反射，儿童养成了排队的好习惯。

（2）自然后果法。自然后果法指教师让儿童在违反常规后，亲身体验违反常规的自然后果，从而使他们记住教训的方法。儿童在体验违反常规的自然后果后，能够了解什么是对自己有利的行为、什么是对自己有害的行为，不断积累相关经验。这符合儿童的认知特点，同时，在一定程度上避免了教育者与受教育者的对立。

教师在运用自然后果法时，要注意让儿童了解错误行为与后果的关系，使违反常规的儿童获得正确的知识，理性地看待错误行为，并且学会正确的行为。要注意的是，儿童感受到自然后果且萌发了摆脱自然后果的想法时，才是最佳教育时机。教师要善于把握这个时机，及时引导和鼓励儿童，必要时给予儿童适当的帮助，既要让儿童了解什么是错误的行为，又要让儿童知道应该如何做。

案例19：我不会

背景：小雅5岁了，从来不肯自己系鞋带。教师问她原因，她总是说："我不会。"这天，教师正好有时间，便耐心地与她谈话。

教师：小雅，你已经长大了，完全可以自己系鞋带。

小雅：我不会。

教师：我可以教你呀。

教师教小雅系鞋带，但是小雅根本不学，也不动手。于是，教师决定让小雅穿着没系鞋带的鞋子出去做游戏。结果，小雅摔了好几跤。小雅跑过来找教师。

小雅：老师，你教我系鞋带吧，我刚刚摔了好几跤。

教师：摔疼了吧。来，老师教你系鞋带。

小雅认真地跟老师学习系鞋带。

案例中，教师让小雅体验了不系鞋带的后果——摔跤，小雅知道了系鞋带的重要性，便主动学习系鞋带。教师要求儿童做某件事，如果儿童不知道做这件事的好处，他们自然不愿意做，反复教育常常会引起儿童的反感。自然后果法的优点在于，这种方法能够让儿童亲身体验自然后果，激发儿童遵守常规的内在动力。

案例20：牛牛不"牛"了

背景：牛牛喜欢下棋，但只能赢不能输，经常不按规则下棋，输了就掀棋盘，教师跟他讲道理，他不听。最终，没有人愿意跟他一起下棋。

牛牛：涛涛，咱俩一起下棋吧。

涛涛：我不跟你玩，你总耍赖。

牛牛：小军，咱俩一起下棋吧。

小军：我不跟你玩，你总耍赖。

小朋友们都不愿意跟牛牛玩，牛牛体验到了自己掀棋盘、耍赖的后果，感受到了没有玩伴、备受冷落的孤独和无奈。

牛牛：（牛牛看到其他小朋友高兴地玩耍，央求道）你们跟我玩吧，我以后再也不耍赖了。

教师：（教师看时机已经成熟，教育牛牛道）牛牛，掀棋盘是不对的，我们要按规则下棋，对不对？

牛牛：老师，我知道错了，我再也不耍赖了。

教师：知错就改就是好孩子。

教师：（当着牛牛的面）小朋友们，我们给牛牛一个机会，好不好？

有的小朋友愿意给牛牛一个机会。此后，牛牛再也不耍赖、掀棋盘了。

案例中，牛牛不听教师劝说是因为他没有体验耍赖、掀棋盘的后果，当他体验到耍赖、掀棋盘导致的自己备受冷落的后果时，便自觉地改正自己的错误。

在自然后果法中，儿童受到的惩罚是公正的，儿童不会感到委屈，更不会被激怒。因此，教师运用自然后果法能够达到不教自改的效果。

案例21："有关系"

背景：中班，自由活动时间。小朋友们都在专心致志地完成手头的工作，小峰却不停地跑来跑去，不是抢其他小朋友的积木，就是抢其他小朋友的娃娃，一直干扰其他小朋友。

教师：小峰，在别人进行活动时，我们不应该打扰他们。

小峰安静了约1分钟，又开始捣乱。

教师：小峰，你再乱跑、打扰其他小朋友，我就不允许你在这里玩了。

小峰听到教师的呵斥，安静了一会儿，但是没过多久，又开始抢其他小朋友的东西。教师见制止无果，决定不予理睬。过了一会儿，小峰把尧尧好不容易拿到的一个积木抢走了，尧尧大哭起来。

小峰：我把积木还给你。

尧尧继续哭，生气地将积木扔得远远的。

小峰：（捡回积木，将积木放在尧尧的手里）对不起！

尧尧：有关系！（尧尧大声地回答，把积木扔掉）

小峰一下子不知道如何是好。

教师：小峰，你看，你打扰了尧尧，尧尧很生气。在别人进行活动时，我们是不能打扰他们的。

小峰：老师，我知道错了。

后来，在教师的调解下，尧尧原谅了小峰，小峰也答应教师不再打扰别人。

案例中，教师刚开始严厉地制止小峰，小峰没有亲身体验到破坏规则的后果，没有认识到自己行为的不妥，依旧我行我素。当小峰发现自己的行为导致尧尧对他产生不满、不原谅他时，他便意识到自己的行为对他人产生了消极影响。此时，教师无须讲述太多道理，只需要告诉小峰正确的做法，他就会自觉地改正违规行为，这样就能达到教育的目的。

这里要强调的是，自然后果法不适用于会导致严重伤害、危及生命安全、导致重大财产损失等后果的情况，如玩火、触电等。教师运用自然后果法的目的是让儿童认识到自己的错误并改正错误的行为，不仅仅局限于让儿童口头认错，因为这样不但对儿童成长无益，而且可能使儿童养成阳奉阴违的恶习。

2. 关注儿童的积极行为

在常规教育过程中，惩罚的意义在于，让儿童清楚地认识到哪些行为是被允许的、哪些行为是不被允许的，怎样做是正确的、怎样做是错误的。惩罚的正向效应有两种，一是强化，二是警示。教师对违反常规的儿童实施合理的惩罚，可以使儿童分清是非、善恶，改正违规行为，也可以对那些有违规倾向但尚未违规的儿童提出警示，增强其对常规的认同感，防止违规行为的出现。桑戴克和斯金纳认为，惩罚不能让儿童知道自己应该做什么，因此，惩罚只能在短时间内起到减少违规行为的作用，无法起到强化良好行为的作用。因此，教师应谨慎地实施惩罚，多关注儿童的积极行为，正确地引导儿童。

（1）正强化法。强化分为正强化和负强化。正强化也称作积极强化，指"行为在某种情境或刺激下出现后立即得到一种刺激物，如果这一刺激物能够满足行为者的需要，则以后在类似的情境或刺激下，该行为的出现概率会升高"（昝飞，2012）。在常规教育中，正强化法指为了增加儿童按常规行事的概率，教师在儿童做出符合常规的行为后，适当地对其行为进行强化。教师在运用正强化法时，要注意明确强化目标，时刻清楚自己应该对哪些行为实施正强化，要对符合常规的行为实施正强化，对不符合常规的行为则不应该实施正强化。

案例22：乐乐进步了

背景：乐乐每次上完厕所都不喜欢洗手，王老师怎么劝说都不管用。有一天，王老师发现乐乐上完厕所洗手了，洗得还很认真。

教师：乐乐真爱干净，上完厕所把小手洗得干干净净的。

乐乐听到王老师的表扬后高兴而羞涩。第二天，王老师在所有小朋友面前表扬了乐乐。

教师：乐乐进步了。

此后，王老师一直关注乐乐，发现乐乐每次上完厕所都认真地洗手。

案例中，乐乐的进步被王老师发现了，王老师及时肯定、表扬他，并且持续地关注他，这使乐乐明确了行为方向。

案例23：不该给的糖果

背景：张宇在搭建积木时抢走了其他小朋友的积木，这一举动被周老师发现了，周老师大声地批评了张宇。

教师：张宇，你为什么抢其他小朋友的积木？快把积木还给他，不然不许你在这里玩了。

张宇听到教师的批评，大哭起来。

教师：你哭什么，不要哭了。

张宇依旧没有停止哭泣。教师不知所措，把他拉到身边，无奈地给了他一颗糖果。张宇拿着糖果，停止了哭泣。

案例中，周老师因为张宇抢其他小朋友的积木批评他这一行为本身没有错，但是，教师没有清晰而明确的目标，在批评张宇后给了张宇一颗糖果，强化了不应该强化的错误行为，这样会导致张宇不能分清是非，不知道给糖果是教师因批评他给他的补偿，还是因他抢东西对他的表扬。教师在运用正强化法时，要有清晰而明确的目标，这样才能达到有效地对儿童进行常规教育的目的。

斯金纳认为，按照间隔时间和频次可以将强化分为两大类：第一类是连续式强化（即时强化），即对每一次或每一阶段的正确反应予以强化；第二类是间隔式强化（延缓强化），包括定时距式强化、变时距式强化、定比率式强化和变比率式强化。心理学研究表明，连续式强化（即时强化）比间隔式强化（延缓强化）的效果好，连续式强化（即时强化）有助于儿童正确地理解强化物与行为的关系，可以有效避免因延迟强化而产生的违规行为。

教师在运用正强化法时，要注意不断更换强化物。强化物也称作强化刺激，指"与某反应依适当时间关系呈现，且能维持或增强该反应或刺激-反应联结的刺激"（《教育大辞典》编纂委员会，1990）。如果教师长期使用单一强化物，儿童就会感到厌烦，这个强化物也会失去价值。教师应及时更换强化物，也可以提供多种强化物让儿童挑选。儿童越想得到某种强化物，这个强化物可能越有效。强化物的价值会随着时间、对象的变化而变化，新奇多变的强化物的效果更好。要注意的是，强化物的提供要适量，避免儿童对强化物产生餍足心理。

强化的目的是帮助儿童遵守常规。在儿童多次做出某个符合常规的行为后，教师应逐渐将可见强化物（如糖果）换成鼓励、微笑、拥抱等社会性强化物，以维持儿童的这一行为，让儿童逐渐发现遵守常规的"好处"，将这一行为内化。

（2）消退法。消退法指个体做出某个行为后，其他个体不予任何强化的方法。个体做出曾经被强化的行为，如果这一行为不再有强化物相伴，那么个体做出该行为的概率会降低。教师在常规教育中运用消退法，就是通过对儿童的违规行为不予任何强化，以减少儿童的违规行为。例如，如果儿童为了引起成人关注而经常哭闹、乱发脾气，成人应该坚决不予理睬（不强化），并尽力排除周围人对他的关注，这样，该儿童哭闹、乱发脾气的不良行为因得不到强化就会慢慢消退。

消退法适用于儿童为获得教师关注做出违反常规行为的情况，如说谎、攻击他人、乱发脾气、不午睡、做鬼脸、打小报告等。儿童做出自伤行为（用拳头击墙、撕扯衣服等）和自行满足自身需要的行为（贪食、迷恋电子产品等）时，教师不应该运用消退法。

教师在运用消退法时，应注意避免消退儿童的良好行为。如果在儿童做出良好行为时教师不予理睬，那么这个行为可能会逐渐消失。一个负责任的教师应该充分关注并热情地回应儿童的良好行为，避免消退儿童的良好行为。此外，教师要将消退与强化结合起来，如果能够及时强化儿童的良好行为，那么消退其不良行为的效果会更好。

案例24：消失的"午安"

背景：大班，午睡时间。小朋友们都准备睡觉，有一个小朋友就是不肯上床睡觉，张老师为此闷闷不乐。

瑶瑶：张老师，午安！

张老师没有理睬瑶瑶，头都没抬。瑶瑶傻傻地站在那里，满脸疑惑。

第二天午睡时间到了。

瑶瑶：张老师，午安！

张老师依然没有回应瑶瑶，瑶瑶尴尬地回去睡觉了。

第三天午睡时间到了。

瑶瑶：张老师，午安！

张老师依旧没有回应瑶瑶。此后，瑶瑶没有对张老师说过"午安"。

案例中，瑶瑶的问候行为没有得到及时强化，结果这个良好行为便逐渐消失了。当瑶瑶对教师说"午安"时，如果教师能够及时回应道："瑶瑶午安"，及时对瑶瑶的良好行为进行强化，同时表扬道："瑶瑶真是个懂礼貌的好孩子"，那么瑶瑶会一直保持这个良好行为。

案例25：不再举手的丁丁

背景：中班，课堂教学时间。刘老师提出问题后，丁丁高高地举手并站起来大喊："老师！老师！我知道！我知道！"刘老师没有叫丁丁回答问题，反而批评了丁丁。

教师：丁丁，不要在课堂上大喊大叫。

丁丁很委屈。第二天，刘老师提出问题后，丁丁依然高高地举手并大喊："我知道！"教师再次批评了丁丁。

教师：丁丁，你扰乱课堂秩序，让人讨厌。

丁丁不知所措。在第三天、第四天，教师都不叫丁丁起来回答问题，并且狠狠地批评了他。慢慢地，丁丁再也不举手了。

教师：（私下问丁丁）我怎么看不见你举手了？

丁丁：老师，我再也不想举手了。

教师：为什么？你以前很积极呀。

丁丁：反正老师也不会叫我回答问题，举手也没什么意思，老师讨厌我。

积极举手回答问题是一个值得鼓励的行为，丁丁不应该被冷落，更不应该被打击。针对丁丁的这种行为，教师应该鼓励丁丁积极举手回答问题，再告诉他回答问题的正确方法。这样既可以帮助丁丁明确行为方向，又可以帮助丁丁保持积极回答问题的习惯。

教师在运用消退法时，应注意避免中断消退情况的发生。教师对儿童违反常规的行为不予理睬的动作，一定要持续到儿童停止该行为为止，如果教师中途放弃，反而会强化儿童的违规行为，即教师对儿童做出的不符合常规的行为进行了正强化。例如，某个儿童向教师提出要求，如果教师不满足他的要求，他就在地上躺着或大哭大闹，教师起初不理睬他，但没有坚持，没有等到儿童哭闹结束，就满足了他的要求。以后，这种行为不但不会消失，还会增加，因为教师用奖励的方式强化了儿童做出的不符合常规的行为。

3. 重视身教的作用

身教指教师以自身的实际行动为儿童树立榜样。儿童处于成长期，模仿是其社会性学习的重要方式。其身正，不令而行；其身不正，虽令不从。成人的一言一行、一举一动都是儿童模仿的对象。因此，成人应该以身作则，通过各种途径为儿童树立榜样，把抽象的要求具体化、人格化、形象化。

动人以言者，其感不深；动人以行者，其应必速。在常规教育中，教师应做儿童的榜样。教育家加里宁曾说："一个教师必须好好检查自己，他应该感觉到，他的一举一动都处在最严格的监督下，世界上任何人都没有受到这样严格的监督。"陶行知先生曾说："要学生做的事，教职员躬亲共做；要学生学的知识，教职员躬亲共学；要学生守的规矩，教职员躬亲共守。"

案例26："别说话了"

背景：小班，午睡时间。午睡室里一阵嘈杂。

教师：快睡觉，别说话了！

小朋友们依然没有安静下来。

教师：谁再说话，我就把他送到小小班。

在教师的严厉批评下，小朋友们不敢再说话了。教师见小朋友们都睡着了，就跟同事聊起天来。

案例中，教师要求儿童安静，自己却与同事大声地聊天，这无疑会给儿童做不良示范，教育效果可能为零，甚至会产生负效果。教师应注意自己的言行，动作要轻，保持安静，这样才会打消儿童说话的念头。

案例27：不按正确方法洗手的教师

背景：大班，晨间活动后的如厕、盥洗时间。赵老师按照惯例督促小朋友上厕所、洗手、喝水，反复告诉小朋友正确的洗手方法。

教师：小朋友们，你们要按照正确的方法洗手哦。洗手的时候要卷起袖子，水流不要太大，用香皂多搓洗几下手心、手背，把脏东西冲洗干净……

小朋友们几乎都随着赵老师的口令洗手。小朋友们洗完手陆续离开厕所，赵老师也迅速地打开水龙头，按"正确方法"洗手，然后准备离开。

小米：赵老师，你洗得好快呀，你用香皂了吗？你不是说慢慢洗才能洗掉脏东西吗？你洗手的时候水流好大呀。

教师：(尴尬地笑) 是这样的，小米，老师刚才没有玩大型玩具，手没有那么脏，所以稍微洗一下就好了。你快回去吧，活动要开始了。

小米似懂非懂，在老师的催促下离开了。

赵老师想着刚才自己的做法，越想越觉得不对，觉得这样会给小朋友树立一个坏榜样。所有小朋友都回到座位后，赵老师跟小朋友们说了刚才发生的事情。

教师：小朋友们，老师刚才洗手的时候没用香皂，洗得很快，水流很大。老师这样洗手是不对的，老师要感谢小米小朋友，是她提醒了老师。小米，谢谢你！

小米：(很高兴) 能够承认错误的孩子就是好孩子！

赵老师很惊讶，表情变得很复杂。

案例中，赵老师正确地处理自己的错误，勇敢地在所有小朋友面前承认自己的错误，并且感谢小米提醒自己。赵老师知错就改，为小朋友们树立了榜样。

案例28：白开水真好喝

背景：中班，集体喝水时间。大部分小朋友都能自觉地排队喝水，洋洋却不肯喝水。

教师：洋洋，你怎么不喝水？

洋洋：老师，我不爱喝白开水。

教师：不爱喝也要喝呀，喝白开水对身体好。

无论教师怎么劝，洋洋依然不愿意喝水。教师转变方法，自己拿着水杯接了一大杯水，大口地喝了起来。

教师：真好喝！我从来都没喝过这么好喝的白开水。

看到教师大口喝着水，洋洋也想尝一尝，拿着杯子去接水。教师见洋洋喝水，便表扬了他。

教师：洋洋今天喝水了，洋洋真棒！

听到教师的表扬，洋洋很高兴。此后，每次洋洋喝水，教师都会表扬他。慢慢地，洋洋养成了喜欢喝水的好习惯。

有时候，单纯说教往往起不到效果。教师不妨换一种思路，自己带头实践，这样往往会达到意想不到的效果。

第二节 集体活动环境中师幼互动质量的具体提升方式

集体活动即全体儿童在教师的指导下同时参加同一项活动，通常由教师向全体儿童提出活动要求，引导全体儿童一起活动。儿童在与同伴一起活动时，能够感受到乐趣，这为儿童集体观念的形成奠定了基础，同时，集体活动可以培养儿童遵守纪律的品质和自制力。朱家雄认为，集体活动是"高结构化教学""完全结构化教学"活动，"是教师有目的、有计划开展的，以儿童为主体、教师为主导的双边互动活动"。

集体活动是幼儿园教学的主要形式之一，集体活动质量关系到幼儿园的教育质量。因此，重视集体活动中的师幼互动、在集体活动中提升师幼互动质量已经成为提升集体活动质量的关键。本节从情感支持、课堂组织和教育支持等方面，提出在集体活动中提升师幼互动质量的可行性建议。

一、关爱每个儿童，与儿童平等对话

研究表明，目前我国师幼互动在互动主体上存在重教师话语权、轻师幼平等对话等问题，在互动对象上存在重活跃的"中心人"、轻沉默的"边缘人"等问题。教师是与儿童互动的关键人物，教师的教育观、儿童观，以及教师的言行举止都会对师幼互动产生影响。教师作为成年人，在体型、经验等方面都处于儿童难以达到的水平。因此，教师容易从成人视角来判断儿童对问题的理解和需求，基于已有经验对儿童的行为做反馈，单一、平面地看待儿童丰富、

立体的生活。有些教师时刻维护自己的权威，认为儿童是需要严加管教的、儿童的行为不规范、儿童的话语不可信，因此，以约束儿童为目的，掌控整个师幼互动过程，使儿童丧失了师幼互动中的主体地位。教师应该树立正确的儿童观、教育观，提高自身道德修养，与儿童平等对话，用心关爱每个儿童。

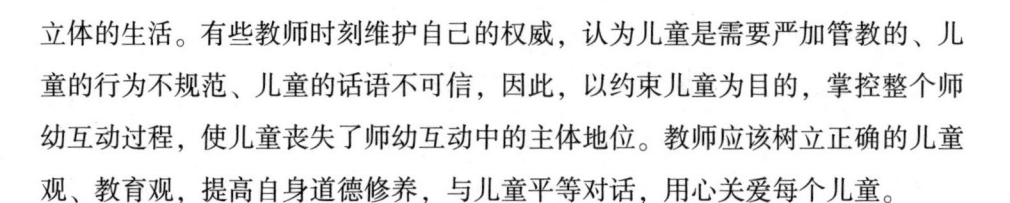

（一）正确地看待儿童，与儿童平等对话

《师说》云："师者，所以传道受业解惑也。"长期以来，教师将自己的角色定位为知识的传授者、儿童行为的管理者。观念是行为的基础，行为在一定程度上体现观念，教师对儿童的看法会影响其行为。因此，教师应树立正确的儿童观，与儿童平等对话。

1. 树立正确的儿童观

儿童是社会的未来，像一粒粒种子，在适宜的环境中主动生长，头永远朝向风吹来的方向。蔡元培先生曾说："教育者，非为已往，非为现在，而专为将来。"蒙台梭利认为，儿童具有与生俱来的生命力，儿童的成长不是随意的，而是由小到大、由简单到复杂，充满着规律。鱼就是鱼，它的生活经验决定了它只能用鱼的思维方式思考问题；儿童就是儿童，他们有自己的思维方式，他们是全面发展的。教育的真谛在于它能使人的生命更有意义，使儿童成为儿童，使人成为人。

儿童是哲学家，教师要关注儿童的"真"问题。马修斯在《哲学与幼童》中提到，儿童的许多"为什么"涉及自然、人类、社会，乃至广袤的宇宙，这常常令经验丰富的成人难以做出合理的解释。儿童对宇宙、人生，以及周围一切事物的困惑、疑问、好奇心都含有探索真理的意味，符合深奥的哲学原理。

儿童是艺术家。毕加索认为，每个儿童都是艺术家，他曾说："学会像一个六岁的孩子一样作画，用了我一生的时间。"严虎在《儿童心理画：孩子的另一种语言》中指出："儿童绘画是指孩子在儿童时期，对外部世界猎奇式的观察下，通过自由想象加工，采用涂鸦或绘画的方式呈现出来的作品。"（严虎，2015）陶行知先生认为，如果成人进入儿童的生活，便会发现儿童有力量，不但有力量，而且有创造力。因此，成人要努力地把儿童的创造力解放出来，让儿童真正成为学习、生活的主人。

虞永平认为，只有树立正确的儿童观和教育观，教师才能真正了解儿童是如何学习的、儿童为什么这样学习。加德纳认为，人类的智能至少可以分为语言智能、逻辑数学智能、空间智能、肢体运作智能、音乐智能、人际交往智能、内省智能、自然观察智能、存在智能。每个人都有自己的优势领域，因此，每个儿童都是独特的。教师应该全面观察儿童，通过解读儿童的言行，了解其内心世界。观察儿童需要技巧，更需要激情和智慧，眼睛并不是观察儿童的唯一感官。因此，教师应根据儿童的个性特征，选择合适的互动方式和互动内容，激发儿童的互动欲望。

在建立正确儿童观的基础上，教师应反思教育方法是否适合儿童。成人急于给儿童制订标准，将正确的方法早早地教给儿童，把成人的思想早早地灌输给儿童，只为让儿童少走弯路，结果，这种方法把儿童限制在固定的框架中。事实上，儿童主要是通过体验来认识世界、获得知识和经验的。因此，在师幼互动过程中，教师应注意发挥儿童的主体性和主动性。

案例29：我们的小汽车

背景：大班。小朋友们对车比较感兴趣，在教师的引导下，他们阅读了大量关于车的书，对车有了一定的了解，他们决定自己动手做一辆小汽车。

幼儿1：用小椅子搭车一点都不容易。

幼儿2：小汽车都是前面有2个位置，后面有3个位置，不是这样一前一后的。

小朋友们把椅子按照前面2把、后面3把的形式放置。车子做好后，5个小朋友坐了进去，讨论着去哪里。

幼儿1：下雨了！快收衣服啊！

幼儿2：下雨了！快开雨刮器！

幼儿1：没有雨刮器啊！也没有挡风玻璃！

幼儿2：走！我们去材料箱里找找，看看有什么东西可以用。

幼儿3：布头好像有用，可以挡在前面！

小朋友们各取所需，拿了积木、纸板等材料。

幼儿2：我们怎么搭呢？

幼儿1：我觉得应该用小椅子，先把椅子搭好。

小朋友们都同意。于是，他们把椅子放好了。可是，布根本撑不起来。小朋友们尝试了很多次，都失败了。

教师：你们不是说要有雨刮器的吗？

幼儿1：对！

教师：那这辆车是不是应该有个顶啊？

幼儿2：是的，我们怎么没想到啊！翔翔，我们去把那个箱子抬来！

后来，游戏进行得很顺利，车上有了雨刮器、挡风玻璃、后视镜、车牌等，小朋友们很兴奋。

幼儿3：怎么没有方向盘啊？

幼儿4：我来画一个！我还要在方向盘旁边画一个空调和一个可以播放音乐的喇叭！

小朋友们画好了这些东西，便开着小汽车上路了。回来后，他们觉得小汽车应该有颜色，教师为他们提供了颜料和刷子。刷好颜色后，他们觉得小汽车应该有牌子，一致决定给小汽车画一个宝马车的标志，可是他们不知道宝马车的标志怎么画。

幼儿5：老师，宝马车的标志怎么画啊？

教师：我不知道呀！你们查查资料吧！

小朋友们查了很多资料，但是没有找到宝马车的标志。教师让其他小朋友把宝马车模型给他们看，他们恍然大悟。

幼儿4和幼儿5：对啊！我们怎么没有想到呢！

他们围在一起画宝马车的标志，一辆完整的小汽车诞生了，小朋友们很有成就感。

案例中，教师没有采用说教式的教育方式，而是让儿童自己探索，并适时地给他们提供帮助。儿童在体验、探索中发现问题、解决问题，不仅体验到创造的乐趣，而且对小汽车的构造有了更加深刻的认识，解决问题的能力和操作能力也得到了提升。

2. 与儿童平等对话

师幼互动的基础是师幼能够平等对话和交流。师幼是平等的，双方应该相互接纳、相互包容、相互倾听，进行心与心的交流、心与心的沟通。

教师应真诚地、平等地对待儿童。蒙台梭利认为，教师与儿童的关系问题是教育的基本问题。《幼儿园教育指导纲要（试行）》指出："教师应成为幼儿学习活动的支持者、合作者、引导者。"教师要从心出发，真诚地对待儿童，包容儿童的错误，坚持"儿童无小事"原则，站在儿童的立场上，从儿童的视角看待问题，走进儿童的世界。教师也应该关注儿童的想法，给他们表达自己的想法、倾诉自己的情感的机会。教师还应为儿童营造轻松、愉悦、开放、自由的环境，让儿童在这种环境中自由交流、互相学习、体验快乐、振奋精神。

案例30：好玩的泡泡

背景：大班，玩水时间。小朋友们都很高兴，有的小朋友在打水仗，有的小朋友在玩泡泡枪。突然，冰冰的泡泡枪发射不出泡泡了，小鹿试了试，发现泡泡水用完了。

冰冰：我们一起制作泡泡水吧！

小朋友们开始制作泡泡水。他们把瓶子里装满水，挤入洗手液，盖上瓶盖，摇动瓶子，泡泡水便做好了。

冰冰：为什么还是不出泡泡呢？

豆豆：我知道，一定是太稀了。

豆豆在水里加了很多洗手液，搅了搅，泡泡枪发射出五颜六色的泡泡，小朋友们玩得可开心了。

教师看到小朋友们用自制的泡泡水做游戏后，决定教小朋友使用量杯。小朋友们在了解量杯用法的基础上，自主制作泡泡水。

冰冰将1刻度的洗洁精、1刻度的洗手液、2刻度的水、1勺洗衣粉混合，制成泡泡水。

静静：资料上说只用洗衣粉和洗洁精就可以。

豆豆：我用的是洗手液和洗衣粉，和你们不一样。

第五章 不同环境中师幼互动质量具体提升方式

泡泡水做好了。

静静：我们有那么多泡泡水，但是我们没有那么多吹泡泡的工具，怎么办？

冰冰：我们一起制作吹泡泡的工具吧！

豆豆：怎么制作啊？

冰冰：美工区有软软的铁丝，我们就用铁丝制作吧。

静静：我见过圆形的、长条形的吹泡泡工具。

豆豆：我要做一个蝴蝶形状的。

小朋友们开始制作自己的工具。但是，豆豆遇到了麻烦。

豆豆：老师，怎么做蝴蝶形状的工具啊？我总做不好。

教师：小朋友们，谁可以帮助豆豆？

冰冰：我有办法，我来帮助你。我们可以在纸上画出蝴蝶，再沿着轮廓将铁丝弄成蝴蝶形状。

在其他小朋友的帮助下，豆豆的蝴蝶形状的吹泡泡工具做好了。

教师：哇！你们制作了新的吹泡泡工具，蝴蝶形状的工具真是太漂亮了！小朋友们，想一想，除了铁丝，我们还可以用什么材料吹泡泡？

涵涵：我在家洗澡的时候用手吹过泡泡（说着表演给大家看）。

晨晨用吸管吹出了很多泡泡。

楠楠：你们看，他吹出了一座泡泡塔。

小宇：（拿了一把剪刀）你们看，用剪刀柄也能吹泡泡。小朋友们找到很多工具，用各种各样的方法吹泡泡，在探索中发现问题、解决问题、体验快乐。

教师：小朋友们通过自己的努力找到了很多新奇的吹泡泡工具，你们都是探索发现小能手！

案例中，教师始终以儿童的支持者、引导者的身份出现，及时给儿童提供材料和知识，让儿童自主探索，调动儿童的积极性和主动性，在儿童取得进步时及时给予鼓励。这才是真正平等的师幼交流，儿童在这个过程中能够自由选择、自主操作。

（二）提高自身修养，用心关爱每个儿童

"立德树人"是教育的目标，在这样的背景下，师德成为衡量教师的重要标准之一，师德在一定程度上会影响师幼互动质量。有些教师依据自己的喜恶与儿童互动，只关注自己喜欢的儿童，与他们互动较多，忽视自己不喜欢的"坏孩子"，否定他们，使他们成为教室里的"边缘人"，久而久之，他们的积极性和主动性会逐渐消退。教师要时刻提醒自己要"为人师表"，养成良好的职业道德，不因儿童的家庭背景、个性特征而对其产生偏见，也不因儿童发展缓慢而忽视儿童的努力，甚至放弃儿童。

教师应该怀着一颗仁爱之心，平等地对待每个儿童，拥有仁爱之心是教师最基本的品质。习近平总书记曾提出："广大教师要做有理想信念、有道德情操、有扎实知识、有仁爱之心的好老师。"在亚里士多德的《尼各马可伦理学》、阿奎那的伦理学思想、亚米契斯的《爱的教育》、博尔诺夫的相遇哲学、诺丁斯的关怀伦理学、霍克斯的关系教育学等理论和思想的影响下，学者将幼儿园教师的仁爱之心划分为三类：第一，慧心，即会爱，用儿童喜欢的、能接受的方式爱他们；第二，良心，即知爱，在进行道德判断时遵从自己的内心；第三，警觉心，即"怀刑自爱"。

普林格尔在《儿童的需要》中，将儿童的需要划分为对爱和安全感的需要、对新体验的需要、对赞扬和认可的需要、对责任感的需要四类。他认为，对爱和安全感的需要是儿童最基本的需要，儿童需要感觉到自己是被他人关心、爱护的，感觉到自己处于一个安全的、有保障的环境中，儿童在被爱、被关注、被尊重的环境中能够积极主动地与教师交流、互动。因此，教师要把整个心灵献给儿童，站在儿童的立场上思考问题、理解儿童，通过肢体接触（如拥抱）和言语交流（如说鼓励儿童的话）拉近师幼之间的距离，为师幼互动奠定情感基础。同时，教师应该对所有儿童一视同仁，给予每个儿童关注和爱，在爱和严格要求的前提下，将儿童看作独立、完整的人，试着走进儿童的世界，为每个儿童提供平等互动的机会，公正地对待每个儿童，充分发展每个儿童的个性。

二、锤炼教育技能，掌握教育智慧

孔凡云（2011）认为，现阶段我国师幼互动在互动内容方面，存在重知

识传授和纪律维护、轻儿童能力发展和情感交流的问题，教师不恰当的角色定位和教育智慧的缺失是造成这些问题的重要因素。师幼互动过程是教师与儿童动态发展的过程，具有不确定性，这就要求教师必须具有较强的敏感性，具备过硬的教学技能，掌握教育智慧。

（一）掌握提问的艺术

陶行知先生曾说："发明千千万，起点是一问。禽兽不如人，过在不会问。智者问得巧，愚者问得笨。人力胜天工，只在每事问。"以教师提问为主要内容的问答式互动，是集体活动中重要的师幼互动方式之一。《礼记·学记》云："善问者如攻坚木，先其易者，后其节目……善待问者如撞钟，叩之以小者则小鸣，叩之以大者则大鸣，待其从容，然后尽其声……"教师的提问智慧会直接影响师幼互动质量，教师在集体活动中锤炼自己的提问技能、掌握提问智慧是提升师幼互动质量的前提。

1. 设计有效的问题

海森堡认为，提出正确的问题往往等于解决了问题的大半。在集体活动中，教师只有掌握提问的智慧、设计有效的问题，才能与儿童进行良好的互动。教师提出的问题应来源于儿童的生活，符合儿童的发展水平和教学目标。有效的问题具有以下几个特征。

（1）启发性。《论语·述而》云："不愤不启，不悱不发。举一隅不以三隅反，则不复也。"在集体活动中，教师设计有启发性的问题，即教师以鼓励儿童思考、参与活动为目的，激发儿童探索欲望，满足儿童的好奇心。例如，在大班科学活动"有趣的电路"中，教师提出问题："是什么让手电筒发光呢？除了电池和灯泡，还有其他东西吗？"

（2）层次性。教师设计有层次的问题，即教师的提问具有逻辑性和条理性。教师提出的问题应是由浅入深的，通过一环紧扣一环、一层递进一层的提问，引导儿童层层剖析、循序渐进地解决问题，让儿童的思维向更深、更广的方向发展。教师的提问要突出教学重点和难点，教师要设计好问题的数量。例如，在中班科学活动"找影子"中，教师提出问题："影子是怎样形成的？小朋友们仔细看一看，墙上有影子吗？现在看一看，墙上有影子吗？刚才墙上没有影子，现在有了，为什么呢？现在看一看，墙上还有影子吗？为什么？"

（3）开放性。教师设计开放性问题，即教师在提出问题后，儿童不是简单地用"是"或"不是""好"或"不好"，或者其他简单的词（或数字）回答问题，而是自由地表达自己的想法。教师要以发散儿童思维、提高儿童想象力和表达能力为目的。例如，在大班语言活动"荷叶姐姐的伞"中，教师提出问题："你们喜欢荷叶吗？为什么？它长得像什么？"

（4）趣味性。教师设计趣味性问题，即教师提问的内容、形式能够使儿童感到愉快、引起儿童的兴趣。这样，儿童才愿意参与到活动中，积极思考、收获成长和快乐。例如，在大班语言活动"转不停的小狗"中，教师请小朋友扮演"小侦探"、听故事，然后提出问题："小侦探们，你们看，小狗在干什么？小狗看着这些旋转的机器，头昏眼花，也跟着转圈圈。大侦探也在看，你们猜猜看，大侦探会怎样做？"

（5）针对性。教师设计有针对性的问题，即教师的提问始终围绕活动目标、活动内容和活动主题，使儿童思路清晰，让儿童愿意思考和回答。例如，在大班语言活动"神奇的树"中，教师将教育目标定为理解童话内容、感受小刺猬对刺猬婆婆的爱、学会关爱老人和长辈。教师提出问题："刺猬婆婆家中发生了什么奇怪的事？小刺猬在春、夏、秋、冬分别扮成什么树？它为什么要扮成树？刺猬婆婆看到这些树会怎么样？看到刺猬婆婆高兴，小刺猬心里有什么感觉？如果刺猬婆婆发现了这个秘密，它会怎么想、怎么做？小刺猬为了实现刺猬婆婆的愿望扮成各种树，小朋友们，你们知道自己的爷爷、奶奶、外公、外婆有什么愿望吗？你能帮助他们实现愿望吗？你为爷爷、奶奶、外公、外婆做过什么？你是怎样关心他们的？"

2. 掌握提问技巧

有技巧的提问方式是教师提出有效问题的基础，也是师幼有效互动的前提。教师要发挥智慧，艺术性地提出问题。

（1）运用不同方式提问。教学有法，但无定法；提问有法，亦无定法。对于不同类型的问题，教师应选择不同的提问方式，包括直接提问、运用反问、适时追问等，避免单一、呆板的提问方式，以提高儿童参与活动的兴趣和积极性。

案例31：会动的身体

背景：中班。为了让儿童了解自己身上能动的部位，感受它们给生活带来的便利，教师以游戏"木头人"为切入点，开展"会动的身体"活动。

教师：老师一直不让你动，你们有什么感受？

幼儿：很难受/不舒服/特别想动……

教师：因为我们是有生命的，所以一直不动就会很不舒服。现在，我们跟着音乐一起动一动。(小朋友们跟着音乐活动身体)现在，你们感觉如何？

幼儿：舒服多了/手脚都灵活了/很开心……

教师：你身上哪些地方会动？它是怎么动的？

幼儿1：我的肚子会动。

教师：苗苗说她的肚子会动，大家看看她的肚子动了没有？

幼儿：动了。

教师：她的肚子是怎么动的呀？

幼儿2：她的肚子一会儿缩进来，一会儿鼓出去。老师，你看，我的肚子也会动。

教师：你们的肚子为什么会一会儿缩进来，一会儿鼓出去呀？

幼儿：因为肚子里有气。

教师：什么时候肚子会动呢？

幼儿：吸气、呼气的时候。

教师：哦，我们的肚子在吸气、呼气的时候会动。小朋友们，你们想一想，在身体里面，还有什么东西会动？你是怎么知道它会动的？

幼儿3：心。

教师：我们叫它什么？

幼儿：心脏。

教师：心脏是怎么动的呢？

幼儿3：一跳一跳的。

教师：你是怎么知道它会动的？

幼儿3：妈妈用手摸到的。

教师：妈妈在哪里摸到的？你可以摸到吗？

幼儿3：在这里，我摸到了。

案例中，教师为儿童创设了问题情境，循循善诱，根据儿童的回答，合理追问。开放式的问题给儿童自由表达的空间，使儿童在互动中有效地将知识与生活经验结合起来。

（2）分层提问。不同儿童的发展水平、知识经验、接受能力和应变能力不同，因此，在师幼互动过程中，教师要针对不同层次的儿童，提出有针对性的问题。教师在提问时要注意难易结合，使基础好的儿童和基础差的儿童都能在回答问题过程中收获信心，要激发儿童参加活动的兴趣和积极性。教师提出的问题是面向教室里的每一个儿童的，教师要让每个儿童都有回答问题、参与互动的机会，接受儿童给出的正确的或错误的答案，根据儿童的回答，灵活地调整提问方式。

案例32：睡觉好舒服

背景：小班儿童刚进入集体生活，教师为了与儿童建立良好的师生关系，帮助儿童形成安全感、提高语言能力，让儿童体验在床上睡觉的舒适感觉，开展了语言活动"睡觉好舒服"。

教师：今天天气很晴朗，太阳公公伸着懒腰，阳光暖暖地照在我们身上。一会儿天就黑了，小朋友们想一想，到了晚上会怎样呢？

幼儿：黑黑的/会开灯/回家了……

教师：小朋友们说得很好，天黑了，我们要回到家里，屋子里很黑，我们要打开灯。除了这些，晚上还会怎样呢？

幼儿：锁门/拉窗帘/很安静……

教师：很好。夜晚的天空是什么样的呢？（教师用手指向天空）

幼儿：天空中有星星和月亮。

教师：是啊，星星和月亮在晚上都出来了。小朋友们认真地看看这幅图片，上面画的是白天还是晚上？

幼儿：晚上。

教师：你们是怎么看出来的？

幼儿：很黑/有月亮和星星……

教师：除了你们说的这些，图片上还有什么呢？

幼儿：还有窗户、窗帘、床、被子……

教师：小朋友们观察得真仔细。在晚上，月亮和星星都出来了，小朋友们都回家了，家里的大床正等着小朋友们陪它一起睡觉。现在，你们想一想，晚上在床上睡觉有什么感觉？

幼儿：很舒服/很温暖/很困……

教师：是啊，我们躺在床上睡觉会觉得很放松、很舒服、很温暖。你们是一个人睡觉还是有谁陪你们睡觉？

幼儿：爸爸/妈妈/爷爷/奶奶/姥姥/姥爷……

教师：图片中的这张床是谁的？

幼儿：不知道/没有人啊……

教师：你们猜猜谁会在这张床上睡觉？

幼儿：爸爸/妈妈/弟弟……

教师：你们这么多人一起说，老师听不清楚，怎么办？

幼儿：举手回答/轮流说……

教师：你们说了这么多可能在这张床上睡觉的人，那么到底谁会来呢？我们看看谁来了！

案例中，教师通过语言和动作引导儿童结合自己的实际经验说出夜晚最显著的特征，能够根据儿童的回答情况，有意识地引导和追问。在教师的引导下，儿童能够仔细观察图片，大胆说出图片的内容。教师引导儿童根据自身睡觉时的感受进行表述，使儿童有话可说，引导儿童运用已有的生活经验猜测故事。此时，教师发现儿童虽然能够积极回应，但无规则意识，课堂出现混乱局面，因此，教师引导儿童讨论发言规则，确保教学活动顺利进行。教师的提问能够满足不同水平儿童的发展需求，这有利于提高儿童的积极性，使儿童积极地参与到互动中来，也有利于良好师生关系的建立和儿童安全感的形成。

（3）学会等待，有效回应。教师提问的目的是引发儿童思考，提高其智慧。因此，教师在提出问题后，应该根据问题的难易程度给儿童留下适当的思考时间，等待儿童在充分思考后回答，之后教师要根据儿童的回答情况有针对性地回应。千篇一律的"你真棒""你再思考一下"简单空泛，没有实质性意义，使儿童得不到有效的回应，参与互动的积极性降低。教师的笑容、赞许的目光、鼓励的话等都会使儿童身心愉悦，积极地参与到互动中来。

案例33：夸夸自己和别人

背景：为了培养儿童的自信心，看到自己和其他人的优缺点，教师设计了语言活动"夸夸自己和别人。"

教师：小朋友们好。今天老师请来了几位动物朋友，我们一起来看看都有谁？（教师依次出示猴子、狗熊、大象、蚂蚁的图片）

幼儿：猴子、狗熊、大象、蚂蚁。

教师：小朋友们最喜欢哪位动物朋友？为什么？

幼儿自由讨论，个别幼儿站起来回答。

幼儿1：我喜欢猴子，因为猴子会爬树。

教师：是的，猴子会爬树，这是猴子的优点。

幼儿2：我喜欢大象，因为大象的鼻子很长。

教师：真棒，你看到了大象鼻子长的优点。

教师：刚才小朋友们都说了自己喜欢的动物朋友，还说出了它们的许多优点。动物也知道自己的优点，我们听一听它们是怎么夸自己的！

教师：故事里小猴子是怎么夸自己的？

幼儿模仿猴子的动作。

教师：那小猴子是怎么取笑狗熊的？

教师：我们每个人都有优点和缺点，夸自己是对的。但是，夸自己的同时一定要看到其他人的优点，不能取笑其他人。

教师：小动物觉得我们说得很有道理，它们也知道这样不对，想改过来。你们帮它们想想该怎么说？我帮小猴子想了一句——我会爬树，我很能干；狗熊力气大，会搬木头，它也很能干！

幼儿自由讨论，个别幼儿站起来回答。

幼儿3：狗熊说："我力气大，会搬木头，我很能干；蚂蚁很勤劳，也很能干。"

教师：很好，狗熊是这样说的呀！瑶瑶，你要帮谁说一句话呢？

瑶瑶：……（瑶瑶半天没有说出来）

教师：瑶瑶不着急，你慢慢想，想一想这些小动物都有什么优点。

瑶瑶：大象说："我的鼻子长，可以吸好多水，我很能干……"

教师：没错，这是大象的优点，其他小动物有什么优点呢？

瑶瑶：猴子会爬树，它也很能干。

教师：瑶瑶真棒，你夸了大象和猴子。蚂蚁会怎么说呢？

案例中，教师面对儿童回答问题时的迟疑，没有催促，而是给予儿童充分的思考时间，并且耐心地提示，使儿童充分思考并表达自己的看法。此外，教师对儿童的回答有针对性地回应，这样能最大限度地发挥提问的作用，促进儿童发展。

（二）反思教学行为，营造积极氛围

1. 反思教学行为

曾子曰："吾日三省吾身：为人谋而不忠乎？与朋友交而不信乎？传不习乎？"自我批评就是自我反思，人如果不自我批评，就不能进步。在充满变化和不确定性因素的师幼互动过程中，教师应该细致观察、随机应变，准确、迅速判断儿童在活动中的状态，善于抓住教育契机，巧妙地处理师幼互动中的问题。同时，教师要及时反思自己的教学行为并积累经验教训。教师要在"预设—实践—反思—再实践—再反思"的循环中不断增长教育智慧，提高师幼互动质量。

案例34：乌龟上天

背景：中班，语言活动。为了培养儿童不怕困难、迎难而上的个性品质，教师设计了"乌龟上天"语言活动，向儿童讲述乌龟上天的故事。

教师：小朋友们好！今天我给大家请来了一位新朋友，它是谁呢？（教师出示小乌龟手偶）

幼儿：小乌龟。

教师：对了，它是一只可爱的小乌龟。你们喜欢小乌龟吗？你们知道小乌龟生活在哪里吗？

幼儿：喜欢。它生活在水里或陆地上。

教师：小朋友真聪明。可是，这只小乌龟在陆地上待腻了。有一天，它萌发了一个很大胆的想法。你们想知道它的想法是什么吗？我们一起在故事里寻找答案吧！

教师：我们来看第一张图片。（教师让幼儿看图片右下角的小黑点数量，小黑点有几个就代表是第几幅图，并且要求幼儿按照顺序看图）

教师：有一天，一只乌龟从洞里爬出来，爬到一座小山上。它爬到小山上干什么了？谁来模仿它的动作？

幼儿模仿乌龟抬头望天的动作。

教师：对了，小乌龟抬头望着天空。它看到了什么？它会想什么？

幼儿自由回答。

幼儿：小鸟/白云。

教师：小乌龟能飞上天吗？为什么呢？

幼儿1：不能，因为它没有翅膀。

幼儿2：能，它可以坐飞机飞上天。

教师：小朋友们有不一样的看法，我们看一看小乌龟是怎样努力飞上天的！小乌龟遇到了谁？

幼儿：小鸭子。

教师：一只小鸭子摇摇摆摆地走了过来，它看到乌龟抬头望天。你们猜它会问乌龟什么问题？谁来说一说？

幼儿：小乌龟，你在看什么/小乌龟，你想家了吗……

教师：小朋友们的想象力真丰富！那么小乌龟会怎样回答呢？它的手指向哪里？

幼儿：天空。小乌龟会说："我想到天上玩，可惜我没有翅膀、不会飞，你能带我去玩吗？"

教师：小鸭子能带小乌龟去天上玩吗？

幼儿：不能。

教师：为什么呢？

幼儿：小鸭子会说："我的身体太重，飞不起来，怎么能带你去天上玩呢？"

教师：你们觉得乌龟听到小鸭子的回答后，心情是怎样的？

幼儿：很失望。

教师：你们觉得我的这位朋友怎么样？

幼儿1：它太勇敢了。

幼儿2：它的胆子真大呀！

幼儿3：它敢想敢干。

乌申斯基认为，无论教育者如何研究教育理论，如果他缺少教育智慧，他都不可能成为一个优秀的教育实践者。案例中，教师愿意站在儿童的立场上思考问题、揣测儿童的心理、了解儿童的想法，及时转变思路，灵活调整教学内容，并且机智地应对、正确地引导，最终实现师幼良性互动。这展现出教师极高的教育智慧。

2. 营造积极氛围

积极的氛围能够有效地带动儿童，容易拉近师幼的距离，从而建构师幼互动的桥梁。

（1）物质环境准备。幼儿园要为儿童提供整洁、安全、符合儿童身心发展水平的物质环境，在此基础上，准备充足、多样的活动材料，合理地为儿童安排座位。儿童思维发展的特点是以具体形象思维为主，操作感知是儿童知识、经验的重要来源，因此，在活动中，教师应为儿童提供丰富、多样的可操作性材料，让儿童在操作中探索发现，从而形成良好的互动氛围。例如，在"好玩的泡泡"活动中，教师为儿童准备了洗手液、洗洁精、洗衣粉、铁丝、吸管、剪刀、量杯等材料，让儿童动手制作泡泡水和吹泡泡的工具，在活动中，儿童不断探索发现，感受活动的乐趣。教师在为儿童安排座位时要注意便于师幼互动，"排排坐"不适合于学前儿童。教师可以将座位布置成"马蹄形"、围成圆圈，或者采用小组形式为儿童安排座位。儿童的座位也要经常变化，避免让儿童长时间坐在同一个位置上，避免让某个儿童成为被遗忘在角落里的"边缘人"。教师要为每个儿童提供平等的互动机会，让每个儿童都有机会参与到互动中来，感受互动的乐趣。

（2）精神环境创设。教师是师幼互动的主导者，因此，教师应主动营造积极的互动氛围。首先，教师可以通过经常与儿童肢体接触（缩短空间上的距离）、参与活动、移情于儿童、与儿童进行社会性对话等方式建立积极的师幼关系。其次，教师可以通过微笑等方式表达积极情感。再次，教师可以通过积极的表达方式与儿童交流。最后，教师可以通过眼神、平静的语调、礼貌性用语等表达对儿童的尊重，从而营造积极的情感氛围。例如，在音乐活动"小雨滴"中，为了让儿童感受小雨滴的心情，教师在活动开始时播放了欢快的音乐，为整个活动奠定了基础。在活动中，教师抑扬顿挫的语调、富有感染力的表情和动作使儿童沉浸在欢快的气氛中。在活动结束后，有的幼儿意犹未尽，还在开心地跳跃。

三、合理运用评价，提高反馈质量

教育评价具有鉴定、激励、诊断、调节、监督、管理、教育等功能，积极的评价有利于调动儿童的积极性、提高儿童的自信心、促进儿童身心健康发展和彰显儿童的个性。20世纪80年代，美国幼儿教育协会提出了发展适宜性教育理论，包括年龄适宜性、个体适宜性和文化适宜性。该理论认为，教育既要满足儿童的个体需求，又要考虑儿童所处的社会环境，教师要帮助儿童努力实现其可能实现的发展目标。发展适宜性教育评价以促进儿童发展为目的，这种评价方式重视过程。在师幼互动中，教师应注意从促进儿童发展的角度评价儿童，设置合理的评价目标，运用正确的评价方式，及时反馈，从而促进儿童全面发展。

（一）为儿童提供支架

在儿童回答教师的问题后，教师的反馈和反应对儿童十分重要。教师的反馈是否有助于儿童学习和理解、是否有助于儿童提高学习兴趣是评价教师反馈质量的标准。因此，教师应为儿童提供支架，通过适当提示、正确引导等方式，帮助儿童学习和理解。

在师幼互动过程中，教师设计并提出问题只是第一步，要让问题发挥作用，还需要教师根据儿童的回答做出适当的评价和回应。每个儿童的发展水平和接受能力都不相同，教师在提出问题后可能会得到不同答案。如果儿童回答正确、符合预设要求，那么教师应该给予儿童赞赏和鼓励；如果儿童不理解问题或回答错误，那么教师不应该放弃教育的机会，更不应该放弃儿童。当儿童不能理解问题或回答错误时，教师应该为儿童提供线索，逐步引导，帮助儿童理解问题和找到正确的答案。

案例35："老师，我不会"

背景：大班，教师组织音乐活动"种太阳"。在教学环节，教师对小朋友进行切分音训练、附点训练和节奏训练，让小朋友感受强弱规律。大多数小朋友都能跟上教师的节奏，娜娜却跟不上节奏，总是出错，她很无助。

娜娜：老师，我不会，我不想学了。

教师：娜娜，不要着急，告诉老师你哪里听不懂。

娜娜：老师，我不会切分音，也不会打拍子，总是跟不上节奏。

教师：这样啊，老师告诉你一个方法，你可以在老师打节奏的时候跟着老师练习，在其他小朋友打节奏的时候看他们是如何做的。这样多练习几遍，你就可以跟上节奏了。

娜娜：好吧。老师，我试一试。

娜娜在教师的指导下，经过反复练习，终于跟上了节奏。

娜娜：老师，我能跟上节奏了。

教师：娜娜，你克服了自己的弱点，你真棒！娜娜开心地笑了。

在师幼互动中，教师对幼儿的引导和帮助很重要。案例中，面对儿童的畏难情绪和求助，教师首先通过鼓励来增强儿童面对困难的勇气，然后告诉儿童解决问题的方法，让儿童独自操作，这有利于培养儿童的主动性和自主性。在儿童克服困难之后，教师及时给予赞扬，这增强了儿童的自信心。

案例36："老师，我坐在哪里呀？"

背景：大班，数学活动。为了让学前儿童掌握5以内的序数、培养学前儿童的服务意识，教师设计了"小熊电影院"活动。小朋友需要根据戏票的颜色和票面上的小圆点找到相应的座位，明明一直找不到座位，显得很无助。

明明：老师，我找不到座位了，我应该坐在哪里呀？

教师：你告诉老师，你手里的戏票是什么颜色。

明明：红色。

教师：那你看看这些小椅子，哪些椅子上有红色的标记呢？

明明：第一排和第二排。

教师：那你数一数你的票上有几个小圆点。

明明：三个。

教师：如果票面上有三个小圆点，那么你应该坐在第几个座位上呢？

明明：第三个。

教师：对了，那你找到自己的座位了吗？

明明：老师，我找到了，我应该坐在这里。

教师：对了，你很棒。

案例中，面对儿童的求助，教师通过不断提问来引导儿童独立思考、寻找解决问题的办法。教师没有包办代替、直接帮助儿童解决问题，这有利于培养儿童的主动性、自主性和解决问题的能力。

（二）形成反馈回路

互动是双向的，因此，师幼互动的过程应该是教师与儿童双向交流的过程。教师能否在儿童不理解问题或回答错误时给予反馈、通过与儿童互动使问题得以解决，能否通过反馈来详细阐述学习任务并帮助儿童解决问题，最终促进儿童的认知发展，是考量师幼互动质量的重要标准。因此，在师幼互动中，教师应坚持与儿童互动，帮助儿童解决问题，促进儿童的认知发展。

案例37：可爱的蜗牛

背景：中班，美术活动。

教师：在美丽的大森林里，生活着许多可爱的蜗牛宝宝，你们看到过吗？

幼儿：见过/没见过。

教师：你们见过的蜗牛是什么样的呢？

幼儿：背上有大大的壳。

教师：你们见过的蜗牛都是这个样子的吗？老师这里有一只不一样的蜗牛

宝宝。(教师出示蜗牛图片)你们看看这只蜗牛宝宝有什么独特的地方。

幼儿：它穿着漂亮的衣服。

教师：这里有一只蜗牛宝宝也想穿上漂亮的衣服，我们请来了谁帮助它？

幼儿：纸绳。

教师：我们怎么把纸绳穿在蜗牛宝宝的身上？需要请谁来帮助它？

幼儿：胶水/双面胶。

教师：对，胶水可以帮助蜗牛宝宝穿上漂亮的衣服。

教师将纸绳贴在蜗牛的身上。

教师：蜗牛宝宝想变得更漂亮，还可以请谁来装扮它？

幼儿：蜡笔。

教师：我们可以用蜡笔给蜗牛宝宝涂上好看的颜色。现在，我们就动手帮助蜗牛宝宝变漂亮吧！

幼儿自由操作，教师观察指导。

案例中，师幼来回互动持续整个活动。教师提出问题，儿童回答问题，教师根据儿童的回答再次提出问题，层层深入，鼓励儿童思考，促进儿童的认知发展。

案例38：节奏训练

背景：中班，音乐活动。在音乐活动"节奏训练"中，教师让儿童欣赏《小兔子》和《乌龟》两段音乐，引导儿童说出这两段音乐分别表现的动物形象。

教师：小朋友们，仔细听这段音乐，你认为这段音乐表现的是什么动物呢？

幼儿：蜗牛/乌龟/老牛。

教师：它们走路的速度是快还是慢呢？

幼儿：它们走路很慢。

教师：蜗牛走路很慢，可是老牛走路慢吗？蜗牛和老牛都不是我们今天要请出的朋友。我们一起看看我们请到的小动物。

另一位教师扮演乌龟，伴随音乐出场。

教师：我们今天邀请的是小乌龟，我们一起来学习小乌龟走路。

有一个小朋友大叫："老牛走路慢，我要学老牛！"

教师：老牛走路比乌龟快很多。小朋友们，我们随着音乐模仿小乌龟的动作。

在这一师幼互动情境中，师幼互动的关注点在于教师的回应和应答。案例中，教师仅关注自己心中的答案——走路慢的是乌龟，对儿童关于蜗牛、老牛走路速度的猜测置之不理，有教师本位思想的倾向。教师应思考"儿童的猜测说明了什么""教师如何做出积极、有效的回应"，应重视和满足儿童的核心需求。

（三）促进儿童思考

我国教育家陈鹤琴说过，儿童就是儿童，他们有自己独特的想法，是独立的生命个体，成人应该尊重儿童的想法，在了解儿童想法的基础上，适时引导，促进儿童思考、探究、发现和解决问题。

1. 让儿童表达自己的想法

当儿童提供错误的答案时，教师要让儿童表达自己的想法，从而帮助儿童找到正确的答案。

案例39："老师，你看我的画"

背景：小班，美术活动。为了让儿童了解树叶的颜色、学会用手指点画的方法，教师设计了美术活动"秋天的树叶"。教师在示范用手指点画后，要求儿童独自操作，为大树妈妈穿上美丽的外衣。大部分儿童使用红色、绿色等鲜艳的颜色，冰冰却画出黑色的树叶，并且兴高采烈地拿给教师看。

冰冰：老师，你看我的画！

教师：冰冰，你为大树妈妈穿上一件什么颜色的衣服？

冰冰：老师，我给大树妈妈穿上一件黑色的衣服。

教师：你为什么选择黑色的衣服呢？

冰冰：因为我看见有些树叶特别脏，是黑色的，快要腐烂了。

教师：这样啊，冰冰观察得真仔细。你能告诉老师你在哪里弄到黑色的颜料吗？

冰冰：老师，我把每种颜色都点在同一个地方，就成黑色了。

教师：冰冰真聪明，可以用现有的颜料形成新的颜料。

冰冰开心地笑了。

在这一师幼互动情境中，师幼互动的关注点在于教师尊重儿童的自主选择权，给儿童表达自己想法的机会，发现儿童的创新点和闪光点。案例中，教师在看到儿童绘制黑色树叶后没有责备儿童，而是让儿童说出这样画的原因，尊重儿童自主选择颜色的权利。此外，教师追问儿童黑色颜料的来历并赞赏儿童，这有利于提高儿童的创造力。

2. 及时追问

教师要通过开放式的问题，促进儿童找到答案或表达自己的想法，这能够帮助儿童深入了解和理解新知识。例如，教师让儿童看天气图标并让儿童回答是"多云"还是"晴天"，在儿童回答"多云"后，教师应追问儿童是如何知道是"多云"的，而不仅仅说"你是正确的"。

案例40：美丽的染纸

背景：小班，美术活动。在美术活动"美丽的染纸"中，大多数小朋友都能按照教师的示范有条不紊地制作染纸，动手能力极强的涛涛却不按照教师的示范，胡乱折纸、染纸……

教师：涛涛，你为什么不按照老师的示范操作？

涛涛：老师，我已经按照你的示范操作过了，这是我做好的染纸。

涛涛把做好的染纸拿给教师。

教师：很好，但是你可以再做一个呀，你怎么能胡乱染纸呢？

涛涛：老师，我不是乱染，我要做足球染纸。

教师：这明明就是乱染的，这哪里是足球，不要再调皮了，按照老师的示范做。

涛涛不情愿地按照教师的要求制作染纸，心情十分糟糕。

在这一师幼互动情境中，师幼互动的关注点在于教师允许儿童表达自己的想法、按照自己的意愿进行活动，给予儿童适当的指导。案例中，教师严格地要求儿童按照自己的示范操作，扼杀了儿童的想象力和创造力。另外，教师不能过分追求整齐划一，教师要给儿童表达自己想法的机会，帮助儿童提高想象力和创造力，因材施教。

（四）提供信息

为了活动的顺利开展、拓展儿童的知识面，教师要为儿童提供额外信息。提供额外信息的方式通常是教师在儿童回答某个问题或完成某个任务后，对这个问题和任务进行解释、延伸或特别反馈。

1. 解释和延伸

教师要通过解释和延伸来加深儿童对某个问题的理解，解释和延伸可能同时出现，对儿童的认知发展至关重要。例如，教师让儿童命名水果，在儿童说出"葡萄干"后，有些教师未能及时反馈；有些教师则会说："你是正确的，葡萄干是晒干的葡萄。"

案例41：区分左右

背景：大班，在科学活动"区分左右"中，教师为了让儿童学会区分左右，在引导儿童知道左手和右手后，追问身体上还有哪些部位可以分左右。

教师：小朋友们想一想，除了手，我们身体上还有哪些部位可以分左右？

幼儿：脚/耳朵……

教师：我们要把话说完整，脚（耳朵）可以分为左脚（左耳）和右脚（右耳）。

幼儿1：头。

教师：那你说一说头怎么分左右呢？

幼儿1：左边和右边。

教师：原来你的想法是这样的呀！头可以分为左边和右边，可以向左转头，也可以向右转头。这个想法不错，老师同意。

幼儿2：凳子。

教师：我说的是身体部位，凳子不属于身体部位，你再好好想一想。

幼儿3：眼睛。

教师：对了，眼睛可以分为？

幼儿3：左眼和右眼。

教师：还有吗？老师提醒你们一下。（教师抖动肩膀）

幼儿4：肩膀。

教师：对，肩膀可以分为左肩和右肩。

在这一师幼互动情境中，师幼互动的关注点在于教师与儿童的问答。但不同于上一个案例，在这一案例中，教师关注儿童的回答，能够针对儿童给出的答案有针对性地回应。即使某个儿童说出"凳子"这一错误答案，教师也能够耐心地解释。在某个儿童说出"头"这一答案时，教师的第一反应不是否认，而是追问儿童头怎么分左右，能够有效地给予儿童积极的情感支持。

2. 有针对性地反馈

在小组活动中，教师要对个别儿童或个别学习内容有针对性地反馈，不能仅仅用"做得好"这样的单一形式反馈。

案例42：唐老鸭减肥

背景：大班，语言活动。为了让儿童体验运动的乐趣、了解适当运动对健康的作用，教师组织了语言活动"唐老鸭减肥"。

教师：今天我们请来了一位神秘的客人，你们猜它是谁？（教师故作神秘）

唐老鸭：嘎嘎，小朋友们好！

教师：是唐老鸭啊！唐老鸭，很久不见，你怎么这么胖了？瞧瞧你这大肚子。

唐老鸭：嘿嘿，我每天吃很多食物，也不运动，结果越来越胖，肚子也越来越大（显示出很不好意思的样子）。

教师：唐老鸭，你这样可不好，肥胖有很多坏处呢！你不信问问小朋友们。谁来告诉唐老鸭，肥胖有哪些坏处？

幼儿1：变胖了不好看。

幼儿2：变胖了容易生病。

教师：变胖了容易生什么病呢？小朋友们知道吗？

幼儿：心脏病/高血压。

教师：对了！因为脂肪在体内大量堆积，所以血管床扩大，血液循环量增加，心脏负担过重，左心室壁会增厚，血压会升高。因此，肥胖容易引起高血压和心脏病。

唐老鸭：我原来身材多好啊，现在我该怎么办啊？

教师：别着急，别着急，小朋友可以帮你想办法！小朋友们，我们开动脑筋帮助唐老鸭减肥吧！可是，有什么办法可以减肥呢？

幼儿：跑步/游泳/跳绳/做操……

教师：小朋友的提议不错，老师觉得做操既方便又简单。现在，我们就和唐老鸭一起做操吧！不过，老师有一个要求：做完以后，小朋友要告诉大家做操时用到了身体的哪个部位，做了什么动作。

教师：我们做操时用到身体的很多部位，小朋友们知道这些部位的名称吗？我们可以用这些部位做哪些动作？

幼儿：手臂，伸展/膝盖，弯一弯/肩膀，耸一耸/头，摇一摇……

教师：啊！小朋友们用到很多身体部位，我们可以将你们说的话编成儿歌。小朋友们和唐老鸭一起听老师朗诵这首健身儿歌。

教师带领儿童念儿歌、表演。

附儿歌：大家来运动，颈部转一转，肩膀耸一耸，手肘抬一抬，手臂来伸展，手腕摇一摇，腰部扭一扭，臀部撅一撅，膝盖弯一弯，小腿踢一踢，脚踝转一转，脚趾动一动，来个大跳跃。大家来运动，身体更健康！

（五）鼓励儿童

儿童是需要肯定和鼓励的。在师幼互动过程中，教师应善于观察，时刻保持敏感性，用发现的眼睛寻找儿童身上的闪光点，应看到并认可儿童的努力和进步，给予儿童肯定和鼓励，正确地运用强化，激发儿童的互动欲望和兴趣，增强儿童的自信心和成就感，使儿童积极主动地参与到互动中来、体验互动的乐趣、在互动中成长。

案例43：夸自己

背景：中班，语言活动。在语言活动"夸自己"中，小朋友围坐一圈，通过击鼓传花的游戏来自我夸奖。大部分小朋友都能很快地说出自己的优点，轮到内向腼腆的小雪时，她站在那里一言不发。

教师：（微笑着看着小雪）小雪，不要着急，想好了再说。

小雪：老师，我不知道说什么，我没有优点……

教师：每个人都有优点，你一定有优点。好好想一想，爸爸、妈妈有没有夸过你？

小雪：老师，我妈妈夸我唱歌好听。

教师：唱歌好听就是你的优点啊！你给大家唱一首歌好不好？

小雪：好吧。

小雪唱了一首《虫儿飞》。

教师：小雪唱得太棒了！我们为她鼓掌！

掌声响起，小雪脸上露出了笑容。

在这一师幼互动情境中，师幼互动的关注点在于教师对儿童的鼓励、关心和引导。案例中，教师首先用语言鼓励儿童，消除儿童的紧张心理。然后引导儿童发现自己的优点，并且让儿童展示自己的优点。之后，教师及时表扬儿童，增强了儿童的自信心。教师应该了解儿童的性格特点，多鼓励儿童，以增强儿童的自信心。

案例44：我的小汽车

背景：中班，美术活动。在美术活动"我的小汽车"中，大部分小朋友都能按照教师的示范，先折出房子，再将房子的下半部分往上折叠，变成小汽车的身体，再将纸剪成圆形，当车轮粘贴在车下，制成小汽车。曼曼是插班生，没有学过折纸房子，所以，她做不成小汽车，显得很无助。

曼曼：老师，我不会制作小汽车。

教师：你不会做什么？

曼曼：我不会折纸房子。

教师：没关系，你不要着急，老师教你折纸房子，好不好？

曼曼：好。

教师耐心地教曼曼折纸房子，曼曼很快就学会了。

教师：曼曼，你会折纸房子了，你真棒！现在，你可以制作漂亮的小汽车了。

曼曼：谢谢老师。

在这一师幼互动情境中，师幼互动的关注点在于教师对儿童的指导和帮助。案例中，教师能够及时了解曼曼的需求并给予指导和帮助，具有敏感性，能够及时发现问题、解决问题。该教师的处理方式能够增强儿童的自信心、兴趣、积极性，提高儿童解决问题的能力。

第三节　餐点活动环境中师幼互动质量的具体提升方式

傅建明认为，儿童的餐点包括早餐、午餐、晚餐和午睡后的点心，幼儿园要根据儿童的身心发展特点，来制定正确的饮食制度，儿童进餐必须定时定量，开饭要准时，进餐间隔时间应为3.5~4小时。餐点活动是幼儿园一日生活中的重要活动，对儿童健康成长、发展具有重要意义。在餐点活动中，教师应营造一个安静、轻松、愉悦的进餐环境，合理组织、认真观察、指导儿童进餐。陶行知先生主张"生活即教育"，这意味着生活决定教育，教育改变生活，两者相辅相成、相互促进、共同发展。教师应充分发挥餐点活动的教育作用，对儿童进行适当教育，以促进儿童发展。

顾荣芳通过分析已有健康行为理论，提出了学前儿童健康行为养成层递假说。该理论认为，学前儿童健康行为按照发展层级由低到高分别为：

（1）经他人帮助表现的健康行为，如儿童在成人照料下完成进餐。

（2）初级水平的健康行为，即经他人提醒表现的健康行为，如教师要求儿童进餐时坐姿端正。

（3）中级水平的健康行为，即通过自我努力表现的健康行为，如儿童在教师的指导下尝试吃不喜欢但有营养的食物。

（4）高级水平的健康行为，即自动化的健康行为，如儿童坐姿端正、能够正确地使用餐具、安静独立地完成进餐。

顾荣芳还提出了培养儿童健康行为的策略：教育者必须选择与儿童健康行为发展目标相匹配、与儿童生活相关、儿童能够接受的教育内容，通过训练儿童的动作和增强儿童对生活的感知，来培养儿童的健康行为。餐点活动的教育目标不同于其他教学活动，其出发点和归宿应在于促进儿童生长发育，在此基础上，培养儿童良好的进餐习惯和意识。本节基于师幼互动，提出餐点活动质量提升的有效建议，为教育者提供理论和实践参考。

一、心灵沟通，以情促教

餐点活动是幼儿园一日生活重要的组成部分，是儿童健康教育的重要组成部分。在餐点活动中，教师应创设积极的环境、与儿童积极交流，这能够消除儿童的心理负担、促进儿童产生情感共鸣、拉近师幼心与心的距离，从而达到意想不到的教育效果。

（一）创设积极环境，消除心理负担

环境是隐性资源，也是重要的教育资源，能在潜移默化中影响儿童的行为。《幼儿园教育指导纲要（试行）》要求："幼儿园应为幼儿提供健康、丰富的生活和活动环境，满足他们多方面发展的需要，使他们在快乐的童年生活中获得有益于身心发展的经验。"因此，教师应创设一个积极、良好的进餐环境（包括物质环境和心理环境），消除儿童的心理负担。

1. 适宜的物质环境

美观、整洁的物质环境能让儿童感到心情愉悦，能增进儿童食欲，促进儿童健康发展。因此，教师应为儿童创设一个进餐时的适宜物质环境。首先，要保证教室空间畅通，用餐设施的摆设要便于儿童操作，以免影响儿童的进餐情绪；其次，要为儿童提供安静、卫生的用餐环境；再次，要通过铺上干净的桌布、摆放屏风、放置漂亮的装饰物、播放音乐等方式美化就餐环境；最后，教师可以在主题墙上写"今天你擦嘴了吗？""饭菜吃干净了吗？"等字样，便于儿童自我记录。

2. 轻松的心理环境

轻松、愉悦的心理环境能够让儿童卸下心理负担，拉近教师与儿童的距离。因此，教师应为儿童创设一个进餐时的轻松心理环境。教师应在餐前组织儿童进行安静的活动，平复儿童的心情，这有利于激发儿童的食欲。教师在进餐前后不要处理事情或批评儿童，例如，有的儿童打了人、做错了事，教师应

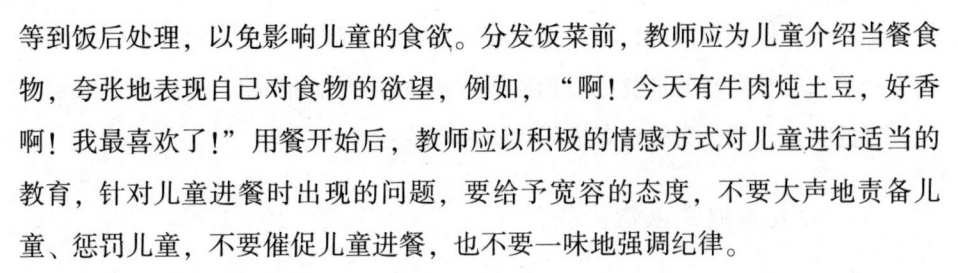

等到饭后处理，以免影响儿童的食欲。分发饭菜前，教师应为儿童介绍当餐食物，夸张地表现自己对食物的欲望，例如，"啊！今天有牛肉炖土豆，好香啊！我最喜欢了！"用餐开始后，教师应以积极的情感方式对儿童进行适当的教育，针对儿童进餐时出现的问题，要给予宽容的态度，不要大声地责备儿童、惩罚儿童，不要催促儿童进餐，也不要一味地强调纪律。

（二）积极交流，产生情感共鸣

在餐点活动中，教师经常与儿童积极交流，针对儿童的进步和良好行为来表扬儿童，在一定程度上能够激发儿童的兴趣和动力，为教育奠定基础。这种积极的交流，包括言语性的情感表露、身体上的互动，以及教师对儿童的关爱和尊重。

1. 言语交流，表达期望

教师经常用语言表扬儿童、温柔地指导儿童进餐有利于儿童养成良好的进餐习惯。

首先，教师要站在儿童的立场上思考，即用"同理心"指导儿童。有些儿童可能因吃饭慢、不喜欢吃某种食物而紧张、焦虑，甚至害怕。教师要站在儿童的立场上思考，让儿童知道教师能够理解他们的感受，这样有利于形成师幼间的信任感，有利于儿童听取教师的建议。

其次，教师要多用第一人称即"我"，来指导儿童进餐，这样可以体现教师对儿童的信任和尊重，让儿童感受到关心，激发儿童的责任感，同时，也能使教师不被儿童排斥。

最后，教师要及时、恰当地对儿童的行为进行正强化。当儿童有明显进步时，教师要及时给予儿童鼓励和表扬。精神性强化不能乱用，教师可以这样告诉儿童："我很高兴，因为你今天细嚼慢咽，这样你就会越来越健康。"教师这样做的目的是让儿童明白，教师是因儿童养成了良好的进餐习惯而表扬儿童，而不是因儿童吃得多、吃得快而表扬儿童，进而逐步引导儿童形成"为自己吃饭，而不是为教师吃饭"的意识。

2. 肢体互动，表露情感

教师要经常用肢体语言表扬儿童，如摸头、竖起大拇指等。肢体互动在某种情况下往往能达到言语交流达不到的效果。当儿童在某一方面有进步时,教师可以给他一个拥抱、对他微笑,这都会促进儿童发展。

案例45:娜娜吃完饭了

背景:中班,午餐时间。小朋友们午餐吃的是萝卜炖牛肉和鲜肉蒸蛋,大家都很喜欢吃。娜娜吃饭很慢,而且也不喜欢吃萝卜。

娜娜:老师,我不想吃萝卜。

教师:萝卜很好吃呀,它可以让你更强壮。你试着尝一口。

娜娜依然不愿意吃萝卜,教师没有强制要求娜娜吃萝卜,而是自己津津有味地吃起萝卜,边吃边说:"萝卜真好吃。"过了一会儿,教师发现娜娜咬了一口萝卜,教师对娜娜竖起了大拇指。娜娜最后把碗里的萝卜和饭都吃完了。

见娜娜吃完饭,教师给娜娜一个大大的拥抱,笑着对娜娜说:"你真棒,你吃了萝卜,饭也吃完了。"

案例中,教师面对娜娜挑食、吃饭慢的问题,在劝说没有作用的情况下,选择主动示范,为娜娜做表率。在娜娜尝试吃自己不愿意吃的食物后,教师为娜娜竖起大拇指。肢体语言的魅力就在于此,与语言相结合,会有意想不到的教育效果。

3. 尊重儿童,关爱个体

儿童的发展受遗传、身体发育状况、家庭环境等因素影响,因此儿童在饮食行为上存在差异。教师应在观察、了解儿童的基础上,尊重儿童的个体差异,用发展的眼光看待儿童,尤其是有特殊需要的儿童。教师应运用多种方法提高儿童的进餐能力、增强儿童进餐的成就感,逐步让儿童独立进餐。

儿童吃饭慢是教师经常遇到的问题,有的教师焦急催促、严厉批评、威胁儿童,有的教师喂儿童吃饭。喂饭容易使儿童养成依赖心理,甚至会使儿童因体验不到自己动手吃饭的满足感而排斥吃饭。批评、威胁儿童容易让儿童产生紧张、焦虑的情绪,不利于激发儿童的食欲。面对吃饭慢的儿童,教师不能催促、批评,也不能喂饭,要让吃饭慢的儿童细嚼慢咽、独立进餐。教师可以先给他们分发饭菜,少盛多取,及时鼓励,让他们有成就感。在儿童吃完饭后,教师要及时给予表扬:"你今天进步了,一会儿就吃完了,再来一碗,好吗?"

教师的表扬可以激发儿童进餐的积极性。

儿童无法独立进餐也是教师经常遇到的问题。在独生子女家庭中，家长有时溺爱儿童，使得儿童没有养成独立吃饭的习惯，进入幼儿园后进餐能力差，对教师的依赖性较强。面对这种情况，教师可以运用多种方法让儿童独立进餐，让儿童体会独立进餐带来的成就感，从而在以后的生活中愿意独立进餐。

有些儿童平时食欲很好，在进餐时突然不愿意吃饭，有的教师在排除身体原因后，严厉地要求儿童必须吃完饭。其实，除了身体原因，情绪也会影响儿童的食欲。面对这种情况，教师应与儿童积极沟通，了解儿童的心理状况。如果儿童不愿意与教师交流，教师应告诉儿童："你能吃多少就吃多少，如果你想和老师聊聊，随时可以来找老师。"这样可以鼓励儿童勇敢地表达自己的想法。

二、敏锐观察，解决问题

在高质量的师幼互动中，教师能够及时、敏锐地发现并满足儿童的情感需要和学习需要。观察是教师了解儿童的重要方法之一，在餐点活动中，教师只有学会观察并记录儿童的进餐情况，才能了解儿童的饮食习惯，及时发现问题、解决问题。

（一）细致观察，了解儿童

在餐点活动中，教师应观察、记录儿童进餐时的情感状况、个性特征和行为表现，重点关注那些存在问题行为或有特殊表现的儿童，并且采取相应的教育措施。教师只有学会观察、记录儿童的进餐情况，发现并有效地满足儿童的需要，才能获得教育儿童的主动权、促进儿童健康发展。

案例46：林林生病了

背景：中班，午餐时间。在吃饭时，一向表现得不错的林林今天有点儿反常，吃得特别慢，还挑食。教师发现后，没有急着批评林林，而是仔细观察了一会儿……

教师：林林，今天的饭不好吃吗？

林林摇头，不说话。

教师：你是不是哪里不舒服？

林林做出难受的表情，却说不出来。教师摸了摸林林的额头，发现有点烫，用体温计测量后发现林林发烧了。教师及时联系了林林的家长，并且把林林送到医院。

案例中，教师基于以往的经验，关注林林的异常表现，及时发现了问题并有效地解决了问题。

案例47：妞妞进步了

背景：中班。妞妞吃饭时一向不专心、喜欢东张西望、吃饭速度也很慢，教师拿她没有办法。晚饭时间，食物是小朋友们爱吃的番茄炒蛋和炒土豆丝，所以小朋友们吃得很开心。教师发现妞妞吃饭时比以前专心多了，吃饭的速度也快了许多，与其他小朋友吃饭所用的时间差不多。

教师：妞妞，你今天真棒！你能够专心吃饭，吃饭的速度也快了不少，与其他小朋友吃饭所用的时间差不多。老师为你的进步感到高兴！

妞妞：老师，今天我饿了，我觉得今天的饭菜特别好吃。

教师：是吗？因为你中午没有专心吃饭，吃得少，在下午活动时消耗了很多能量，所以你才觉得饿了。

妞妞：应该是这样的吧。

教师：你每次吃饭都像刚刚那样专心、吃得饱、不挑食，你才能获得充足的能量，才能长得高。

妞妞：老师，我知道了，我以后会专心吃饭的。

教师：妞妞好样的！

案例中，妞妞的进步被细心的教师发现了，教师及时赞赏和鼓励妞妞，激励妞妞继续努力。这有利于帮助妞妞改正吃饭时东张西望、不专心的坏习惯，促进妞妞健康成长、全面发展。

(二) 发现问题，有效解决

教师的敏感性表现为教师能够预测并及时发现在餐点活动中儿童可能遇到的问题或已经遇到的问题，采取正确、有效的方式帮助儿童解决问题。教师应注意以下几个方面的问题。

1. 预测儿童可能会遇到的问题

在师幼互动中，教师要保持高度的敏感性，有意识地预测儿童可能会遇到的问题。例如，教师在儿童进餐时要求儿童把所有的饭菜都吃完，敏感性高的教师会预测儿童可能会遇到的问题，他会说："我知道你可能不喜欢吃×××，但老师希望你可以尝试你不爱吃的食物，你会发现这些食物没有那么难吃。"或"你的饭量比较小，你可以告诉老师给你少盛点饭。"又如，儿童进餐秩序差，教师会说："我知道大家有好多话想说，但是，我怕你们因为说话而忘记吃饭，因为吃凉的饭菜而肚子疼。"或"如果你们真的有话想对朋友说，可以小声地说，但请一定记得，嘴里有食物的时候不能说话，否则会呛到你的。"

案例48：混乱的进餐环节

背景：中班，午餐时间。上午的活动超时了，没有时间进行餐前安静活动，儿童匆匆忙忙地准备进餐，秩序比较混乱。

幼儿1：老师，我不想吃菠菜。

幼儿2：老师，我吃不完。

幼儿3：老师，他把菜扔桌子下边了。

幼儿4：老师，他抢我勺子。

教师：小朋友们，请安静，不要说话，快吃饭。

小朋友们没有理会教师的话，混乱依然存在。

教师：再说话就不许吃饭！

小朋友们安静了一会儿，过了不久又交谈起来。

教师：毛毛，你把碗端过来，你不许吃了。其他小朋友再说话也不许吃饭了！

小朋友们不敢再说话了，在压抑中吃过了午饭，准备午休……

案例中，教师没有预测到在餐点活动中可能出现的问题。当问题发生时，教师采用的是高压政策，威胁、惩罚儿童，儿童畏惧教师，进而压制自己表达的欲望。这样的方法治标不治本，既不利于良好师幼关系的建立，也不利于儿童健康成长。

2. 了解儿童的情绪

人的情绪、情感会影响人的工作、学习和生活状态。儿童作为独立的、有生命的个体，其情绪、情感也需要被发现和理解。消极的情绪会影响儿童的食欲，进而影响儿童的进餐状况。如果教师忽视儿童的情绪，特别是消极情绪，不能真正地了解儿童的情绪，就不利于良好师幼关系的建立。例如，当教师看到某个儿童不吃饭、挑食时，教师说："我不喜欢挑食、不吃饭的孩子。"这表明教师没有真正了解儿童的情绪，不能从根本上解决问题。教师应仔细观察儿童的情绪、情感变化，找到儿童情绪变化的原因，站在儿童的立场上思考，做一个倾听者和儿童情绪的调节者，帮助儿童解决进餐中遇到的各种问题。

案例49："我不喜欢挑食的孩子"

背景：大班，晚餐时间。小朋友们的晚饭是芹菜炒肉丝，大多数小朋友都津津有味地吃着晚饭，芳芳却不肯吃。

芳芳：老师，我可以不吃晚饭吗？

教师：不可以不吃晚饭，你得好好吃饭。

芳芳：老师，我不想吃芹菜。

教师：你以前不是挺爱吃芹菜的吗？快吃吧。

芳芳：老师，我不想吃芹菜。

教师：老师不喜欢挑食的孩子！快吃饭！把碗里的饭都吃完！

芳芳不情愿地吃完了晚餐，直到家长来接她，她一直很不开心。

案例中，面对儿童挑食、不想吃晚饭，教师没有询问原因，没有做到具体问题具体分析，而是一味地要求儿童必须吃完饭、不许挑食。后来，家长了解到，芳芳之所以不愿意吃晚餐是因为想回家吃蛋糕。如果教师能够注意到这一点，采取合理的方式解决问题，允许芳芳少吃一点饭，就能建立和谐的师幼关系。

3. 有效、及时地提供帮助

敏感性高的教师能有效、及时地给儿童提供帮助，有些教师虽然能发现问题，但是解决问题的方法是无效的。例如，一个儿童说："我不想吃胡萝卜。"

有些教师会要求他必须吃掉、不许挑食，而没有了解他不吃胡萝卜的原因，更没有提供有效的帮助。教师应通过观察、咨询家长等方式，了解儿童产生问题行为的原因，并且采取有效的、有针对性的措施帮助儿童解决问题。

案例50：浩浩可以自己吃饭了

背景：小班的浩浩刚入园不久，他自己不肯吃饭，教师只能喂他。教师觉得这样下去不利于浩浩发展。通过与家长沟通，教师了解到：浩浩是被爷爷、奶奶宠坏了的孩子，每次吃饭必须要家长喂才肯吃。教师了解了原因后，采取了措施，帮助浩浩独立吃饭。经过一段时间，教师的努力初见成效。

教师：浩浩，今天有你爱吃的牛肉，你要自己吃饭啊。

浩浩刚开始没有动手吃饭，见教师不喂他吃饭，其他小朋友吃得可香了，他自己也想吃，便自己吃起来。

教师：浩浩，你可以自己吃饭了，我真为你感到高兴！吃了牛肉，你一定可以长得很壮！

浩浩听到教师的表扬很开心，独自把饭吃完了。此后，在教师的帮助下，浩浩可以独立吃饭了。

案例中，面对儿童不能独立吃饭、需要成人喂饭的情况，教师通过与家长沟通，及时了解儿童不能独立吃饭的原因，采取了有针对性的措施，帮助儿童改正要求喂饭的习惯，让儿童学会必要的就餐技能。

4. 有针对性地提供支持

教师要意识到个体存在差异，有针对性地对儿童提供支持。例如，一个班级中大多数儿童都能以正常的速度进餐，而个别儿童进餐速度比较慢，这时，如果儿童不需要教师帮助，教师不应该催促儿童，因为儿童的发展水平是不同的。又如，一个班级中大多数儿童都能熟练地使用筷子、勺子，个别儿童不会使用筷子、勺子，教师应该有针对性地对这些儿童提供支持和帮助，帮助他们掌握必备的进餐技能。

案例51："我会剥鸡蛋壳了"

背景：小班，早饭时间。教师为小朋友准备了煮鸡蛋，大多数小朋友都能自己剥鸡蛋壳、吃鸡蛋、喝粥，苗苗却没有吃鸡蛋，只喝了粥。

教师：苗苗，你怎么不吃鸡蛋呢？

苗苗：老师，我不想吃鸡蛋。

教师：吃鸡蛋可以给你补充能量，吃鸡蛋才能长得高、长得壮。快吃吧！

苗苗：老师，我不会剥鸡蛋壳。

教师：没关系，老师来教你。先把鸡蛋在桌子上敲几下，鸡蛋壳就破了。然后，我们从破的地方开始剥。对，就是这里，慢慢往下剥。

苗苗把鸡蛋壳剥下来了。

教师：苗苗，你太棒了！你把鸡蛋壳剥下来了！快把鸡蛋吃掉吧！

苗苗很开心，很快就把鸡蛋吃完了。

案例中，儿童因为不会剥鸡蛋壳而不愿意吃鸡蛋。教师发现这一情况，给儿童做示范，教儿童剥鸡蛋壳的方法，使儿童掌握了必要的进餐技能，在进餐中获得成就感，从而使儿童能够独立进餐。

第四节　小组活动环境中师幼互动质量的具体提升方式

小组活动指教师以儿童组成的小集体为单位组织的活动，教师可以根据儿童的认知情况、能力进行分组，有针对性地对每组儿童提供支持和帮助。陈鹤琴主张，教师应当采用小团体式教学方法，他认为，儿童的年龄不同，应当区别对待、分组施教，从而使发展水平不同的儿童都有所长进。意大利瑞吉欧教育同样倡导组织小组活动，即儿童在教师的支持、帮助和引导下，围绕儿童感兴趣的某个话题开展研究和探索活动，在共同研究和探索中发现知识、理解意义、建构认识。瑞吉欧教育的特点是组建小组，每个小组有 2~5 人，教师可以根据儿童的特点和需要安排小组成员。小组活动是幼儿园主要活动之一，如何提高小组活动质量是所有学前教育工作者和研究者必须深入思考的问题。本节基于师幼互动质量的三大观察领域，即情感支持、课堂组织和教育支持，提出小组活动质量提升的有效策略。

一、转换角色，加强交流

在小组活动中，教师的行为会影响小组活动的效果。教师在小组活动中做出的不适宜行为（如在活动中过多干预儿童）会阻碍儿童的探索和交流。教师很少为儿童提供实质性帮助、过分关注形式问答和儿童间无意义的争吵等，都不利于小组活动的有效推进。因此，教师应明确小组活动的目的，合理地定位自己在小组活动中的角色，与儿童建立积极的关系。教师与儿童建立积极关系的方法统称为 STARS，即儿童（S-student）+教师（T-teacher）+和（A-and）+关系（R-relationship）+支持（S-support）（刘畅，2010）。

（一）关注儿童的想法

教师要关注儿童的想法，表现为：教师多鼓励儿童，在活动中展现出灵活性，采纳儿童的建议，让儿童主导活动；教师允许儿童独立选择，给儿童适当的任务；鼓励儿童交流、表达自己的想法。一直以来，由于受到传统观念的影响，教师以知识传授者的角色开展教育工作，教师是活动的主导者，儿童则被动地参与。教师要转变这种观念，把主动权交给儿童，重视儿童发起的互动，以组织者、引导者、合作者的身份参与到儿童发起的小组活动中。

首先，教师应创设轻松、愉悦的互动氛围，激发儿童互动的兴趣，让儿童主动地参与到互动中来；其次，教师应帮助儿童小组讨论，让儿童独立完成任务、解决问题；最后，教师应与儿童交流、沟通，了解儿童的想法，与儿童一起探索。

案例 52：我想吃"肥皂"

背景：在健康活动"营养大家庭"中，小朋友们初步了解了各种食物的营养价值，在食谱制作环节，教师要求小朋友分成五组，制作一天的食谱。

教师：小朋友们，我们健康成长需要"营养大家庭"的帮忙，我们每天吃哪些食物才能保证充足的营养呢？你们可以分成五组，经小组讨论，制作一天的食谱。

在教师的帮助下，小朋友完成分组，开始讨论并制作食谱。

幼儿1：老师，我想吃"肥皂"，为什么这里没有呢？

教师：你说的"肥皂"是什么样子的？

幼儿1：就是一块一块的，白白的。

教师："肥皂"是什么味道的呢？

幼儿1：甜甜的，软软的。

教师：老师知道了，你说的是年糕吧，用糯米制成的年糕软软糯糯的，非常好吃。

幼儿1：是啊！我可喜欢吃了，每次都吃好多呢！

教师：因为年糕是用糯米制成的，不好消化，吃多了会引起胃痛，所以不能吃太多哦！

幼儿1：是这样吗？那我以后少吃点。

教师：这就对了，少吃一点也可以品尝到年糕的美味呀！其他食物也是一样的，不能因为它好吃就一次性吃太多。

幼儿1：我可以在食谱里体现出来。

教师：你觉得应该怎样在食谱中体现呢？

幼儿1：我可以标注每种食物的用量。

教师：非常好，你发现了科学制作食谱的要点。老师非常期待你们组的食谱！

幼儿1：老师，你就等着看吧，我们组的一定是最好的。

教师：那老师可一定要看你们的食谱呢！

幼儿的积极性被激发出来，认真地制作食谱。

案例中，儿童发起了喜欢吃"肥皂"引发的师幼互动。教师通过与儿童交流，知道"肥皂"就是年糕，并将其与活动内容结合起来，激发儿童的兴趣，启发儿童制作科学食谱的要点。这样的师幼互动才是有效的师幼互动。

(二) 鼓励儿童协作

促进教师和儿童全面发展是师幼互动的最终目的。儿童参与小组活动的目的是通过互动与合作，来获得某种情感体验和与人交往的技能，促进情感、兴趣、意志等方面的发展。因此，在师幼互动过程中，教师的关注点应在于儿童各方面能力的发展，鼓励儿童与同伴交往，让儿童在合作和分享中学会与他人交往，在探索中发现问题、分析问题、解决问题，进而提高儿童解决问题的能力。当教师鼓励儿童与同伴协作、分享时，教师的教育理念也在更新和发展。具体而言，在小组活动中，教师可以以合作者、参与者的身份参与到小组活动中来，以身作则，引导儿童合作、分享。例如，在大班科学活动"西瓜皮能发电吗"活动中，教师在明确了活动要求后，加入遇到困难的小组，引导儿童讨论并操作。教师提出："导线是干什么用的？""导线的两端不一样，我们应该怎么做呢？""西瓜皮应该放在哪里呢？""为什么灯泡不亮呢？"等问题，这可以促进儿童发现问题、解决问题，进而探究西瓜皮发电的秘密。

案例53：大家一起来造桥

背景：中班。在小朋友已经了解桥梁的结构和用途后，教师组织了"大家一起来造桥"活动，让小朋友自由分组，小组合作搭建桥梁。

教师：小朋友们，我们已经认识了各种各样的桥梁，也了解了桥梁的结构。那么，我们也来当个小小桥梁设计师，建造自己的桥梁吧。小朋友们自由分组，每组四个人，分好组后，老师会给你们发材料。

小朋友在教师的指导下自由分组。

教师：（为小朋友提供辅助材料）现在，小朋友们可以在组内讨论，搭建自己小组的桥梁。

小朋友动手操作，教师巡回观察，发现一组小朋友在操作过程中遇到了问题，教师参与到该小组的活动中来。

教师：哇！这是一座拱桥，它很漂亮。可是，我觉得它承受不了太重的东西，你们看，风一吹，它就有点儿摇晃了。我们该怎么办呢？

幼儿1：我们可以把它固定一下。

教师：可是，用什么固定呢？

幼儿2：可以用积木呀！

教师：积木要放在哪里才能固定拱桥呢？

幼儿3：放在两端，把纸片固定在里边。

教师：我们可以试一下。

四个小朋友一起放置积木。

教师：现在拱桥牢固不牢固呀？

幼儿1：我们可以试一下。

幼儿4：把这块积木放上去。（往桥上放积木）

教师：呀！桥塌了，看来还是不够牢固。怎么才能让桥更牢固呢？

幼儿2：我知道，把积木放在拱桥下边，做一个支柱。

教师：对了，梁氏桥梁就是这样的。

四个小朋友一起动手，把积木放在拱桥下边。

教师：现在拱桥是不是更牢固了？

幼儿3：我来试一下。（往桥上放几块积木）

教师：哇！果然更牢固了呢！桥没塌。

四个小朋友继续讨论，教师悄悄地退出讨论，继续观察其他小组的情况，适时地参与或提出建议。活动结束后，教师总结支撑物在桥梁建造中的作用，表扬小朋友的创造力。

案例中，教师发现某小组遇到了困难，及时参与到小组活动中来，引导儿童思考、探索和操作，逐步深入，最终帮助儿童自主完成小组任务。在活动过程中，儿童一起操作、合作分享，学会搭建一座牢固的拱桥。同时，教师组织师幼互动的能力也有所提高。

（三）保持高度敏感性

在小组活动中，与结果相比，师幼互动的过程更重要。某个小组任务完成得又快又好并不代表这一小组中的儿童都理解了问题、学会了思考和自主探索。如果教师过分强调师幼互动的结果，那么，即使儿童通过师幼互动完成了任务，师幼互动的质量也是比较低的，儿童和教师的能力并没有得到发展，在一定程度上可以说，这样的师幼互动是没有意义的。因此，在师幼互动过程中，教师要保持高度敏感性，要有问题意识，能够预测儿童可能会遇到的问题；要积极回应儿童、安慰儿童，及时、有效地帮助儿童；要允许儿童在小组活动中表达自己的想法。

案例54：小小蛋糕师

背景：班里有许多小朋友过生日，小朋友都喜欢蛋糕上精美的花纹。为了满足小朋友的好奇心,中班教师设计了"小小蛋糕师"活动,让小朋友体验自己动手制作蛋糕的乐趣。在知道了蛋糕的制作方法后,小朋友开始分组制作蛋糕。

教师:小朋友们,我们已经知道蛋糕怎么做了,现在我们一起做蛋糕吧!请小朋友分成四组,老师会给每组发放制作蛋糕的工具和材料,每个小组制作一个蛋糕。

在教师的帮助下,小朋友完成分组,开始制作蛋糕。教师巡回观察、指导,发现有一组小朋友迟迟没有动手,便加入这一小组。

教师:蛋糕怎么还是原来的样子呀?

幼儿:我们不知道要做什么样的蛋糕。

教师:你们想做什么样的呢?

幼儿1:我想做一朵花。

幼儿2:我想做哆啦A梦。

幼儿3:我想做成小鸭子。

幼儿4:我想做成小公主的样子。

教师:你们都想做成自己想做的样子,可是只能做一个,那怎么办呢?

幼儿1:我的花可以和小公主放在一起!

教师:真是个好主意!小公主在花丛中。

幼儿2:听起来很不错呢,我不做哆啦A梦了。

幼儿3:那我也不做小鸭子了。

教师:有的小朋友为了完成小组任务改变主意了。现在,我们知道要做什么样的蛋糕了,可以动手制作了。

小朋友开始操作。

幼儿1:为什么奶油抹得不平整呢?

幼儿3:我们没有把它弄平整。

幼儿1:怎样才能弄平整呀?

幼儿2:用这个。

幼儿4:要边转边抹奶油吧,我看蛋糕店里的师傅是这样做的。

幼儿3：我也看见过。

幼儿2：我们试一试吧。

几个小朋友准备裱花。

幼儿1：公主的形状应该怎么做呢？

教师：公主由哪些部分组成呢？

幼儿4：圆圆的脑袋，长长的腿，还有王冠。

教师：那我们是不是可以先挤出一个轮廓呢？

幼儿3：对呀，先画出轮廓。

小朋友开始动手操作。

幼儿1：我来画王冠。

幼儿2：我画脑袋。

幼儿3：我画她的身体吧。

幼儿4：我画她的腿。

幼儿1：我的王冠怎么成一团了？

教师：是不是你用太大力了？

幼儿1：我再试试。（尝试第二次，结果一样）

教师：换一个裱花袋试一试。

幼儿2：用我这个。

这次公主的形状出现了。

教师：为什么用他的裱花袋可以，用你的不可以呢？它们有什么不同呢？

幼儿2：他的裱花袋开口太大了，我这个比较小。

教师：你观察得真仔细。现在，我们继续做蛋糕吧。

几个小朋友画出了公主的形状。

教师：只有形状，是不是还少些什么？

幼儿3：眼睛、鼻子、嘴巴、耳朵，还有头发。

幼儿2：还有手，手还没画呢。

幼儿1：那就开始画吧。

小朋友一起完成了接下来的创作。

在教师的帮助下，该小组的蛋糕雏形已经显现出来了，教师看小朋友已经有能力解决问题，便悄悄地退出了该小组的活动，去指导其他小朋友。

案例中，教师以参与者的身份及时参与到小组活动中来，通过提问等方式，启发儿童思考、回忆已有的经验、探索解决问题的方法。儿童在与教师和同伴的互动中学会了分享，解决问题的能力和操作能力也有所提高。教师具有高度敏感性，能够预测、发现儿童在活动过程中遇到的困难，并且适当提供帮助。

二、明确指导目标，有效组织教学

小组活动是一种合作学习活动，而合作学习活动作为一种目标导向型活动，十分注重目标的明晰、具体。（刘畅，2010）小组合作的目的是小组成员通过交流、探索，提高社会交往能力和解决问题的能力，进而实现学习目标。儿童的生活经验、知识经验有限，心理发展还不成熟，因此，认识事物的能力有限，还不能清晰地理解小组活动的目标。教师应通过与儿童互动，为儿童提供隐性或显性的行为和目标指导，使儿童能够很好地与小组成员合作，完成活动任务，实现活动目标。

（一）活动前明确目标、方法和规则

活动开始前，教师首先要基于儿童已有的经验和理解能力，采用儿童能够理解和接受的方式，清晰、明确地告诉儿童活动的具体目标，确保每个儿童都知道要做什么。其次，要告诉儿童怎么做，即方法是什么。最后，要制订明晰的活动规则，制订规则的过程要有儿童参与。教师可以通过提出问题，来引发儿童与教师、同伴交流讨论，在讨论的基础上，形成活动规则，这会使儿童愿意遵守规则。教师还要告诉儿童制订规则的目的不是约束儿童的言语和行为，而是帮助他们更好地完成任务。此外，教师要运用合适的方法，如教师与儿童、儿童与同伴共同讨论规则的重要意义，引导儿童自觉、主动地遵守大家共同制定的活动规则。

案例55：会动的嘴巴

背景：在小朋友知道了嘴巴的构成、嘴巴会因情绪的变化而变成不同的形状、基本掌握嘴巴的画法后，大班教师组织小朋友分组作画。

教师：小朋友们，我们的嘴巴可以变换成不同的形状，我们来画一画嘴巴。小朋友们想一想，我们画嘴巴需要准备什么？

幼儿：画笔/纸……

教师：除了这些，还要准备其他东西吗？

幼儿：模特。

教师：对，我们还需要模特。我就是模特，小朋友们试一试。（教师的嘴巴不停变换形状）

幼儿：画不了。

教师：为什么呢？

幼儿1：我看不清你的嘴巴是什么形状的，它一直在变。

教师：其他小朋友呢？

幼儿2：看不清楚，画不了……

教师：我作为模特应该怎么做呢？

幼儿：保持不动。

教师：对，作为模特就要保持一个动作，不可以乱动。现在，请小朋友自行组队，两人一组，一个做模特，一个做小画家，画嘴巴。记住，模特要保持一个动作，坚持住。

案例中，教师在阐释活动规则时，不是直接告诉儿童不要做什么，而是通过示范，让儿童体会不遵守规则的后果，然后与儿童一起讨论并制定活动规则，这样更容易让儿童遵守活动规则。

（二）活动中适时、适度、合理介入

在小组活动中，教师要保持高度敏感性，及时预测、发现儿童遇到的困难，并且适当地提供帮助。必要时，教师可以介入，通过与儿童互动，帮助儿童解决问题，启发儿童思考。

1. 适时介入

在小组活动中，教师介入活动的时机特别重要。教师应细致地观察儿童，当儿童在活动中遇到困难、偏离活动主题或不知道该怎么办时，教师可以适时介入，给予儿童适当的帮助。但要注意的是，教师介入的目的不是直接帮助儿童解决问题、让儿童尽快完成任务，教师不应该直接干涉、指导儿童，教师要与儿童互动，启发儿童自主探索、解决问题。

2. 掌握介入的尺度

教师介入活动的目的是帮助儿童掌握一定的知识、技能，因此，教师介入小组活动的尺度显得尤为重要。教师介入小组活动后，要能激发并保持儿童的积极性，促进儿童发展，过多的干涉或代劳是不可取的。一般而言，在小组活动刚刚开始时，儿童的知识、经验不足，教师可以提供较多的直接指导。随着活动的深入，儿童的知识、经验逐渐丰富，此时教师不宜给予儿童过多的直接指导。教师在与儿童互动的过程中应提出启发性问题，这能够激发儿童的探索欲望，鼓励儿童自己解决问题。例如，在小组合作初期儿童发生争执时，教师可以给予儿童较多的帮助，以领导者的身份协调解决争执。当争执发生在小组合作中期或后期时，小组成员已经彼此熟悉，有了一定的合作基础，此时，教师不应该再以领导者的身份出现，要作为小组的一员，以合作者的身份介入，间接帮助儿童解决争执，或者让儿童自己解决问题。

3. 运用合理的介入形式

教师介入小组活动的形式也十分重要。在小组活动中，如果大多数儿童对活动规则存在疑惑，那么教师可以适时暂停小组活动，为儿童做示范。教师做示范时可以让儿童参与或与其他教师一起做示范，这样可以更形象地告诉儿童应与他人合作完成任务，进而拉近师幼的距离。如果只是个别儿童遇到了问题，教师能以合作者的身份参与到活动中来，通过提出启发性问题，如："你看这么做会有帮助吗？""这样做怎么样？"从侧面给儿童提供辅助性建议，激发儿童探索、合作的欲望，让儿童自己解决问题，充分发挥儿童的主体性，进而提高儿童的合作能力。

案例56：爬山虎长大了（一）

背景：在小朋友知道，在春天爬山虎的叶子、藤、脚等方面的变化后，大班教师让小朋友尝试用不同的方法记录爬山虎的生长过程。

教师：小朋友们都能说出爬山虎的生长过程，可是有的小朋友还不能完全理解。我们可以想个办法让人一看到就知道爬山虎是怎样生长的，你们说应该怎么办呢？

幼儿：拍照片/画下来/记下来……

教师：把爬山虎生长的过程记下来并画成示意图，这是个好主意。可是我们怎么记录爬山虎的生长过程呢？请小朋友自行分组并与同伴商量，用你们喜欢的方式记录爬山虎的生长过程。

小朋友分组讨论。

教师：今天老师准备了几种材料，有照片、记号笔、胶棒、白纸。请小朋友坐到座位上讨论，然后选出代表与大家分享成果。

小朋友分组讨论。

幼儿1：这个应该是第一个。

幼儿2：不对，这个应该放在第一个。

幼儿3：我这个才是。

幼儿1：我这个是第一个，你的是第二个。

一组小朋友争吵起来，久久没有得出结论，教师适时介入。

教师：我觉得我们可以再仔细观察一下这些照片，它们有什么不同？

幼儿1：我这张照片上的爬山虎叶子还很小，藤蔓也没有那么粗壮。

幼儿2：你们看我的，叶子又大又绿。

幼儿3：我这张照片上的爬山虎叶子刚刚发芽。

教师：爬山虎的叶子是怎样变化的呢？

幼儿：叶子越长越大、越来越绿。

教师：那我们应该把哪张照片放在前边呢？

幼儿：应该是这样排的，刚发芽的在前边，然后叶子慢慢长大、变绿。

小朋友继续记录，教师适时退出。

案例中，教师发现儿童在小组活动中遇到了问题，在儿童久久不能解决问题的情况下，教师以参与者、合作者的身份适时参与到小组活动中，而且教师介入的时间比较合适。教师通过提出问题来引导儿童仔细观察、对比图片，让儿童联系已有的知识经验，明确爬山虎生长变化的过程，从而正确地排序。教师介入的尺度适当，形式合理。

（三）活动后及时总结、评价和反思

在小组活动结束后，教师应对小组活动的情况进行总结和评价，纠正儿童在活动中出现的问题行为，巩固儿童在活动中获得的知识和经验，强化儿童的合作意识，同时，反思自己在活动过程中的不足。首先，教师的总结要让儿童清楚地了解任务完成情况，明确自己的哪些行为是正确的、哪些行为是错误的、哪些行为是需要改正的。其次，教师要给儿童自我表达的机会，鼓励儿童阐述任务完成情况、表达自己的体验和感受。例如，在小组活动结束后，教师可以组织一个交流会，让每个儿童谈谈自己是如何开展活动的、说说自己的优势和不足，然后综合评价每个小组的活动情况，利用口头表扬或物质奖励等方式来强化好的行为。最后，教师要与儿童一起感受合作、分享的乐趣。

案例57：爬山虎长大了（二）

背景：在小朋友分组合作完成记录后，教师让小朋友分享讨论结果。

教师：小朋友们，刚刚每个小组都用自己组喜欢的记录方式，把爬山虎的生长过程记录了下来。接下来，请每个小组派一个代表，说一下你们是用什么方法记录的。

幼儿1：我们组将爬山虎的照片按生长顺序排列起来，粘贴在白纸上。

幼儿2：我们组用数字记录了爬山虎的生长过程，在每张照片下面标上了序号。

幼儿3：我们组是用数字和符号记录的，在每张照片下标注了不同的符号。

教师：每个组的记录方法都很有特色，你们觉得哪种方式更清晰呢？

幼儿1：用照片。

幼儿2：照片下面加上数字。

教师：为什么要加上数字呢？

幼儿2：数字代表先后顺序。

教师：你是说数字1代表爬山虎生长的第一阶段，数字2代表爬山虎生长的第二阶段，对吗？这样标注是更加清晰了呢！

幼儿3：用符号更清晰。

教师：为什么用符号更清晰呢？

幼儿3：只有图片，有时候我们看不出来它们有什么不同。

教师：对呀，有些图片看起来变化不大，如果我们用不同的符号来表示，可以更清晰地区分它们。

教师：每个小组都用独特的方式将爬山虎的生长过程记录了下来。有的小组用数字、符号来记录，这样可以清晰地展现爬山虎的生长过程。我们身边还有很多藤类植物，它们的生长也很有特点。我们一起去找一找，用我们今天学的方法观察、记录，我们会有很多有趣的发现。

案例中，在小组活动结束后，教师不是简单地总结活动结果，而是组织儿童交流活动经验，让儿童发表意见，在此基础上，教师做出总结，巩固儿童在活动中获得的知识和经验。此外，教师鼓励儿童观察、记录其他藤类植物的生长特点，将活动进行了延伸。

三、选择合适语言，提供教育支持

语言是师幼互动的重要载体，影响师幼互动的质量和效果。社会互动理论认为，儿童是通过与成人言语互动获得语言的，因此，与成人进行言语互动对儿童的发展是非常重要的。实践证明，教师、家长与儿童进行正式或非正式的互动能够促进儿童使用和理解语言。在小组活动中，教师应注意以下几个问题。

（一）以协商性语言代替命令性语言

语言是师幼情感交流的重要影响因子，好的沟通能够拉近师幼的距离，有利于建立良好的师幼关系，激发儿童互动的欲望和热情，促进儿童主体性建构和发展。在师幼互动过程中，有些教师会说"那组人少，你去那组吧""把这个东西给老师""把东西放到那里"等，教师用这种"立规矩"式的语言将儿童置于被支配的地位，这不利于师幼的情感交流、激发儿童互动的积极性。在小组活动中，教师应注意自己的语言，以协商性语言代替命令性语言，例如，"这件东西我先帮你保管一会儿，好吗？""那组人太少了，而这组人太多了，我们来商量一下怎么办。"等。要注意的是，协商性语言不是简单地在命令性语言后加上"好吗""可以吗"等词缀。教师只有站在儿童的立场上,调整说话的形式、语气和心态,才能真正地让儿童发挥自主性和主体性,建立良好的师幼关系。

案例58:"我要和毛毛一组"

背景:在"奇妙的滑轮"活动中,教师在演示滑轮玩具的制作方法后,要求小朋友分组制作滑轮玩具。小朋友在分组过程中遇到了问题,毛毛和乐乐已经组队成功,而晨晨也想和毛毛组队。

晨晨:老师,我想和毛毛一组。

教师:可是毛毛已经和乐乐组队了呀。

晨晨:我就是想和毛毛一组。

教师:我们来问一下毛毛的意见吧。毛毛,晨晨也想和你在一组,你想和谁在一组呢?

毛毛:老师,我和谁在一组都可以,是乐乐先过来的,我们就成一组了。

教师:乐乐,你的意见呢?

乐乐:我也想和毛毛一组。

教师:现在,你们两个都想和毛毛一组,但是只能有一个人和毛毛一组,我们来商量一下怎么办吧。

毛毛:你们两个石头剪刀布吧,谁赢了就和我一组。

教师:你们两个觉得这个方法怎么样?

乐乐:可以。

晨晨:行。

教师:既然大家都同意了,我们就这么办。你们来石头剪刀布吧。

两人石头剪刀布,晨晨赢了,顺利地与毛毛组队。

教师:乐乐,现在你要找新的小伙伴了。

乐乐:大家都组队完成了,我该找谁呀?

教师:那边静静还是一个人呢,你愿意和她一起吗?

乐乐:我愿意。

教师:那你就勇敢地邀请静静吧。

乐乐：好。（走到静静面前）静静，我可以和你一组吗？

静静：好呀！

在教师的帮助下，小朋友完成分组，都积极地参与到小组活动中来。

案例中，儿童在分组过程中遇到了问题，两个儿童都想和毛毛一组，教师没有强制要求谁和谁一组，而是问儿童的意见，让儿童商量解决对策。教师使用协商性语言不会给儿童造成心理上的压力，能够使儿童保持积极性，这有利于活动的开展。

（二）多用正向语言，少用负向语言

教师要多使用正向语言，要清晰地告诉儿童应该怎么做，明确地告知儿童的权利和责任，如"大家轮流荡秋千""要一个一个来""要闭上眼睛"等。负向语言是一种命令性语言，如"不能独占秋千""不能争抢""不许碰这个""不能乱跑""不要在马路上玩"等。教师在向儿童陈述规则时应多使用正向语言，这样可以让儿童清楚地知道自己应该做什么，从而更好地发挥规则的作用，使活动的开展更加有序、有效。此外，教师使用正向语言可以提高儿童的合作能力，增强儿童合作、分享的意识。我们可以对比下面这两个指令。

指令一：不要坐下，不要把手放在两边，不要闭着嘴，不要看窗外，不要站着不动。

指令二：站起来，举起双手，张开嘴，看黑板，在屋子里走走。

用负向语言表述的指令非常不清晰，需要儿童花时间去思考。而用正向语言表述的指令十分明确，儿童可以清晰地知道自己应该做什么。因此，在小组活动中，教师在向儿童陈述活动规则的时候，应多用正向语言，明确地告诉儿童可以做什么、应该怎么做，为儿童营造一个轻松愉悦的氛围，这有利于活动的顺利开展和良好师幼关系的建立。

案例59：浮与沉

背景：为了让小朋友了解沉浮现象、学会记录实验结果、增强对科学活动的兴趣，教师组织了"浮与沉"分组实验活动。

教师：小朋友们，老师的魔术袋里装了很多东西，你们猜一猜都有什么？

幼儿：糖果/苹果/石头……

教师：我的魔术袋里没有糖果，里面有石头、木板、泡沫、金属、塑料、玻璃。你们有没有想过，我们把这些东西放进水里会怎么样？

幼儿：泡沫会漂起来，石头会在下边……

教师：是这样的吗？我们一起做个实验，看看你们的猜测准不准。

教师做示范，引导小朋友用记录卡记录。

教师：刚刚是老师在做，你们想不想自己动手试一试啊？下面，请小朋友分组完成物体沉浮实验。小朋友在操作完成后，要仔细观察，看物体是沉下去了还是浮起来了，然后拿铅笔在记录卡上做好记录。

小朋友在教师的帮助下完成分组、进行实验，教师巡回观察指导。

幼儿：老师，杯子里的水溢出来了。

教师：水为什么会溢出来呢？

幼儿：我把石头丢下去就这样了。

教师：你再放一次石头看看。

小朋友又放了一次石头。

教师：放材料的时候要把材料贴近水面，轻轻地将材料放进水中，水才不会溢出来。老师帮你把水加满，你按照我说的方法再试一次。

幼儿：（又试了一次）水真的没有溢出来。

案例中，教师在陈述活动规则和对个别儿童进行指导时，没有用"不能把材料扔到水中""不要不记录"等负向语言，而是用"要把材料贴近水面，轻轻地将材料放进水中"等正向语言，明确地告诉儿童应该做什么，这样儿童的目标才会明确。

(三) 身体语言与口头语言相结合

身体语言指教师在与儿童互动时的动作表现，如注视、微笑、蹲下来与儿童保持在同一高度、拥抱儿童等。在小组活动中，受时间、精力、师幼比等因素影响，教师很难与每个儿童进行一对一交流。因此，教师可以使用身体语言，如保持微笑、注视儿童、与儿童进行眼神交流等，为儿童营造安全、愉悦、平等的心理氛围，激发儿童思考、探索、实践的欲望。在小组活动中，教师综合运用身体语言和口头语言，能够让儿童直观地了解在活动中需要掌握的方法和技能，提高儿童的积极性。教师要适当地运用身体语言，例如，教师邀请儿童与自己一起做示范、让几个儿童共同完成某个操作等，这能使儿童清晰、直观地了解活动的目标、自主开展活动。

案例60：有趣的传声筒

背景：为了让小朋友了解传声筒、知道用空心的管子传声能使声音更清楚、体验合作的乐趣，教师组织科学活动"有趣的传声筒"。

教师：老师带来了一个神秘的玩具，小朋友们猜一猜是什么？

幼儿：小汽车/芭比娃娃/魔法棒……

教师：小朋友们看这是什么？它是什么样的？

幼儿：纸筒，是空心的。

教师：老师请一个小朋友来玩一下这个玩具。

教师找一个小朋友，用纸筒跟他说悄悄话。

教师：你听到我说什么了吗？我说了什么？

幼儿1：听到了，你说"传声筒好神奇"。

教师：小朋友们想不想试一试？请小朋友用纸筒说悄悄话，互相听一听、说一说。

小朋友自由组合，用纸筒传声。

教师：传声筒好神奇呀！我们可以用它传递悄悄话！小朋友想不想试一试呢？

幼儿：想。

教师：现在，我们来玩一个"悄悄话"游戏。老师先给第一个小朋友看一个玩偶，第一个小朋友要小声告诉老师它是什么，然后老师用传声筒告诉第二个小朋友，第二个小朋友再用传声筒告诉第三个小朋友……最后一个小朋友要大声地告诉全班小朋友他听到的答案。老师请两个小朋友和我一起给大家做示范。林林和瑶瑶，你们想和老师一起给大家做示范吗？

林林和瑶瑶：想。

教师：好，现在开始了，小朋友仔细看。

教师、林林、瑶瑶一起做示范。

教师：大家看明白了吗？

幼儿：明白了。

教师：我们开始做游戏吧！我先请五个小朋友来玩，每个小朋友都有机会来玩哦。

案例中，教师邀请儿童做示范，将语言与动作相结合，使儿童清楚地了解活动规则，从而更好地做游戏，这提高了儿童参与活动的积极性，也有利于建立良好的师幼关系、拉近师幼距离。

第六章

师幼互动评价

"师幼互动"的研究一直是近年来国内外儿童教育发展领域研究的重点，师幼之间的互动质量对幼儿发展有着重要的作用，这已经得到了大量研究的证明，成为教育工作者的普遍观念。因此，师幼互动评价也逐渐受到一些研究学者的重视，本章即针对师幼互动评价进行一定的研究与分析。

第一节 师幼互动评价信息的收集

一、明确评价资料收集的目标

按照评价方案所规定的内容，以及评价指标体系中包含的各项指标，评价者应经过慎重的考虑和计划，对各项指标进行深入细致的分析，以此来决定收集评价资料的来源、对象、范围、数量和时间。明确评价资料收集目标的过程，也就是加深对评价指标理解的过程，可以统一材料收集人员的认识，使他们能够较为准确地把握各项评价指标实施的严格程度，使不同人员收集的资料具有可比性。确定目标时必须注意：①收集的资料必须能切实反映事物的主要方面和特征，必要时注意收集具体事例和证据，避免忽略重要的评价信息；②尽可能明确详尽地规定操作定义，使资料项目既切中目的又便于观察记录，避免模棱两可；③根据指标特性，决定采用量化或质的资料方式，能用量化处理的尽量收集数据，并尽可能采用质的说明和数据描述相结合的方式。

二、选择收集评价资料的方式

收集评价资料可采用多种方式。在学前教育评价中常用的方式主要有：观察记录、问卷调查、访问谈话、量表测查、自我报告和文件检阅等。

（一）观察记录

评价者依据指标体系中的各项指标，通过实地观察被评对象在自然状态下的行为表现，来收集评价资料。这种观测方式可在基本不干扰正常教育教学活

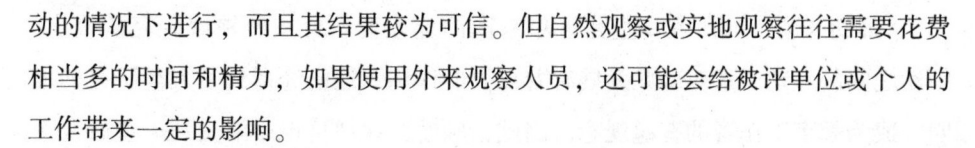

动的情况下进行，而且其结果较为可信。但自然观察或实地观察往往需要花费相当多的时间和精力，如果使用外来观察人员，还可能会给被评单位或个人的工作带来一定的影响。

（二）问卷调查

向评价对象或信息来源者发放调查问卷，要求他们书面回答调查表所提出的问题。这种获取信息的方式效率较高，可同时对许多人提出许多问题，取得多方面的大量信息。应答者在回答前也有充分的考虑时间，可以从容作答。为了提高信息的可靠性，经常采取匿名的方式。因此，这种资料收集方式在了解情况和征求评价意见方面用得比较广泛。

（三）访问谈话

指两个或两个以上的人所进行的面对面谈话，要求访谈对象回答的问题，通常是预先准备好的，但提问者可随意追问感兴趣的回答。因此，访谈具有较大的灵活性，可以根据访谈时的实际需要提出一些原先没有想到的问题，以弄清回答者表述不清的问题或查明某些事实背后的原因。但是，访谈很费时间，效率低，有时提问者的不恰当言行也会影响访谈对象的回答。

（四）量表测查

使用经过精心设计和严格考察的、具有标准化程序的正式测验量表，或具有一定局限性的非正式测量工具，通过测验或测查而获取一定的资料或数据。正式的测验或测查通常用于对儿童发展状况的诊断和筛选，非正式的测验或测查一般用于了解和改进日常的教育教学效果。对学前阶段的幼儿使用的测验或测查需要考虑到幼儿的能力局限和反应特点。全面准确地了解幼儿的发展状况往往不能仅依赖于测验或测查，而需要综合经各种不同的途径和方式收集到的各方面信息，例如，从家长、教师、幼儿同伴等群体处获取的资料；通过对幼儿实际行为观察等收集的各方面的信息，以此来作出全面评估。

（五）自我报告

由被评者对照评价标准及其要求，对本机构、本部门或本人的有关情况，逐条检核后提交的自我评价报告。这种方式经常运用于对学前教育机构或教职员工的评价中。自我报告的使用不仅有助于获取第一手评价资料，而且体现了被评价者参评的权益，还可寻求对问题比较系统全面的资料。但自我评价中可能会出现不够客观或过分扬长避短的现象，评价者应采取一定的措施予以检核与监控，以保证评价资料的可靠性。

（六）文件检阅

根据评价方案的要求和指标系统的内容，对各种传媒方式，包括书面文字或报告、电子文件、机构档案、网络资料、儿童作品、教学方案、教学材料等进行系统全面的检阅，并进行整理和归纳。此方法常用于机构质量与管理、课程教材和人员的评价中。文件检阅方式比较易于操作，但必须在事先做许多必要的计划准备，如根据评价目的和需要来确定资料的来源，选择切实有用的资料范围，并设计好相应的表格以便整理和归纳资料等。除了专门对研究文献的评价外，用于其他评价目的的文件检阅通常需和其他方式结合使用。

各种资料收集方式各有优缺点，选用时必须根据评价的目的和评价的实际情况作出综合性考虑，根据不同资料的特点、被评价者的特点和所要收集的具体内容，采用最合适的收集方式。在评价资料收集中，尽可能将多种资料收集方式结合使用，以便相互补充，提高评价资料的可靠性。此外，收集资料的详细程度，必须根据评价目的及评价资料可利用程度来决定。如果是形成性评价，仅对幼儿的发展水平做非正式评估，那么通过日常观察和测定所提供的评价资料往往就能满足要求。如果是终结性评价，要对幼儿的发展水平作出某种形式的鉴定，就不能仅依据一种测量所提供的数据，而应从多方面收集评价资料后，再据此作出慎重的判断。

三、准备收集评价资料的工具

实施评价前，必须做好相应的准备工作。这些工作包括设计和印制各种表格和问卷、准备相应的材料和工具，以供收集评价资料时使用。

学前教育评价中所涉及的各类表格、工具和问卷多种多样，有用于观察记录的，有作为检核评定的，也有用于意见调查的。有时用于某一方面评价的表格也有好几种。例如，在评价幼儿健康和动作发展水平时用的表格至少有三种：规定评分标准及方法的"幼儿健康和动作发展评估表"；用于记录的每个幼儿各项评定结果的"观察记录表";对已经填好的观察记录表进行整理汇总的"评定结果汇总表"等。这些表格和问卷的选用主要取决于资料收集的目标和方式。在设计表格和问卷时,不仅要考虑如何尽可能广泛地收集评价信息,而且要计划如何处理和分析所收集到的资料,以便充分地利用所获得的评价信息。例如,构成问卷的题目,在选项的形式和计分方式上最好统一,便于在资料整理时,按照统一的标准计算统计值,并归入相应的资料汇总表,从而使各分量表或项目具有可比性,也便于检查和发现问题,及时调整,让这些信息能够最大限度地为评价工作服务。再则,可以鼓励评价者剔除表格或问卷中不必要的项目,增加一些有需要详细了解的问题,以适合评价者的要求。

无论采取何种收集评价资料的方式,所设计或选用的收集资料的工具应当具有尽可能高的效度和信度。效度是指所测得的特征与所要测量的特征之间的一致性;信度是指在多次测量中被测者对工具的反应保持一致的程度,或被测者对工具的不同部分的反应之间具有一致性。[1]

在学前教育评价中,除了使用表格和问卷外,还常常辅以一些材料和工具。这些材料大多用于幼儿发展评价之中,例如,测评幼儿大肌肉动作时,可能需要一个10级以上的楼梯,作为障碍物的易拉罐、哨子;测评幼儿听觉时,需要提供铃鼓、木鱼、大鼓等乐器,或录有哭、笑、汽车叫、动物叫等声音的录音带等。这些材料的使用较为简单,但种类多、数量大,评价前必须认真检查,以免遗漏。对于评价中有可能用到比较复杂的工具,如录音、录像设备,则必须事前学会操作,多加演习,以免临场误事。

四、培训收集评价资料的人员

评价工作人员的选择和评价队伍的形成,应根据评价的目的、资料收集与分析工作的需求而定。评价工作人员必须有明确的职责分工并接受相应的培训。学前教育评价项目的主持人或专职评价人员须经过学前教育专业和教育评价有关课程的学习,并有一定的实际评价工作的经验。学前教育机构的行政管理人员和

---

[1] 王坚红.学前教育评价[M].北京:人民教育出版社,2011.

教职员工等，既可能作为评价对象，也可能作为评价资料的收集者。他们对机构情况和儿童的特征具有一定程度的了解，但在行使评价工作职责之前，有必要经书面的、口头的或其他方式，来接受与特定评价工作有关的培训。

对资料收集人员的培训工作，首先是了解目的，明确任务，统一思想。资料收集人员必须清晰地理解并赞同评价的目的、目标、步骤和方法，在评价过程中自觉地、协调一致地行动。通过培训，要使评价人员深入具体地了解资料收集方法的特点和注意事项，以及如何正确使用评价工具与表格、怎样客观地记录和合理地整理资料等，以便正确地履行资料收集的程序。在培训时，要使教师正确理解评价的意义和作用，摆正评价幼儿发展与评价教师工作之间的关系，认识到对幼儿发展的评价主要是为改进教育过程提供依据。也可辅以一些评价管理上的措施，把"能否客观地评价幼儿发展"作为评价教师工作态度的一项指标，幼儿园将在信任教师的前提下，不定期抽查教师对幼儿的观察与评价记录，看其对幼儿评定的客观性，这将作为评价教师工作质量的依据之一。最后组织教师通过多次试评，在实践中正确地把握每项评价指标的宽严程度，使评价结果趋于客观、正确和可信。

第二节 师幼互动评价的常用模式

一、鉴定性评价模式

（一）鉴定性评价简介

鉴定性评价，是由国家各级主管部门按已定标准，对各级各类学校或机构进行达标鉴定式评价的过程，是对学校或机构进行系统的、较大规模的评价活动。例如，美国幼儿教育协会每年接受各地学前教育机构申请，并按一整套预定的标准和程序进行鉴定性评价，为合格者颁发证书。

鉴定性评价的主要目的在于对照标准，对课程或机构作出评判，找出不足之处。此类评价比较强调对与教育过程有关的各个环节、教学内容与资源提供等加以全面的评价。评价通常由一组专家对照标准作出判断，一般而言，标准是指满足合格机构的功能运转所应达到的最起码的水平（如教职员工的专业训练资历、图书资料的数量、师生比率等），标准应时常更新修正。

鉴定性评价通常需要周期性进行，如每4~7年进行一次。

（二）鉴定性评价的过程与步骤

机构或课程进行自我评价。被评机构或课程在内部开展自评，学习与对照评价部门颁布的标准与细则，对达到标准的情况作出自我鉴定。这些标准往往涉及教育观念、教育目标、课程特点、儿童的活动安排、教职员工情况、行政管理、督导机制、设备设置、宣传工具、服务项目等。

由专家组成现场考察组，根据标准考察被评价对象自身评价的结果，观察机构运行实况，访谈领导班子、教职员工、儿童家长或其他有关人员，实地参观设备与资料等。现场访察后写出书面报告，如果认为被评单位有重要缺陷，则不予合格鉴定，督促其在一定的时限内对不足方面进行调整或改进。在一定时限内，该单位经再次自身评价，认为已有资格重新受评，则重复本步骤，直至获得合格鉴定。

该模式在学前教育评价的运用中，有时还借助社会其他部门对学前教育机构进行评价，如美国各州一般均要求在幼儿教育机构开办之前，一定要先申请"社会服务部"的鉴定性评价，由当地消防部门负责监测机构的防火设置，由卫生部门负责鉴定卫生设施、厨房区域等，由教育资格鉴定部门负责考察教职员工的资格、房舍空间、玩具设备等。任何学前教育机构在未获得以上三个部门鉴定之前均不准开业。甚至家庭开办日托（收6岁以下儿童）也必须获得类似合格证书才能开办。

（三）鉴定性评价模式的优点

（1）要求被评价单位先行自我评价，可以激励机构的自身完善。

（2）评价标准一般能够顺利地得到贯彻和操作。

（3）现场考察与书面评价报告的间隔时间相对较短。

（4）可对多方面情况加以考察和评价。

（四）鉴定性评价模式的局限

（1）用于专家评判的标准与机构实际工作效果之间缺乏必然的联系，即评价强调对教育过程的鉴定，而相对忽视了对教育效果（如儿童发展情况）作出评价。

（2）评价过程与结果难以重复验证。如由另一个现场考察组再独立进行一次评价，结论是否能与前一次相同？考察组成员之间的能力、资格、观点是否一致？如果这些问题不能得到满意的答复，可能影响评价结论的有效性。

（3）评价标准只是针对最低水平而言，因此有可能使机构忽视对自身的高标准和严格要求。

二、目标获得性评价模式

（一）目标获得性评价模式简介

目标获得性评价模式的倡导人泰勒（Ralph W. Tyler）是近代教育评价的主要创始人。20世纪30年代，他主持了著名的"八年研究"，和他的同事们一起设计并实施了关于进步主义教育和传统教育课程的评价方案。泰勒认为，考察儿童的学习和发展是评价课程效益和教师工作的最直接、最有效的手段。他主张针对课程的目标，采用标准参照测量来测查儿童的学习和发展结果，并强调针对不同儿童个体的发展，注重比较其起点水平和教育后水平之间的差距，而不是注重将之与所有其他儿童相比较。根据泰勒的课程理论和评价思想，在课程设计中最重要的工作是建立教育目标，课程成功与否取决于这些目标是否达成。因而，评价也就需要以目标为出发点收集资料，判断实际教育活动达到目标的程度，以确定课程的有效性（Tyler, 1949）。

目标获得性评价模式强调明确地阐述行为目标，并对这些目标加以系统测量，可见它强调对教育效果的考察，与鉴定性模式形成鲜明对照。用该模式进行的比较是在预定目标（或标准）与结果之间的比较，而不是与其他课程作比较。该模式的创始人泰勒较为强调对课程各单元或总体学习结果的测量评价，但其后的其他倡导者则强调教育改革中更广泛的目的获得，主张对课程结构的各个层面（教学、机构、行为等）加以评价和分析，而且在确定目标获得程度以后，还应有一个反馈过程，即根据评价结果考察和改善目标的适宜程度，产生新的目标。通过信息反馈，促进实际工作尽可能地逼近目标，促进教育改革。

（二）目标获得性评价的过程

用目标获得性评价模式进行课程评价时，必须把课程（或课程体系中各个单元或各主题）的目标具体化、明确化，以"行为术语"来界定之。也就是说，要规定具体的行为指标来反映课程（或单元、主题）目标。然后，寻找能显示这些目标达成程度的情境，或选择足以说明目标达到程度的具体行为标志项目，进行测量，收集资料，继而将收集到的资料与行为目标加以比较，以确定目标达成的程度如何。

以下举一简例说明目标获得性评价的具体步骤。

小班《我爱我的家》主题教育评价

第一步：阐述主题目标并将目标分类。此例目标分为：

（1）使幼儿了解家庭的大致结构，认识自己所生活的温暖的家。

（2）引导幼儿体验长辈对自己的关爱，增进对长辈的感情，学习感受和表达爱的情感。

（3）认识自己在家庭中的平等、独立地位，学习自我管理和自我控制。

（4）接触基本社交技巧，学做小主人和小客人。

第二步：将目标按行为定义，即将目标转变为可观察或测量的行为指标。

例如：以上主题的目标2的行为指标是：主动向家人问好与告别；知道别人在关心自己并能举例说明；知道父母下班回家后干些什么；帮助、参与、模仿家人做家务；家里有人休息、工作或学习时不吵闹；吃东西不能专挑大的、好的。

第三步：选取评估这些目标的合适手段与情境。

例如：根据上例主题的特色，采取家长问卷法，通过测查幼儿上述行为发展情况与水平，来评估该主题的价值。如上述行为指标例子便是该问卷中第4、6、7、8、11、12题的题目内容。

第四步：制定或选择测量工具。

如：本例的问卷共有21题，每题均提供三种答案（如"经常、有时、从不"），根据与教育目标相符合的程度，分别评为+1, 0, -1分。总分最高21分。

第五步：收集资料。

本例的做法是：在主题活动开始之前召开家长会，说明教育目的和目标，并请家长根据孩子的当时情况填写一份行为问卷。主题活动结束后，再请家长填写相同的问卷。此外，每个幼儿的家长，都以书信形式详细汇报幼儿的有关行为变化。

第六步：将收集到的资料与行为目标比较。本例对主题实施前后的两次测查得分进行差异显著性检验。主要的结果如下：

（1）全班平均总分显著提高，说明该主题教育目标达到，且主题的设计和实施也具可行性。

（2）每个幼儿的得分及家长汇报情况提示，大多数幼儿有较大进步，说明主题教育活动具有效益性。

（3）两次全班得分情况分布中，标准差缩小，说明幼儿之间的差异减小，意味着通过有效的教育可一定程度地弥补幼儿的个性缺陷，补偿家庭环境或其他因素造成的困难，提示该主题活动的必要性。

第七步：获取改革或调整启示。

上例评价结果显示，该主题4个目标的达成程度有差异。其中目标2、3行为进步最显著，说明在小班阶段进行这些目标能力的培养是卓有成效的，与其相应的课程设计是有价值的。而目标1教育前后水平无甚变化，水平均较好。这说明幼儿对此已有较好的发展，无须花太多的精力进行教育。至于目标4的变化不大，则可能是由于幼儿社交能力差异程度较大，而在小班阶段又不可能在短期内有显著发展所致，故可考虑予以适当调整，继续作为中、大班培养目标。

该模式在学前教育领域已被许多人运用。人们较多地从课程设计的角度，而不是从评价本身的角度来考虑选用这一评价模式。例如，美国的"开端教育"和"跟进计划"课程的评价便显然采纳了目标获得性模式。我国目前也有学者正在从事此类评价研究。此模式注重行为目标的特点，对学前教育实践具有一定的推动意义。有些幼儿教育工作者对儿童发展结果的评价不够重视，也有些人对制定详细、可观测的行为目标尚不够理解，故对目标的制定缺乏系统性、科学层次性或代表性。例如，仅对某教材中的某些内容加以测定，仅注意完成教材指定的内容等。采取目标获得性模式进行评价，可促使教育者深入学习与掌握儿童发展的目标,从而可在清醒的认识引导下,指导与改进教育实际工作。

(三) 目标获得性评价模式的优点

(1) 将评价视角集中于清晰的行为目标,并用前测决定儿童发展水平基线,用后测考察教育的效益,所获资料可供课程决策人员制订计划时参考,有助于促进教育教学的效果。

(2) 能系统地考察既定目标与儿童实际发展之间的一致性,与系统分析法较为接近,且结构紧凑,故长期以来在教育评价中占有重要地位。

(3) 具有详细、具体的测量标准,因而相对易于对目标达成程度作出评价。

(4) 教育者在评价过程中起关键作用。例如,在使目标具体化与实施测量时,均以教师为主要成员。

(四) 目标获得性评价模式的局限

(1) 强调行为目标(教育结果),而相对忽视了教育过程或前提条件,不能直接评价教育过程以及任何并非与行为目标直接关联的现象或方面。

(2) 鉴于教育活动本身固有的迟效性,许多教育结果需在教育后相当长的一段时间方可显现。因此,评价中有时难以及时地获取关于教育效果的信息。

(3) 有些行为目标所标志的行为是难以直接地、轻易地或符合道德地、合法地观测到的,故不得不涉及对某些"替代"行为的考察,其测量的有效程度尚有待证实。

(4) 往往缺乏对目标的价值判断方面的注意。有时为了便于测量,仅对一些易于测量的行为目标进行评估,而对诸如创造性等不易测量的东西,则常较少地列入被测行为目标。

三、CIPP 评价模式

(一) CIPP 评价模式简介

CIPP 评价模式是指导各种教育评价项目的整合型理论框架。该模式的核心部分是对背景(context)、输入(input)、过程(process)、结果(product)四个部分的评价。CIPP 即由这四部分评价的英文名称的第一个字母组合而成。一般而言,分别回答"需要做什么""应该如何做""是否完成""成功与否"的问题，并分别为四类决策服务：计划决策、构建决策、执行决策、循环决策。

CIPP 评价模式的创始人斯塔弗尔比姆（Stufflebeam D.）把评价定义为"为判断决策所作出的描述、获取、提供有用信息的过程"，或简言之"为决策提供信息的科学"（Stufflebeam，1974）。斯塔弗尔比姆强调，CIPP 评价模式的独到之处在于，为有不同努力方向的决策服务，旨在通过测评和报告指出被评对象的优点与成就，并同时呈示其不足和需要改进之处。CIPP 模式的主导理念是，评价之最重要的目的并非证实，而在于改进和提高。

（二）CIPP 评价的过程及其特点

CIPP 评价模式可以被视为一种循环系统，一种不断收集和利用新信息的持续过程（见图 6-1）。这些信息不仅影响未来的决策，而且通过反馈来重新考察已有决策的效益。

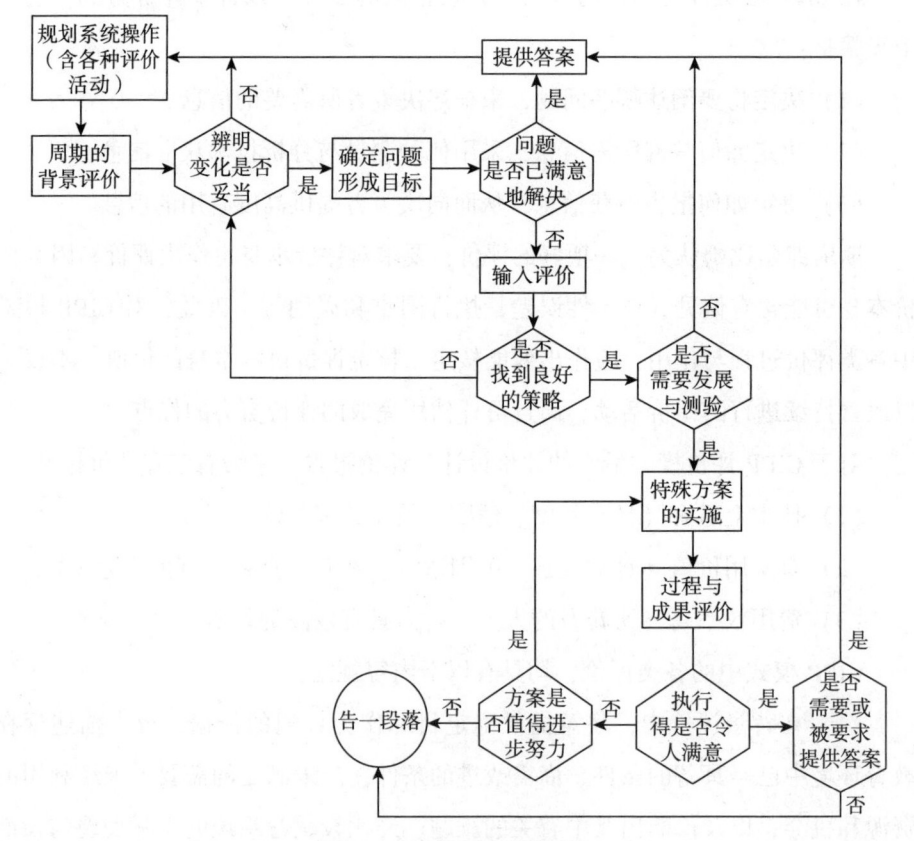

图 6-1　CIPP 评价流程图

评价既然是为决策服务的，评价者便应当首先了解作出决策的各种情境。斯塔弗尔比姆等人认为，教育上的决策一般有四种情境。第一种是平衡稳定的决策，即维持教育系统的决定，旨在提供质量管理的标准与方法，维护原教育方案的存在；第二种是连续增进的决策，即继续改革的决定，旨在小范围内改革现有的教育系统；第三种是更新的决策，即加强改革的决定，旨在大规模地实行改革，解决当前迫切需要改进的教育问题；第四种是近似变形的决策，即促进全面改革的决定，旨在完全重建更为理想的教育系统，实行教育上较为彻底的革命。在以上各种决策情境中，均应纳入评价的机能，在评价所提供的信息基础上，作出关于教育改革的决定。评价者应针对不同类型的决策情境，提供相应的、必需的、充分的信息资料。

在 CIPP 各类评价中，均有三个大致相同的步骤，以背景评价为例，这三个步骤是：

（1）决定将要阐述哪些问题，来描述决策者所需要的信息。

（2）决定如何掌握所需信息，采用何种测量与分析技术获取信息。

（3）决定如何报告所获信息，从而向决策者提供高度有用的信息。

斯塔弗尔比姆认为，一项好的评价，要求对评价本身也作出评价。因为评价本身可能含有偏见、技术性误差、执行困难和误用等。因此，对 CIPP 模式中各类评价过程与作用，应作出效能核定。核定评价过程本身的价值，不仅可以改善持续进行的评价活动，而且可评估所完成的评价努力的优点。

对于 CIPP 评价模式最终的评价设计与评价报告，一般有三点评价标准：

（1）技术上适宜（具有效度、信度、信息的客观性）。

（2）有实用价值（针对性强、范围适宜、及时、重要、有推广意义）。

（3）费用效率高（所花费的人力、财力具有较高的效益）。

CIPP 模式中的各类评价，均具有以下内容规定：

（1）在背景评价中，注意提供确定目标作为计划的依据，要求描述现在教育环境中已经具备的条件、尚需改进的条件、尚未满足的需要、未经利用的资源和机会，以及诊断出其中有关的难题。经比较教育系统的实际表现与预期表现，可确定现存教育系统的目标达成程度，发现教育系统实际运作结果与目标之差距，以此作为教育改革计划的依据。

（2）输入评价注重为如何运用资源以达成目标提供信息，包括对课程的材料、方法、程序、设备、人员、环境等加以分析，以便针对目标选择适宜的课程资源，设计方案与发展途径。在输入评价中常需考察如下问题：已确定的教育目标是否可行？哪些方法、策略有助于达到教育目标？各种方法策略的逻辑效用和实际效用如何？其理论假定是什么？教师是否能有效地运用这些方法与策略？需要多长时间的训练？人员配备、时间安排、执行情况的管理与监督问题能否妥善解决？这些策略有无负向作用或消极作用？如何对此作出评价？等等。

（3）过程评价应在计划和方案设计完毕并付诸实施时便开始进行，旨在提供定期的反馈。应当在方案正式实施前进行预测，以决定计划是否可行，并加以修正。在计划实施期间，及时提供有关过程运行状况的资料，以便形成有关的决定。记录所有教育过程，以便在教学后加以分析，找出问题与不足，进一步改进。

（4）成果评价的焦点在于了解教育系统所获取的效果。不仅在整个教育方案结束时进行，在方案的执行过程中也可实施。与目标获得性模式相似，成果评价应考察教育效果达到目标的程度，但在CIPP模式中，较少地强调评价者的判断，而着重于向决策者提供信息，让决策者在评价提供信息的基础上，自己去形成重要的判断，并用于决策。

可见，评价者应当首先进行背景评价，以确定原有教育系统是否需要改变。其结果可能是维持不变，或使之平衡稳定，或需进行持续增进的或更新的改革。如需进行持续增进或更新的改革，则必须实施输入评价，为建构和设计改革方案作出有关决定而提供信息，继而执行方案并进行过程评价与成果评价。最终的结果或是接受新的教育方案，或是终止或重新计划、组织新方案，再进行以上过程的循环。

CIPP模式在学前教育课程设计与评价中具有极其重要的参考价值。它强调收集有关需要、资源、课程方案的选择等方面的信息，向决策者提供有用的信息，有利于制订课程计划，尤其适于制定新课程时选用。例如，某农村地区教育局领导可通过背景评价，确定向本地区儿童提供学前一年的教育机会乃是当前的迫切需要，并诊查出已有某些资源可供利用，以满足这种需要。进而决定要强调哪些特定的学前教育目标，然后，通过输入评价和教育专家的咨询，对几种可能达到已定目标的、可供选择的（农村）学前一年课程进行研究、鉴定，最后选出认为最合适的一种。此后，根据经过过程评价与结果评价所获取的信息，该教育局领导便可作出关于执行的决策，同时也可由此重新评价所选定的课程计划。可见，CIPP模式在制定幼儿教育课程的过程中具有举足轻重的作用。

该模式对于学前教育课程研究和设计中的信息储存也十分有用。模式要求将课程研究或课程设计的四个阶段所获取的信息，与所作决策及其理由均一一记录在案。该模式对这一要求的关注比起其他模式更为明显和强烈，体现了CIPP模式结合了其他学科领域（如人类学）的观点与研究方法。

CIPP模式强调对决策者提供信息的特点，使学前教育决策部门及其工作人员大大受益。无论是有经验者在作出新的决策时，还是缺乏经验者要了解情况以便作出相应的决策时，均可从中得到大量的信息。各幼儿园的决策者希望未来决策建立在充分信息的基础之上，或希望有充分理由以否定采用某种方案之时，也可以采用CIPP模式。我国教育体制正在发生巨大变革，中小学课程实行国家课程、地方课程和校本课程的"三级课程、三级管理"，教材实行在国家统一的基本要求的前提下多样化的政策，《幼儿园工作规程》也指出各地不宜采取"一刀切"课程。因而，利用评价工具辅助决策的要求将日益明显。

（三）CIPP模式的优点

（1）使用范围广，综合强，可在课程发展的任何阶段进行。

（2）对其四类评价过程均作了描述，形成评价的系统方法，可对决策提供持续往复的信息，并对先前决策的明显效应提供反馈。

（3）对行政决策人员具有广泛的服务性功能。

（四）CIPP模式的局限

（1）回避评价者的价值判断，显然只是提供信息，要求决策者根据所获资料作出判断，其最终的效能依赖于决策者的观念与水平。

（2）某些内容只能是描述性的，而非真正严格意义上的评价。

（3）如全面展开，则实施困难，费用较高。

四、外貌评价模式

（一）外貌模式简介

心理测量学家斯塔克（R. Stake）于1967年发表了《教育评价的外貌》一文，鼓励教育者考察评价的全貌，批评非正式评价（基于随机观察、主观判断、含蓄目标、直觉常模等）的缺点和不足，主张并倡导了教育评价的外貌模式（Stake，1967）。

斯塔克认为，若要适宜地评价与理解某教育机构课程等教育现象的价值，必须对之既作出详尽的描述，又进行适宜的判断。描述与判断各自具有其本身的价值，只有把二者结合起来，才能完成对机构或课程的全面和完整的评价。

外貌模式要求评价者注意收集三方面因素的资料：

（1）前提因素，即教育实施之前任何可能与教育结果有关的因素与条件，如儿童的年龄、知识经验、智力状况；机构的资源条件、师资条件等。

（2）过程因素，即教育过程中有关对象的活动、交往、相互作用等，如各类教育教学活动、游戏、作业、测验、交往，以及有关的人际关系（师生关系、同伴关系、上下级关系等），人与物的关系（儿童与材料的交互作用等）……此类因素是最具动态性的。

（3）结果因素，即教育所产生的影响，表现在儿童的学习效果、态度、动机水平、能力，以及课程的实施对于儿童的学习环境、设备材料等方面的影响。

以上三类因素的界限只是相对的。教育可视为许多由上述三类因素组成的系列，因此，前一系列的结果因素也就成为后一系列的前提因素。某项具体评价应视当前教育运行的状况而决定其前提、过程与结果因素，并对之作出描述与判断。

在外貌模式中，描述与判断是两大组成部分或称两大矩阵，二者均应对上述三类因素进行考察（见图6-2）。在描述部分，应注意各类因素的描述意图与对这些因素的具体观察描述之间要保持一定的逻辑联系，即观察应符合意图，应是吻合于一定意图或目的的有效观察。在判断部分，应针对与各类因素有关的标准，作出适宜的判断。

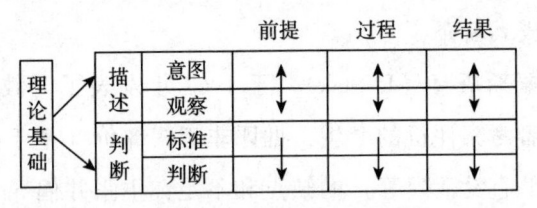

图6-2 外貌模式的框架

（二）外貌模式的运行过程

1. 获取矩阵表格资料

评价者首先通过各种途径掌握图6-2中的各种资料。描述部分中的意图，代表课程设计者、执行者和参与者等的目标与目的。例如，设计者对不同年龄组儿童所制定的教育计划；执行者（教师）打算采用的教学方式或选定的教材内容；机构领导人员对儿童发展结果的预料；儿童对活动与结果的期望；等等。在这一项上，各类人员的意图应一一列出，如某类人员（如幼儿）阐述自己的意图或期望有困难，评价者应帮助他们把想法或愿望转化为意图资料。描述部分的观察，包括为达到评价目的而采用的任何形式的测查，评价者应该决定对哪些前提、过程和结果因素进行观测。通常在评价中，评价者自行设计观察与测量的工具。

在判断部分，标准通常意指可供参照的行为标准，可分为绝对标准与相对标准两种。绝对标准即由专家或有关人员（教师、家长等）制定的，被视为理想的行为水平、环境状况，或与被评对象有关的理想特性等。专家的意见至少部分地建立在经验性知识的基础上。相对标准则是在把被评机构的特征、结果与其他另一些机构加以比较中得出来的，意在比较各机构的差异。本部分的判断，即考证某些标准是否达到。若在某一方面尚无标准存在，则评价者必须自行建立标准，若在某方面已有几种不同的标准，评价者应决定如何权衡并选择；收集用于判断的资料时，可涉及各种技术方法，如观察、调查、分类技术、语义区分等。最终将用各种方法收集来的信息汇总，作出全面综合性的判断。

2. 对有关资料进行处理

评价者掌握了图6-2格内的相关资料之后，便应对此进行处理。对描述部分的评价资料主要有两种处理方式：①指出前提、过程和结果三者之间可能存在的关系；②考察意图与观察之间的一致性。在课程设计阶段，就应在所期望的前提、过程与结果之间建立一系列逻辑联系，并以此为参照。考察实际观察中所发现的三者之间的实际关系是否与预期一致。在对描述资料的处理中，还必须将意图与观察相对应的各格资料加以比较，以考察在评价过程中的观察是否针对了预期的意图。

判断过程是将从描述性评价资料中获得的结果与某种绝对标准，或与某（些）其他课程相比较得出的相对标准加以比较对照，然后由评价者对比较结果加以判断，或由有关人员（如教师、家长等）加以判断后，由评价者集中和处理判断结果。最后，评价者写出书面报告，或针对不同听取者写出不同的报告。

（三）外貌模式的优点

（1）不仅考察结果，而且考察前提与过程。可较为完整系统地考察被评对象的全景，并考察描述资料与判断资料及其关系。

（2）坚持在作出判断时采用较明确的绝对或相对标准。

（3）运用范围较广，可运用于几乎所有的机构或课程，或用于各种类型的评价（如形成性评价、终结性评价等）。

（4）可针对不同评价听取人的兴趣与需要，作出多种相应的评价报告。

（四）外貌模式的局限

（1）缺乏收集各项观测资料的较为完善的方法，尤其在意图与判断方面。

（2）缺乏足以确定应将哪些标准和判断置于重要地位的方法。

（3）评价设计框架中的标准与判断之概念性分界不够清晰。

（4）覆盖面广，若全面推行，则相当复杂，且可能耗资太多。

五、无框架评价模式

（一）无框架模式的主要评价观点

无框架模式的代表人物是哲学家斯克里文（Michael Scriven）。尽管其著作是以一系列观点的形式出现的，并未阐明正式的评价框架（故称无框架模式），但却强烈地影响着教育评价实践。

斯克里文将评价的目标与作用作了重要的区分。评价的目标，简而言之，即决定被评价对象的价值或优点，涉及为回答特定问题的判断。例如，判断某一课程与另一课程相比，是否能引导幼儿身心更好地发展；判断在学前教育机构中利用直观教具是否产生明显的良效；涉及的课程或教具的价值。评价的作用在教育意义上则是多样化的。例如，为继续发展或改进某种课程而提供依据；为了改善教师的工作效益；为了计划添置适宜的设备；为决定如何对待某些行将发生的问题等（Scriven，1973）。

斯克里文将评价分为形成性与终结性两类，这是对教育评价的重要贡献。形成性评价注重课程或机构的运行过程，决定其某些特征（如持久性、引起注意的能力、效率等）的价值，再将所获信息反馈到教育过程中去。它在课程的运行、发展过程中进行判断，并以判断的结果影响课程最终的性质。终结性评价则通常是在某一终结点或关键决策点上作关于课程的总结性判定。对于一个已发展成型的课程，有必要进行终结性评价，以决定该课程是否具有持续发展下去的价值。

斯克里文认为，教育评价应对目标适宜程度作出判断。如果课程目标本身不适宜，并不存在教育价值，则该目标的达成程度的好坏便毫无意义可言。因此，评价中应当包括对目标的评价，且最好在课程开始实施之前进行。

斯克里文的模式鼓励"比较性评价"。评价决策通常是在直接对两种类似机构或课程作出比较之后得出的。有人批评这种观点，指出比较性评价只能辨明两种课程孰优孰劣，而不能说明为何如此。斯克里文的反驳理由是："随意的解释并非评价的功能，而且，如果某课程的确更有成效，那么，即便不知为何有效，也仍可为人所选用。"他主张用实验或准实验设计手段开展比较性研究，但又如实地指出，这种方法并非总能实行，因而发展出一种操纵法，即首先观察某特别显著的现象，无论是正面的，还是反面的，然后提出两个问题：①该现象是由何原因引起的；②该原因是否已列入评价内容。斯克里文认为，评价者的任务是发现被评价课程与所观察的现象之间发生的关系序列（即评价者感兴趣的课程影响或效果）。如能发现完全的关系序列，则课程可以被视为引起所观察现象的可能原因。评价者还应继续考察其他的关系序列，因为对于观察到的现象，可能会有多种可能的原因。这种方法是从人类学、历史学、探测学等其他学科中借鉴而来的，所获结果只是可能性的，而非决定性的。在教育评价中，当不可能或不适宜采用实验方法时，这种模式不失为一种有用的补充。

斯克里文的无框架模式中还包含了教育评价中的其他重要程序，如"目标游离评价""无费用评价""评价系统清单"等，在教育评价领域具有较大的影响。

（二）无框架模式的应用

在学前教育评价中，可运用斯克里文的观点，对课程的目标、内容、方法、教师的工作、家园联系以及幼儿园长期效益等展开评价，并可采用形成性评价方式，将评价所获取的信息及时地反馈到幼儿教育工作人员的日常工作中，提供有关问题的及时解答，以便把教育工作引向更为理想的方向。以下简述此类形成性评价中某些内容与过程，供参考。

1. 在对课程目标的评价方面

（1）估测课程目标的合理性，以及预定的课程活动激励目标达成的可能性程度。

（2）明确地把目标简述出来，并予以具体化和操作化，使其有可能被测量。

（3）从事预定的测量，并评估测量结果的适宜性，以决定目标是否达到。

2. 在对课程内容与教学方法的评价方面

（1）系统地改变教学内容，观察幼儿兴趣、选择、注意力持续情况与学习效果。

（2）系统地改变教学方法，估测各方法在幼儿注意力、学习效果等方面所产生的作用。

（3）记录一日生活部分片段中幼儿语言与发起活动的不同特点。

（4）观察在不同活动中，以及在用不同教学方法时，幼儿注意力的持续情况，决定这些活动和方法各自的吸引力程度，然后把具较高吸引力的内容与较高吸引力的方法配合起来，检测其成效。

（5）定期测查有关目标方面幼儿的进步，并以此为据，修正目标或改变目标的阐述方式或程度。

3. 在对教职员工的评价方面

（1）帮助教师、职工建立自己的个人目标，并经常自我对照，定期讨论，以某种方式记录个人的进步，建立工作评估档案。

（2）要求每人坚持记工作日记，规定工作日记的记录内容，以便作为根据之一，决定个人工作的量与质，考察工作风格。

（3）以某种（些）方式让教职工对本单位或本课程的政策、方案计划、方法等申述己见，并做记录，定期进行。记录教职员工参与本单位教育改革的程度和所提意见的趋势。

4. 在对幼儿园与家长联系的评价方面

（1）随机选择并通知家长参加幼儿园会议，报告本园工作情况，检查家长参加会议的人数与认真听会程度。

（2）以某些形式定期听取家长或家长委员会对幼儿园的意见，记录家长的意见并分析其趋势。

（3）以系统改变的程序，随机选择家长参加影响其家庭教育的活动，评估此类活动对家长的激励程度及对幼儿的影响。

5. 在对幼儿园长期效益的评估方面

在对幼儿园长期效益的评估中，可跟踪研究本园毕业的幼儿入学以后的情况，在可能时采用"盲者"评定法，即在教师不了解幼儿入学前经验的情况下，作出关于其学校表现的评定。

（三）无框架模式的优点

（1）坚持认为评价的目标与主要特征是决定价值或发现优点。

（2）强调对目标的评价，并认为是重要的一环。

（3）提出了一些有关评价的重要概念及其区别，如形成性评价与终结性评价等。

（4）适用范围广泛，可用于各类教育和各类评价。

（四）无框架模式的局限

（1）虽包括诸多的重要评价观点，但并未形成整体综合体系，只对单一的概念作了阐明。如果能形成整体并赋予一定的逻辑联系，将更有价值。

（2）缺乏一定的方法技术以执行某些概念，对有些概念只进行了论述，未提供实施方法。

六、目标游离评价模式

（一）目标游离模式简介

目标游离模式是斯克里文提出的另一个评价程序，又称"无目标评价"（Scriven，1973）。一般的教育评价均以课程的目标为基点而展开，其中心工作是考察目标是否被达成。评价人员通常需首先与课程的执行人员交谈，了解由他们阐述的目标。这些被阐述的目标对于评价的性质与方向具有广泛的影响，因此斯克里文认为，这种基于目标的评价，往往可能只注意目标的预期效果，而忽视了实际教育过程中可能产生的各种非预期效果或副效应。为了改善这一现象，斯克里文提出了目标游离评价。在这种评价中，评价者将不再听取关于目标及达成情况的报告，而是去收集关于课程效果的有关信息，包括期望之中的和预料之外的效果信息，并对之加以评价。斯克里文认为，外来评价者越是较少地听取机构内部人员的阐述，便越能避免先入为主的印象偏见，也越能够专注地寻察课程或机构真正的效益。

目标游离评价模式的特点还在于，它并不仅仅考察人人都已知道的事实，而是更加注意那些人们通常忽视的方面，重视产生崭新的整体观念。因此，此类评价好似独自出猎的猎人，仔细搜索地面，寻找任何蛛丝马迹，在发现任何疑点时仔细考察之。如果评价完全基于目标，则好像是事先提供了一张标明主要线索的地图，若要在图外的密林里找到任何东西，便会显得极为艰巨。

该模式的出现曾引起广泛的反响，因而斯克里文进一步阐明，目标游离或无目标评价并不是有目标评价的替代模式，而是一种有用的附加程序。所以，可在评价某一课程或机构时将两者结合使用。同时，斯克里文还阐明，提出无目标评价，并不意味着舍弃其早期提出的对目标进行评价的重要性，只是在有些时候，在某些情况下，无目标评价是十分有用的，且可用于形成性或终结性评价❶。

（二）目标游离模式的应用

下面举例简单说明目标游离模式在学前教育评价中的运用。某幼儿园领导与教职员工认为本园的目标已基本达到，但未经外部人士评价，故拟进行一项目标游离式评价。他们邀请幼教界某权威人士、一位其他园的园主任、一位教师、一位家长以及一位教育心理专家组成评价小组。在对该园目标并不了解的情况下（未听取有关目标的汇报），评价人员用三天时间连续观察机构的运行情况，与儿童、家长、教职员工等谈话，审阅书面记录与材料，最后根据所掌握的全部资料，写出评价报告，向该幼儿园提供相当可观的、有关该园工作情况的信息，不仅肯定某些预定目标的成效与影响，而且指出了一些其他的、明显而未预料的积极或消极影响。

（三）目标游离模式的优点

（1）与其他模式一起使用时，有助于克服其他基于目标的评价模式的缺点，例如，既定目标建立在错误的或不完全正确的假定之上，或在一段时间内目标已经有所变化，从而导致评价工作的指向不明确或不稳定，使评价结果难以说明课程或项目在当时的真正目标之下运行的情况。

（2）有助于发现课程或教育项目在实际运行中的真实的目标指向，而不受其所宣称的、试图达到的目标的制约。

（3）评价者是在不知晓课程或项目目标的情况下观察和收集评价信息，

---

❶ 王坚红. 学前教育评价 [M]. 北京：人民教育出版社，2011.

如果课程或项目确实在按照其预订的目标运行的话，那么在外部评价人员的观察和调查等过程中，其指向目标的行为信息必将自然显现，更可以作为达成目标的客观证据。

（4）由于评价者并未被告知课程或项目的既定目标，便有可能更加仔细透彻地观察实际情况，从而掌握更为客观完整的信息，借此揭示课程或项目的实际目标。

（四）目标游离模式的局限

（1）相对于其他模式而言，对评价者的要求更高，使用时更加依赖于评价者的专业能力和技能水平。

（2）由于评价者不知晓既定目标，使用不当时可能使评价工作陷入盲目性和主观性。

七、差距评价模式

（一）差距模式简介

差距模式是由普罗佛斯（Provus）为评价学校课程而设计的。设计者认为，评价的主要目的是决定是否对某种课程加以改进，或继续实施，或要求终止（Provus，1971）。评价就是将课程标准与其实际运行状况相比较，分析两者间的差距，以便利用差距信息辨明课程之不足，并反馈到发展课程和作出决策之中，使课程得以改善的过程。

差距模式所指的标准，即课程方案制定者所明了的方案的性质标志，包含三种主要成分：预期结果、先在因素、过程。预期结果即方案规定所应达到的目标，先在因素是指实现方案目标所需要的人员、设备、材料等条件，过程即为达到教育目标而开展的教育活动。

（二）差距模式的评价过程

差距模式中，结合课程发展的评价工作分五个阶段进行。

第一阶段，课程定义与设计。该阶段应为课程设计标准，如教育的综合性、课程内部的一致性和系统性、现实可行性、与其他课程的可比性等。在界定课程定义、设计课程标准时，应发挥各类人员的团体功能，经设计者、评价者、研究者、专家、机构人员的共同讨论商定。此乃关键的一步，决定以下诸步骤的内容。

第二阶段，课程安置。执行课程计划，收集正在执行的方案的运行资料（包括所采纳的目标、先在因素与过程，并与设计好的标准对照，了解所执行课程方案与原计划的符合程度）。此阶段应特别注重过程因素的考察，尤其要判断教师是否按既定标准行事、其工作能否为达成预期目标而努力。一旦发现重大的不符，便需重新训练教师，或修改方案指导书，或修正标准，或终止执行。

第三阶段，中间目标评价。了解达到课程最终目标的某些中间（或过渡性）目标是否达成。例如，各学期、各年龄段，或各单元、主题，乃至某些教育活动、作业的目标是否达到预期的要求；儿童的行为是否按照预定的方式发生变化。通过此阶段的评价，进一步了解先在因素、过程因素与儿童学习与发展结果之间的关系，并利用评价信息，反馈性地调整这些因素，使之更为合理化，并可能产生更佳的效果。

第四阶段，最终目标评价。考察课程方案所产生的实际结果，判断方案的最终目标是否达到。此阶段的评价应详细对照预定的方案标准，如儿童发展的标准、幼儿园管理工作的标准、教师工作的标准，从而进行全面的终结性考核。

第五阶段，成本效益分析。将目前完成的课程方案与其他相当的方案相比较，了解哪个方案最经济有效（费用较低而效果相仿）。

普罗佛斯认为，在上述的第四阶段，当课程发展到最后阶段时，可考虑采用实验设计来进行评价。但在此阶段之前，对于尚在发展之中的课程，却不适宜采用实验的方法，或者说，条件尚不成熟。如果在课程发展早期、中期便能合理地运用评价，则能在它尚未成熟和稳定时，就宣告其无效，而不用等到最后，或能在发展过程中逐渐地估计到最终的成功程度。尽管这并非易事。

（三）差距模式的优点

（1）差距模式有利于课程改革与发展，具有较高的运用价值。该类评价中要求各类人员的配合，适宜开展有效的形成性评价。许多幼教专业人员更愿意作为密切配合者，而不是完全独立的外部评价者。现实中也极少有专职的全日制评价人员，而多为兼职评价者。这种合作有利于课程有关人员及时发现问题，以便及时纠正。

（2）允许一定的自由度。操作目标与标准均为自定，可相对容易地做出改变。

（3）评价队伍的多元化。各类评价者相对独立，但应与课程人员密切交往与配合，力求取得一致的意见，共同向决策者提供信息。

（4）提倡在各阶段做适宜性评估，且包括对费用效益的经济性作出评估（这是其他模式中没有的）。

（四）差距模式的局限

（1）参与人员较多，有时难以形成共同见解，且费用开支较大。

（2）评价花费时间较多。

（3）自由度大，易产生标准的易变性和不适宜性，影响说服力。

（4）评价者与课程执行者关系过于密切，可能失去评价的客观性。

八、应答评价模式

（一）应答模式简介

应答模式由斯塔克提出（Stake，2001）。他认为，应答模式和差距模式是互相有联系的，并提出可把外貌模式所要求的信息资料用于应答模式的背景之中。外貌模式重在值得评价者注意的信息（即内容结构）和评价中判断的重要作用上，而应答模式则强调把注意点集中在评价过程（即功能结构）和评价听取人的需求上。

斯塔克认为，预定式评价（根据预定的目标或标准，判断教育结果是否达到预期的要求）作为连贯地、系统地研究目标达成情况的评价方式，在把了解目标是否达到、承诺是否履行、假设是否被证实等作为主要任务时，是有用的，也是适宜的。然而，当评价的主要目的是为实践者提供改革依据，诊断当前教育课程中的问题，或为评价听取人提供有关方案活动的信息，以便作出某些决策时，预定式评价则往往缺乏有用性或被评价听取人认为缺乏合理性。

如果报告不适宜，还有可能造成误解或忽略。因而，有必要提出应答模式作为备用的评价方式。

应答模式具有以下三方面特征。

（1）更直接地指向课程或方案的活动而非其内容。

（2）尽量满足评价听取人对信息的需求和兴趣。

（3）评价报告更能反映各类人员的不同价值观念。

（二）应答模式的评价过程与工作内容

应答模式的评价工作程序一般如下：评价者制定一个观察与商谈计划，安排各类人员对课程的实施情况进行观察，在此基础上，综合各类人员的观察结果，写出简明扼要的报告。然后，从中提取对评价听取人可能有价值的方面，广泛收集持不同观点的人对它的看法，并核实记录质量，考察资料的准确性。继而听取有关权威人士对各种结果的意见，以及评价听取人对这些结果之间的关系的见解。以上工作均以非正规方式进行，并不断重复，记录活动与反应。评价者与评价听取人保持经常的、密切的、真实的信息交流。最后，根据评价者和评价委托人达成的协议，决定是否需要写出最终的书面评价报告。

可见，应答模式较多地依赖与各类人员的自然接触，把评价工作建立在以自然观察和反应方式评价事物的基础上，以牺牲某些测量上的正确性，来换取评价结果对于某些有关人员更多的有用性。评价者在明确评价目的的前提下，仔细观察方案和收集各类人员的观察资料以后，才选择有价值的（尤其是评价听取人所需要的）评价问题和准则，选择第一步收集资料的手段。

应答模式把大量的评价努力付诸对方案的观察，旨在从大量独立的、可信的信息源中收集足够量的、可有效地说明方案现状的信息。评价中的观察计划并不分成若干步骤，因为自始自终，观察与反馈都占有重要的地位。

斯塔克强调，评价者不应仅仅依赖自己的观察、判断和反应能力，而且应当依靠一定数量的其他人的观察、判断和反应，选择有关教师、学生、领导、课程专家等，充分听取这些人的意见和见解，使获取的信息能最大程度地被评价听取人所理解。斯塔克还认为，应答模式虽然主要依赖观察活动收集资料，但如能使观测次数增加到一定的程度，而且配合多种人员和多种形式的观察，便可提高所获信息的重要性和可信性。应答模式评价报告应揭示教育经验的"多元现实性"。他坚持认为，解决教育问题，应依靠那些直接接触教育问题的人。从某种意义上可以说，评价正是为了能对这些问题作出有效的反应，而不仅仅是辨明或表述目标的完成情况。

有人提出，一般以行为的评价作为评价核心的做法（如目标获得性模式），可能过高地估计幼儿发展结果的可预测性，而且往往不适用于对创造性结果的考察。实际上还存在着一种对"表现性目标"的评价，其结果不像行为目标那样可以预先规定，而往往不是很清晰地存在于教师的头脑中。用此类目标可辨识那些足以广泛影响幼儿发展的突发教育情景，评价者将之详细记录，而不是预料幼儿的行为变化。此类目标不注重已有经验的获取，而强调改善和提高那些经验，乃至产生新的经验。因而，表现性目标是继行为出现之后，才能提出并加以评价的，即在对教育中的某些突发情景进行了观察与详细记录后，考察其是否已经或可能产生诸方面的教育效果，这与预期目标的评价不同。

"表现性目标"的含义与应答模式的特征相容。学前教育工作者可将两者结合起来，用于对课程或教育活动的评价。比如，教师可计划采取一系列活动方式（如参观农场或动物园、乘车出游、观摩图书管理员或护士的工作等），引起那些足以广泛影响幼儿发展的突发情景，并采用应答模式，观察与记录这些情景，从而评价其活动的价值和效果。同时也必须指出，在学前教育评价中，采用预期目标的目标获得性评价也是适宜的方法，关键在于应在适当的时机选用。应答模式强调观察与表现性目标，目标获得性模式强调测量与预期目标，二者具有不同的方法、内容要求和偏重，也具有不可替代的不同价值与作用。在对某一个课程方案的评价中，有时可将二者并用，从不同的角度加以评价。

（三）应答模式的优点

（1）可用性强，重视评价听取人的意见和方案有关人员的作用，并可向不同人员提供报告和信息，对改革有促进作用。

（2）可对某些难以精确测量、难以采用预定方式评价的方面进行评价。

如适用于评价音乐、美术方面的教育教学活动，或评价结构性特点不明显的课程或活动。

（3）不受预定目标的限制，评价者经大量现状的观察，可能发现方案的真实效果，包括预期效果和非预期效应。

（4）借鉴社会科学的其他领域的研究方法，如人类学的收集资料方法与报告方法。

（四）应答模式的局限

（1）缺乏详细的方法与程序以指导观察过程，故可能导致操作中的模糊性。

（2）评价中具有相当的灵活性，难以控制评价者的主观意向和评价结果的客观性和可靠性。

（3）其应答特征有时可能使评价者过分被动地为评价听取人的需求服务，而削弱评价者自己的立场。

第七章

师幼互动案例与解读

师幼互动作为幼儿园教育的基本表现形式，存在于幼儿一日生活之中，表现在幼儿园教育的各个领域，并对幼儿发展产生难以估量的重要影响，因而受到特别关注，本章针对一定的师幼互动案例进行分析与解读。

第一节 教师发起的师幼互动案例分析

案例1：好玩的穿鞋子游戏

换完衣服后，主班老师让小朋友们围成一个圆圈做游戏，然后老师开始提问鞋子怎样分辨正反，可是没有小朋友回答。

接下来老师带领小朋友们认识鞋子，老师向小朋友借了一双鞋子放在一起，告诉小朋友们鞋底中间有凹进去的小洞、鞋子头大的那一边是在脚尖尖、头小的那边在脚跟、头大的地方是要靠在一起的，告诉小朋友们怎么分辨鞋子大小以后，以比赛的形式来让小朋友比穿鞋子的速度快慢，还要看有没有穿对。在比赛之前，老师提问小朋友们："都穿着鞋子怎么玩呢？"引导小朋友们自己说出要脱鞋子。

小朋友们脱完鞋子之后，老师开始搅乱这些鞋子，这时候有很多小朋友冲上来凑热闹一起搅乱，老师就很小心地说："你们都冲上来捣乱，这样就不能进行游戏了。"小朋友们听到这句，又全部乖乖地回到位置上坐好。

接下来老师将小朋友们分成两组来进行比赛，老师喊口令开始比赛，小朋友们拿到自己的鞋子就回到座位上面开始穿鞋，穿完的小朋友马上举手，哪一组的小朋友全部穿完了就获胜。这时老师请穿错鞋子的小朋友们出来，向其他小朋友们提问："他们穿对了吗？"小朋友们说没有，然后老师一个个纠正穿反的小朋友。

最后是宣布比赛结果，没有完全胜利的一组，因为每一组都有小朋友穿错，但是有一组的速度很快，老师便对他们进行表扬。这时老师说了刚刚比赛的时候，有一些小朋友拿鞋子的时候是趴着的，容易发生踩踏事件。及时告诉小朋友们，这种行为是不正确的。

接下来老师开始重述怎么分辨鞋子的正反：魔术贴是贴在外面、看鞋子的底部有没有凹洞，然后正确示范正反的鞋子有哪些特点，然后重新进行一次比赛，这一次每一个小朋友都穿对了，老师对原来做错的小朋友们进行表扬和鼓励。最后请小朋友们穿好鞋子到线上来一起跳舞。

评价与分析：

（1）通过这样一个游戏的形式，不仅可以让小朋友学到如何分辨鞋子的正反、锻炼小朋友的手脚协调能力和辨别方位能力，还能让小朋友体验到游戏的乐趣，在游戏中能够不断地充实自己。幼儿在游戏过程中，经常会出现个别太兴奋的小朋友带动别的小朋友一起捣乱或者乱跑等。老师并没有凶他们，而是耐心引导，告诉他们如果他们不遵守纪律或者游戏规则的话，游戏就不能进行了，让小朋友自己学会感同身受，真正明白这样的行为是错误的，培养幼儿自觉遵守规则的意识。

（2）幼儿进行游戏时，通过思考、联想和操作，来逐步解决游戏中的问题并产生新的思考，这样能够改善或优化其智力结构，使智力提升成为可能。同时，幼儿通过有趣的方式掌握必备的知识技能、接受教育，对其身心发展也会产生积极影响，从而能够实现幼儿智力水平的开发。

（3）游戏有利于幼儿调节情绪，促进儿童的人际交往能力。智力游戏能够促进幼儿思维发展；体育游戏有助于幼儿增强体质等。游戏是幼儿最喜欢、最频繁出现的活动，游戏能丰富幼儿的生活经验，使幼儿开阔视野。幼儿在游戏中学习并且通过教师引导与合作完成游戏，就会在成长中发挥很重要的作用。游戏就是孩子的工作，游戏对儿童来讲比食物还重要，可以为了玩而忘记吃饭。他们在游戏中发现自我、定位自我，在游戏中体验成功、快乐、失败、友情等。所以应该好好利用游戏，让幼儿充实生活、提高自己。

小结：

在幼儿园，除了建立良好的师幼关系，还要加强幼儿的同伴关系。假如有了良好的师幼关系，我们可以通过沟通与交流，或者组织适应的游戏，来帮助幼儿建立良好的同伴关系，而不良的师幼关系可能会对幼儿的同伴关系有不利影响。不仅如此，良好的师幼关系还能促进教师与家长的谈话沟通和协作，能提高教育质量，有利于幼儿的成长。良好师幼关系是幼儿与教师情感沟通的桥梁；是日常开展教育活动重要条件；是促进幼儿全面发展的需要。为了孩子们的美好未来，身为幼儿教师的全体人员应在大家的共同努力下创建一个平等、合作、分享、和谐的环境。总而言之，建立良好师幼关系对幼儿和教师一定会有很多积极影响，他们将获得最大收益。一个合格的幼儿教师，要善良、有爱心和耐心地对待每一个孩子，处理好师幼关系，让祖国的未来开出美丽的花朵。

案例2：老师的表情会"说话"

大班里有一名幼儿比较好动，课堂上该幼儿经常不能安静地坐上几分钟，要么不停地离开座位，要么插话提问，几乎搅乱了正常的课堂秩序。这种情况在大班幼儿中确实是不多见的。老师几次单独与他交谈，只是提醒他需要注意老师、看老师的表情，这样就能及时注意自己。可是有时他似乎忘记了老师说的话，于是老师每次提醒他时，他都清楚地告诉他："我在微笑，说明你现在的状态不错，要保持。""我看你一眼，撅起嘴巴做出嘘的动作时，说明别人在回答问题，你要注意听。""我看你不说话时，说明你可能是随便插话，也可能影响别人了，要注意赶快改正。""我的脸上没有表情，但是眼神很严厉，就是你确实犯错误了，要立刻停止，想一想错哪了！"多次这样反复训练后，他已经能够大致熟悉老师的表情动作。

后来，发现他也开始对老师的面部表情产生观察兴趣，最起码可以说明该幼儿有意识地认识到，老师的面部表情与他上课的表现是有很大关系的，这对他的注意力、倾听能力的培养有好处！所以，发现他的状态很好时，就更加刻意地让他看到老师的正脸，双眼温和地直视他，并给予点头微笑或竖一下大拇指以示表扬。渐渐地，他开始能随着老师的表情变化，进行行为上的调整，有时候挺挺小腰板，暗示老师："我坐得多好，你快表扬我吧！"就这样在活动中不断地互动，经过一段时间后，他在课上不再随意离开座位，不停插话的现象也有所改善，逐渐地可以在短时间内集中注意力。随着时间的推移，现在该幼儿与之前相比，自我控制力已经提高了很多。

评价与分析：

大班这名幼儿性格外向、比较爱动，不能安静地坐在座位上，爱随意走动，影响了教师，也影响了其他幼儿。老师几次交流仍然没有改变，后来，老师运用丰富的面部表情，吸引了他的注意力，并且用表情来暗示他当时的行为表现，他们运用面部表情进行交流，使孩子进步很大。可见，教师的面部表情在师幼互动中起到了积极作用。

其次，幼儿面对老师提出的要求时，更容易接受微笑温和的表情和正面鼓励，但在该幼儿身上，发现温和鼓励和严厉制止的面部表情，它们的作用是比较大的，这可能是一个值得进一步研究的特例。有一点是可以确定的，即有效使用富于变化的面部表情，丰富了师幼互动之间的互动形式，并且对他的发展有着重要的推动作用。

小结：

在教学过程中，教师要针对幼儿的年龄、心理和生理特征，采取形象、生动、新奇、有趣的方法，充分调动各种感官，引起幼儿兴趣，吸引幼儿注意力，才能提高师幼互动的效果，其中运用肢体语言进行教学就显得尤为重要。肢体语言是激发幼儿学习兴趣的有效途径之一，教师可以通过手势、眼神、面部表情等无声语言对幼儿加以教学暗示，达到无声胜有声的良好互动效果，从而提高教学活动的质量。在不同的教学情境中，教师如果可以在教学中运用明确、丰富的肢体语言进行教学，让幼儿的视觉与听觉相结合，就会有利于幼儿主动学习、获得知识与技能。

案例3：我没有用过剪刀，我不会……

早上，萱萱小朋友和君君小朋友来到了美工区。这两个小朋友性格不一样：萱萱小朋友很安静，平时喜欢自己玩，但是君君小朋友平时比较活泼，有些淘气。两个可以说是好朋友了，这几天下来发现他们都在一个区域中玩。张老师说："萱萱和君君都来美工区了，那可以挑选自己喜欢颜色的小鱼，然后剪下来好不好呀，但是在使用剪刀的时候要小心手哦（塑料剪刀）。"看着其他小朋友拿剪刀的手势不对，张老师示范了一下："老师来示范一下剪刀怎么使用，像这样握住，慢慢地沿着图片的形状剪，看，这不就剪好了吗，你们也可以哦，加油！"

其他小朋友已经跃跃欲试了，萱萱选好了红色的小鱼后，拿起了自己的小剪刀。萱萱看着其他小朋友剪出来了金色的小鱼和黑色的小鱼，到张老师旁边说："张老师我也想剪……但是我没有用过剪刀，不会用……你可以教教我怎么剪吗？"萱萱跟老师说的这几句话卡住了好久，张老师耐心听完后，拉着她的手坐下，教她如何握剪刀、如何一张一合。

首先，张老师看到了萱萱的小鱼图案有很多复杂的线条，不好剪，因此，张老师对萱萱说："萱萱，老师觉得这几个不同颜色的小鱼颜色更鲜艳，更好看，你来选这其中一条小鱼，老师教你怎么剪好不好呀！"萱萱点头答应了，并且选了自己最喜欢的红色小鱼图案来剪，刚开始还是不会剪，但是经过张老师的耐心指导后，萱萱终于学会了使用剪刀，当君君小朋友和其他小朋友在说话，在萱萱面前走来走去的时候，萱萱仍然在剪着自己的小鱼，不一会就剪完了。

看着手工桌上摆着不同颜色的剪好的小鱼（其他小朋友的作品），萱萱马上把她的红色小鱼放到了橙色小鱼那里，这时君君看到了，跟萱萱说："这是红色的小鱼，应该放在放红色小鱼的那里。这是张老师跟我们说过的。"张老师发现了："君君是个认真听课的好孩子，记住了我们可以按颜色来放我们剪好的小鱼。"后来萱萱也学会了怎么用剪刀和分小鱼。

评价与分析：

萱萱从没使用过剪刀，来幼儿园后第一次接触剪刀，运用手部肌肉操控剪刀的能力非常弱，手指的弯曲、张合力量也十分弱小，正因为她对剪纸的兴趣和张老师的耐心教导，让她乐意去学如何使用剪刀，并且能初步正确地操作剪刀。

小班幼儿正处于独立性差、爱模仿的时期，仍然靠动作进行直觉行动性思维，他们不会计划自己的行动、不会做复杂的分析，只能从表面去理解事物，萱萱在老师讲一遍剪刀怎么使用之后还是不会，老师手把手教了，才会自己模仿老师刚刚教的动作，剪比较简单的图案，君君在听了老师教小朋友们如何把剪好小鱼的进行分类之后，君君能记住并且模仿老师的话。小班幼儿对图形按什么分类的经验不是很充足，在分类方面，可以根据教师平时的讲解和平时生活的经验，基本知道可以按形状和颜色把这些图形分类，但是萱萱属于那种比较安静和容易走神的孩子，同时孩子正处于无意注意时期，对老师讲过之后的话有时候会忘记，这就需要教师用能让孩子集中注意力的方式，让孩子记住老师讲的话。

小班幼儿手脚协调能力和肌肉操控能力尚处于发展阶段，这时候要促进幼儿的身体发育、手脚动作的协调和发展、肌肉操控能力的发展，离不开优质的蛋白质、脂肪和维生素等这些营养的补充，需要幼儿在平时多多摄入颜色多样、营养丰富的饭菜和奶制品等，也需要教师在平常的户外活动中引导幼儿多做一些发展肌肉和动作协调的运动，在平时的区域活动中引导幼儿多多动手操作，丰富经验，提高动手能力。

教师平常需要注意自己的言行，把好的一面展现出来，比如礼貌用语、怎么和别人交流等，发挥自己的榜样示范作用，并在区域活动中适当引导幼儿克服在区域活动中遇到的困难，采取幼儿易懂的方式，让他们知道不会的东西应该怎么做。平时教师需要在保证幼儿安全的情况下，让孩子在集体教学上多动手，丰富孩子在图形认知等方面的经验和能力，同时，对于较安静的孩子，教师需要采取幼儿感兴趣的形式，让幼儿集中注意力，继续投入教师所讲的内容中去，比如用故事代入等，让他们更好地投入活动中。

教师要多关注幼儿平时做的好的地方，并且能说出好在哪里，让幼儿知道自己的优势，同时，对于有目标、做的好的孩子要及时予以鼓励，增强他们的自信心。幼儿的最近发展区受到成人或者有能力的同伴的协助与支持，通过"鹰架作用"营造出师幼互动的环境，幼儿有目的地去完成一件事，萱萱在不受到君君的干扰下完成自己现阶段的任务，教师对幼儿的夸赞和表扬需要说明具体，让幼儿知道他们被表扬的点在哪里，这样才会激起他们的积极性，乐于保持下去。

小结：

师幼互动作为幼儿园教育的基本表现形态，存在于幼儿一日生活之中，表现在幼儿园教育的各个领域，并对幼儿发展产生不可估量的重要影响。师幼互动可以采取激励式互动策略、追随式互动策略、挑战式互动策略。本次师幼互动的案例中多采用鼓励式策略，教师对幼儿的行为做出了肯定和鼓励。教师时刻都要保持这样一种教育理念：敬爱幼儿、理解幼儿、关注幼儿，把视线保持在和幼儿一致的水平上。

第二节 幼儿发起的师幼互动案例分析

案例4：妈妈怎么还不来？

妞妞：我要找我妈妈，我妈妈怎么还不来啊？呜呜……

（教师放下哭泣中的晶晶，腾出一只手拦腰搂住她。）

李老师：怎么了？妞妞？你怎么忘了，妈妈等你睡醒觉，就来接你了。

妞妞：不睡醒……呜……我就要找我妈妈。（旁边晶晶的哭声更大了）

李老师：妞妞，你看晶晶哭半天了，她妈妈来了吗？

妞妞：（看看晶晶）没来。

李老师：（凑到她身边）对了，妞妞是个聪明的孩子，我想问你个问题，你能告诉我吗？

（教师抱过她来，四目相视）

妞妞：（注意力集中在我脸上，哭声小了）你要问什么呀？

李老师：（小声）你看晶晶哭半天了，她妈妈来了吗？

妞妞：（认真地四下张望了一下）没来。

李老师：对了，那你说晶晶这么哭有用吗？

妞妞：（拍一下双手，又摊开来）没用，她妈妈还是没来。

李老师：那我们劝劝晶晶别哭了。你问她哭有用吗？

妞妞：（完全停止了哭泣，还模仿教师的口气）哭有用吗？（拍了下手）哭一点儿用也没有，妈妈还是没来啊！

李老师：对了，妞妞真懂事。（冲着晶晶）我们在幼儿园玩会儿新玩具，

吃点好吃的，睡醒觉妈妈就来了。（其实，这些话是说给晶晶和妞妞两个人听的）

（妞妞脸上的表情完全轻松下来，看着晶晶，可能心想"晶晶怎么还不明白，还哭呢"，用手去拉晶晶。）

妞妞：别哭了，晶晶。

李老师：对了，妞妞快把你的"好办法"告诉晶晶。（这两天，妞妞总爱说："老师，我有一个好办法，吃完饭、喝完汤，妈妈就来了。"其实就是等着教师回答："对！太对了！"这对她是一种心理安慰。）

妞妞：（看着晶晶，伸出食指）你呀，你不哭，睡醒觉，妈妈就来了，哭没用！（就这样，在教师的耐心引导和夸奖下，妞妞完全平静下来，和其她幼儿起玩去了。直到下午妈妈接，妞妞情绪都很轻松愉快。）

评价与分析：

小班幼儿的情绪易变，特别易受外界因素的影响。所以当幼儿有焦虑情绪时，教师也要关注旁边的幼儿，以免引起更多幼儿焦虑，或将哭闹的幼儿引开。根据小班幼儿注意力易转移、情绪易变化的特点，利用语言的反复强化，帮助幼儿进行自我心理调整。这些都是培养幼儿适应新环境的有效途径。同时，教师要注重个体差异，妞妞的日常表现所反映出的个人特点，教师观察到并抓住了，才能有针对性地采用适合她的引导教育方法。

首先，个性化的应答才是适宜的教师应答。在该师幼互动情境中，教师对幼儿的应答，不仅基于对小班幼儿一般年龄和心理特点的把握，更是基于对幼儿的个性特征和个体差异的把握。教师应答不仅要基于幼儿当时的即时表现，更要在对差异的关注中采取适宜的策略，真正促进每名幼儿个性化的发展。

其次，巧借同伴资源，实施隐性应答。在该师幼互动情境中，教师和幼儿是互动中相对固定的主体。教师抓住妞妞喜欢问问题的个性特点，间接地引发其与晶晶互动，使其在与同伴和教师的互动中获得心理和情感需要的满足，进而缓解分离焦虑。

小结：

部分幼儿在和父母暂时分离的时候，会很紧张焦虑，如果不及时帮助孩子缓解，很有可能对孩子的心理造成影响。李老师关注到妞妞和晶晶分离焦虑的情况，在妞妞主动发起的师幼互动中，李老师积极进行了回应，以关爱来化解孩子的不良心理。老师应当态度和蔼、耐心、微笑，爱心是幼儿园老师必须有的，还要熟悉每名幼儿来园时的情绪表现，并多关注身体不适或幼儿分离焦虑症严重的孩子。此外，老师还要多跟家长交流，了解幼儿的个性特征和行为习惯，对不同的孩子要采用不同的方法，并给予尊重和接纳。

案例5：蚯蚓引发的奇思妙想

最近的天气总是阴阴沉沉的，时不时便下起雨。趁着没有下雨，老师给幼儿们安排了一次户外活动。一开始，所有的幼儿都在愉快地玩耍。突然，昊昊蹲下了小小的身躯，目不转睛地盯着地下的一处，好像很好奇的样子。老师发现了这个情况便也过去，想知道昊昊在干什么。"老师你看，有蚯蚓"，老师哭笑不得，原来昊昊是被一只小小的蚯蚓吸引住了，同时，其他幼儿也发现了他们的举动，好奇地凑过来看发生了什么事。这样一看，大家都知道了这里有一条小蚯蚓，幼儿们都很兴奋，这时候不知道是谁问了一句："为什么有时候能看到蚯蚓有时候不可以呢？"老师没有立即回答，而是让大家继续去玩耍。

户外活动结束后，老师让幼儿们洗手搬凳子，等到大家都安静下来，老师便说："今天我们发现了一条小蚯蚓是不是？"

幼儿齐齐回答："是！"其中还夹杂着一些兴奋的想法："我想把它带回家养"……

老师说："有没有小朋友知道，为什么有时候我们能看到蚯蚓，但是有时候又看不到呢？"

幼儿们都一头雾水，但还是有小朋友说出了自己的看法，悦悦说："因为蚯蚓它要冬眠！"

老师："噢！悦悦说啊，因为蚯蚓需要冬眠，所以说我们不能总是见到他。这可能是个原因，谢谢悦悦告诉我们，还有没有小朋友有其他的想法呀？"

小朋友们说了一圈，但不确定是为什么，老师笑了笑，跟小朋友说："那我们一起来通过一个视频，来看看蚯蚓先生平时都在干什么吧！"

视频中详细解释了蚯蚓的作息和习性，还有它爬出泥土的原因。看了视频,小朋友们都知道了其中的奥秘,有小朋友提出:"那是不是只要我们让泥土里都是水,蚯蚓就会出来啦?"还有小朋友提出来:"刚才没有下雨,我们是不是就见不到蚯蚓了?"

老师随即提出:"那我们就到外面去找找有没有蚯蚓先生的身影吧!"

幼儿们在老师的带领下出到户外,仔仔细细地寻找着蚯蚓的踪影,功夫不负有心人,没想到还真的让小朋友们找到了。老师先是表扬了首先找到蚯蚓的小朋友细心,然后又组织了其他小朋友们有序进行观察。最后他们发现,蚯蚓爬出泥土后,会往地势较高的地方爬,避免再次淹没,同时知道了它的外形和行动方式,一天的收获又变多了。

评价与分析:

这是一个很成功的师幼互动案例,在案例中,教师尊重幼儿的兴趣,积极为幼儿的探究欲望提供支持、引导和帮助。在师幼互动中,教师的互动策略主要有以下几点:

第一,尊重孩子的思考,接纳孩子的奇思妙想。孩子提出疑问:"为什么总是时不时才能看到蚯蚓。"对此,教师不只是简单地对一个幼儿解释,而是就这个发现,让全班的幼儿都知道这个事情的原因和奥秘,并且让孩子们积极地去猜想。整个事件中,孩子出现了惊喜、兴奋等情绪,对此,教师予以接纳,从而营造了安全的心理氛围,使孩子敢想敢说。

第二,顺应孩子的思维特点,提供想象的空间。教师对于"有没有小朋友知道为什么蚯蚓总是见不到呢"提出的疑惑,激发了孩子们的积极性,为他们后面的想象提供了支持。教师提出的问题拓展了孩子的思维,促使孩子们运用已有经验进一步联想。在民主平等的气氛中,孩子们的已有经验被充分激活,于是,悦悦说出了蚯蚓会冬眠的猜想,教师又用自己的语言进行引导,让小朋友再思考其他的原因,使他们的好奇心到达了顶峰,随即播放科普视频,让孩子们了解其中的奥秘。

第三,尊重孩子的想象,给予鼓励性的回应。面对每个孩子的猜想,教师都专心倾听、具体反馈,给予尊重和支持。如教师用点头、拍手、竖起大拇指等动作表示对孩子想法的赞赏,用"这是个原因""谢谢你"等短句表示对幼儿积极思考的鼓励和肯定。教师回应的每一个神情、每一个动作都给了孩子极大的鼓舞，孩子们感受到的是教师对自己的关注。在提供支持性回应的同时，教师还善于提升孩子们的已有经验。

第四，考虑教学的实际情况，运用理论与实践相结合的形式进行经验深化。教师在幼儿兴趣之下，带领幼儿观看了科普视频后，不少孩子还存在着自己的疑惑。教师并没有感到不耐烦，也不是仅仅做一个简短的解释，而是组织全班幼儿出到户外去寻找蚯蚓的踪影，并通过实践观察，让他们有了更细致的认知，教学效果也得到了更好的提升。

小结：

这是一则幼儿发起、教师随机教育的案例，体现了一日生活皆课程的教育理念和教师把握教育契机的能力。案例中师幼互动积极、愉快，教师认真观察孩子的反应和想法，尊重孩子的思考，达到了较好的互动效果。

案例6：积木宝宝在哭

"这是我的""是我的"当黄老师来到建构区时，就听见了这两个声音，走过去就看到金金和浩然正在争抢泡沫积木。两个人拽着积木，谁也不肯放手，金金的另一只手上还拿着一个小积木。浩然看见黄老师过来了，立刻跟黄老师说："老师，她抢我娃娃……""我没有，我先看到的，是他过来抢。"金金着急得大声说着。

"嘘……你们听听，是不是积木宝宝哭了呀。"老师看这情况，想让两个小朋友缓解一下现在的气氛："黄老师听到积木宝宝在哭，你们听到了吗？"

他俩听完就忍不住笑了："黄老师，积木是不会哭的。"

"可是黄老师真的听到积木宝宝在哭，还跟黄老师说，被两个小朋友拽的好痛，让我帮帮她。"

黄老师看着还被他们拽着的积木说，"可以先把积木宝宝给老师吗？老师要给她检查一下。"

他俩听后赶紧松了手，把积木给了老师，黄老师仔细地给积木检查了一下，"还好你们俩温柔，没有把她拉坏，不然我们就玩不了积木了，那大家该有多伤心呀。"我观察她们俩的表情，两个小朋友被黄老师紧张的情绪感染，好像积木真的被拽疼了，特别地关心。

"不疼了，不疼了。"金金和浩然走过来，像黄老师一样抚摸着积木说。黄老师看两名幼儿情绪好转，趁机问他们："金金和浩然，你们愿不愿意一起用积木宝宝搭一个卖衣服的大商场呀？"我想起本周的主题是服装。"愿意。"两名幼儿异口同声回答，黄老师便在他们旁边观察，发现两名幼儿玩耍过程中还是会有点儿争抢的小摩擦，但会进行协商了，最终搭出了商场的雏形。黄老师走过去说："你们好棒呀，黄老师都听到积木宝宝一直在笑，夸你们发挥了她最大的作用，让她成为梦想中的大商场。"

"黄老师，积木是不会说话的。"他俩哈哈大笑起来，觉得很有趣。我们都哈哈笑着，黄老师又说："我有神奇的魔法，是分享的魔力，当你们学会分享和合作了之后，就可以听到世界上最开心的笑"。然后金金和浩然似懂非懂地点了点头。

评价与分析：

《纲要》中对师幼互动方面提出了明确的要求："要创设一个能使幼儿感受到接纳、关爱和支持的良好环境。""以关怀、接纳、尊重的态度与幼儿交往。耐心倾听，努力理解幼儿的想法与感受，支持、鼓励他们大胆探索与表达。""关注幼儿在活动中的反应，敏感地察觉他们的需要，及时以适当的方式应答，形成合作探究式互动。"在案例中，黄老师遵循《纲要》要求，没有一味地仅仅对幼儿进行劝阻和讲道理，而是关注幼儿情感需求，对幼儿进行了激励式互动策略。

首先，教师采用了语言来达到催化作用。用"积木宝宝"的身份，传达积木被两个小朋友争夺的感受，以及作为一个积木本身，引导他们应该去怎么做，让幼儿目光被老师吸引，愿意参与教师接下来的引导。

其次，教师还顺着本周主题，寻找一个让幼儿能够合作的机会，也能吸引两个幼儿的兴趣。通过一起搭建大商场和最后建成商场的成就，会让幼儿体验到分享与合作的快乐。

最后，采用情感分享的方法达到理想的效果。理解、接受两个小朋友的一些行为，例如：教师说的"还好你俩温柔，没有把她拉坏。"以及关注到两个孩子之间的分享行为后，教师给了他们夸奖，也点到了分享和合作是神奇的魔法，既能让幼儿明白分享的重要性，也让他们更易接受。

小结：

所以在师幼互动中，教师可以为幼儿创设一个有趣的环境，用自己生动形象的语言来吸引幼儿的兴趣，并对幼儿的行为做出肯定和鼓励。

参考文献

[1] 蔡迎旗.学前教育概论[M].武汉:华中师范大学出版社,2006.

[2] 李生兰.学前儿童家庭教育修订版[M].上海:华东师范大学出版社,2006.

[3] 吴雪青.幼儿教师口语[M].上海:华东师范大学出版社,2012.

[4] 张明红.幼儿园语言教育与活动设计[M].北京:高等教育出版社,2010.

[5] 黄娟娟.成为会沟通的教师——积极有效师幼互动促进教育行为优化的探索[M].上海:少年儿童出版社,2011.

[6] 金晓梅,李泠,李佳慧.幼儿园环境创设[M].北京:北京理工大学出版社,2018.

[7] 李莉.教师口语训练教程[M].郑州:郑州大学出版社,2007.

[8] 李振村.教师的体态语言[M].北京:教育科学出版社,2011.

[9] 刘金花.儿童发展心理学[M].上海:华东师范大学出版社,2006.

[10] 刘晶波.师幼互动研究——我在幼儿园里看到了什么[M].南京:南京师范大学出版社,2003.

[11] 刘晓东.解放儿童[M].北京:新华出版社,2001.

[12] 刘晓红.师幼互动方法与实践[M].武汉:武汉大学出版社,2015.

[13] 龙长权.沟通心理学[M].重庆:西南师范大学出版社,2014.

[14] 吕萍,陆君珍.构建良好师幼问答循环的案例剖析[J].新课程研究.学前教育,2012(1):3.

[15] 吕萍.师幼互动中教师言语行为的研究[M].上海:上海科技教育出版社,2018.

[16] 吕萍.幼儿园集体教学导入环节的问题与改进[J].福建教育,2012(11):2.

[17] 吕艳芝.教师礼仪的99个细节[M].上海:华东师范大学出版社,2010.

[18] 孟昭兰.普通心理学[M].北京:北京大学出版社,1994.

[19] 莫源秋,唐翊宣,刘利红.幼儿教师与幼儿有效互动策略[M].北京:中国轻工业出版社,2015.

[20] 庞丽娟.教师与儿童发展[M].北京:北京师范大学出版社,2003.

[21] 钱维亚.幼儿教师口语[M].北京:高等教育出版社,2008.

[22] 邱惠丽.奥斯汀言语行为论的当代哲学意义[J].自然辩证法研究,2006,22(7):5.

[23] 施良方,崔允漷.教学理论:课堂教学的原理、策略与研究[M].上海:华东师范大学出版社,2009.

[24] 屠荣生、唐思群.师生沟通的体态语艺术[M].北京:教育科学出版社,2007.

[25] 屠荣生.师生沟通的艺术[M].北京:教育科学出版社,2007.

[26] 王坚红.学前教育评价[M].北京:人民教育出版社,2011.

[27] 王振宇.儿童心理发展理论[M].上海:华东师范大学出版社,2000.

[28] 吴康宁.课堂教学社会学研究中的现场观察[J].教育研究与实验,1998(1):9.

[29] 叶澜.教师角色与教师发展新探[M].北京:教育科学出版社,2001.

[30] 张晓梅,刘大鹏.基于师幼互动的学前教育质量提升理论与实践指导手册[M].哈尔滨:黑龙江大学出版社,2020.